rororo

«Die Entführer hatten uns getrennt. Als sie mich von Stefan wegführten, hatte ich das Schlimmste vermutet. Und das nicht von ungefähr. Sie hatten zu mir gesagt: ‹Wir wollen nicht, dass du siehst, was wir ihm antun werden – *we don't want you to see what we do to him.*› Das konnte nur eines bedeuten: Sie wollten Stefan umbringen. Und ich sollte nicht Zeuge ihrer grausamen Tat werden.

Doch sie haben ihn nicht getötet. Aber sicher haben sie ihn wieder gefoltert. So geistesabwesend, wie er wirkt, so verwahrlost. Was wollen sie erreichen? Sicher, es geht um Lösegeld. Das jemand bezahlen muss – wir können es nicht. Und wenn kein Lösegeld bezahlt wird, dann sind wir so nutzlos wie der Dreck auf diesem Boden. Doch anscheinend gibt es noch Verhandlungen, von denen wir nichts wissen. Sonst hätten sie Stefan umgebracht. Und danach wohl auch mich. Noch aber sind wir am Leben. Doch das kann sich schnell ändern.»

Henrike Dielen, geboren 1967, segelte schon als Kind. Nach einer Ausbildung zur Hotelfachfrau heuerte sie als Köchin auf einer privaten Yacht an. 1992 lernte sie ihren Lebensgefährten Stefan, einen Medizin-Professor im Ruhestand, kennen, mit dem sie seitdem auf allen Weltmeeren unterwegs war. Im Mai 2014 wurden sie und ihr Partner vor der philippinischen Insel Palawan von Abu-Sayyaf-Terroristen entführt und sechs Monate lang gefangen gehalten. Im Oktober 2014 kamen die beiden frei.

HENRIKE DIELEN
mit Regina Carstensen

DER ENTFÜHRTE TRAUM

IN DER GEWALT ISLAMISTISCHER TERRORISTEN

Rowohlt Taschenbuch Verlag

Originalausgabe
Veröffentlicht im Rowohlt Taschenbuch Verlag,
Reinbek bei Hamburg, Oktober 2016

Redaktion Ulrike Gallwitz
Umschlaggestaltung ZERO Werbeagentur, München
Umschlagabbildung Jens Boldt
Satz Minion Pro, InDesign,
bei Pinkuin Satz und Datentechnik, Berlin
Druck und Bindung CPI books GmbH, Leck, Germany
ISBN 978 3 499 63159 7

Für Stefan – falls du dich doch einmal erinnern möchtest

Inhalt

9 Prolog
12 Überfall im Paradies
35 Dreißig Stunden auf hoher See
47 Im Dschungel – so schnell werden wir nicht freikommen
65 Das Camp der Terroristen
85 Düstere Gedanken
101 Lebenszeichen
112 Es ist nicht unser Krieg
122 Schrecken über Schrecken
132 Jeder Tag zählt
143 Auf und davon – und zurück
155 Vermeintliche und echte Schüsse
171 Alles beginnt von vorne
184 Trennung – für immer?
199 Das lange Warten
213 Es bewegt sich was
232 Das Ultimatum
245 Ein Ende in Sicht?
258 In Sicherheit
262 Epilog

267 Dank

Prolog

Vorsichtig klopfe ich an die Hüttenwand.

«Hallo, ich bin's.»

Keine Antwort.

Dann krabbele ich hinein.

«Stefan!»

Warum reagiert er nicht? Warum nimmt er mich nicht in die Arme?

«Haben sie dir weh getan?»

Wieder keine Antwort. Stefan kniet in der Hütte. Blass, mager, ausgezehrt. Er wirkt abwesend. Ich gehe ebenfalls in die Knie, versuche, ihn vorsichtig an mich zu drücken. Aber er erwidert meine Umarmung nicht, räumt stattdessen etwas beiseite. Ich kann nicht erkennen, was es ist. Ein Stück Plastik? Papier? Ich kämpfe gegen meine Tränen an.

«Sprich doch mit mir! Was hat man mit dir gemacht?»

Die Entführer hatten uns getrennt. Als sie mich von Stefan wegführten, hatte ich das Schlimmste vermutet. Und das nicht von ungefähr. Sie hatten zu mir gesagt: «Wir wollen nicht, dass du siehst, was wir ihm antun werden – *we don't want you to see what we do to him.*» Das konnte nur eines bedeuten: Sie wollten Stefan umbringen. Und ich sollte nicht Zeuge ihrer grausamen Tat werden. Ich war mit dem Gefühl gegangen, Stefan niemals wiederzusehen.

Doch sie haben ihn nicht getötet. Aber sicher haben sie ihn

wieder gefoltert. So geistesabwesend, wie er wirkt, so verwahrlost. Was wollen sie erreichen? Sicher, es geht um Lösegeld. Das jemand bezahlen muss – wir können es nicht. Und wenn kein Lösegeld bezahlt wird, dann sind wir so nutzlos wie der entsetzliche Dreck auf diesem Boden. Doch anscheinend gibt es noch Verhandlungen, von denen wir nichts wissen. Sonst hätten sie Stefan umgebracht. Ganz sicher. Und danach wohl auch mich. Noch aber sind wir am Leben. Doch das kann sich schnell ändern.

Ich weiß, dass er Angst hat, und er weiß, dass ich Angst habe. Das wissen wir schon seit dem Tag, an dem wir auf unserem Boot in Gefangenschaft gerieten. Deshalb frage ich jetzt nicht: «Hattest du Angst?» Diese Frage ist sinnlos, so dramatisch die Situation auch ist.

«Erst muss ich das hier aufräumen.» Endlich sagt Stefan etwas.

Ich lege meine Hand auf seine, um seine sinnlose Tätigkeit zu unterbrechen.

«Das ist doch jetzt egal. Haben sie dich wieder geschlagen?»

«Nein. Zum Glück nicht.» Seine Stimme klingt gebrochen.

«Haben sie dir denn deine Tabletten gegeben?»

«Nein.» Stefan braucht seine Medikamente, Betablocker gegen eine Herzschwäche. Kein Wunder, dass er apathisch wirkt, kaum reagiert. «Keiner hat sich darum gekümmert», murmelt er. Entführer sind nicht fürsorglich.

Ich weiß nicht, was ich fühlen soll. Bin ich erleichtert, dass Stefan noch lebt? Ja, natürlich bin ich das. Unendlich. Doch zugleich ist jedes Gefühl wie weggewischt. In den endlosen Stunden, in denen ich nicht bei ihm war, habe ich immer wieder ein Szenario gedanklich durchgespielt, ein Szenario, das keineswegs fern unserer Realität war. Ich stellte mir vor, mir würde jemand ein Gewehr an die Brust halten. Und dieser Jemand, mein potenzieller Mörder, würde abdrücken. Doch dann würde sich herausstellen, dass keine

Kugel im Lauf war. Wie würde ich angesichts der Scheinhinrichtung reagieren? Welche Empfindungen würden mich anschließend begleiten? Ich vermochte es nicht zu sagen. Stefan hatte solche Scheinhinrichtungen schon erlebt. Mehrmals.

«Und Rami, kam er oft zu dir?», will ich wissen.

«Selten.»

«Hast du mit jemandem telefoniert?»

«Ich denke schon, dass ich einmal mit jemandem gesprochen habe …», sagt er zögerlich. Ich begreife, dass er sich kaum erinnern kann.

«Weißt du etwas über den Stand der Verhandlungen?»

Stefan nickt. «Rami will kein Geld mehr. Er will, dass Touristen nicht mehr an den Strand dürfen.»

Ich kann mir nicht vorstellen, dass Rami so etwas Bescheidenes fordert. Stefan scheint es zu glauben, ich nicht. Aber das sage ich ihm lieber nicht. Seine Verfassung hat sich in dem Monat, in dem wir getrennt voneinander waren, deutlich verschlechtert. Er hat abgeschaltet, um dieses Elend nicht mehr wahrnehmen zu müssen. Und es ist ein einziges Elend. Doch wir können unsere Situation nicht ändern, wir sind ihr ausgeliefert. Das Einzige, was zählt, ist, dass wir wieder zusammen sind. Mit beiden Händen umfasse ich das Gesicht, das so vertraut und fremd zugleich ist. Die Berührung hilft, uns unseres Zusammenhalts zu versichern. Wir sind nicht allein.

Überfall im Paradies

«Hallo, hallo!» Wir winkten den Einheimischen auf ihrem rostigen, wild aussehenden Fährboot fröhlich zu. Sie hatten den Tag über auf den umliegenden Inseln Bugsuk, Mantagule und Pandanan zugebracht, jetzt wollten sie nur noch eins – zurück in ihre Dörfer. Einige der Passagiere grüßten mit einem breiten Lächeln zurück. Vielleicht erkannten uns manche sogar; schon viele Jahre segelten wir in dieser Gegend, und häufig waren abends Fischer an unsere Yacht herangefahren, um uns ihren Fang anzubieten.

Die *Catherine* glitt durchs Wasser, bald war das Fährboot nur noch ein dunkler Fleck in der glasklaren Coral Bay im Süden der philippinischen Insel Palawan. Unter Seglern war Palawan fast noch ein Geheimtipp. Seit wir nicht mehr im Indischen Ozean waren, hatten wir uns nirgendwo mehr so wohlgefühlt. Auf Phuket, in Thailand, hatte es uns auch sehr gefallen, aber dort war viel zu viel los gewesen, zu viele Menschen und erst recht zu viele Touristen, die die Rotlichtbezirke überschwemmten und alles etwas schmuddelig vorkommen ließen. Palawan war nur dünn besiedelt, vierhundert Kilometer lang, ein einziger, dichtbewaldeter Bergrücken. Eine sensationelle Kulisse! Im Süden schlossen sich kleinere Koralleninseln an, und im Norden hatten wir sehr beeindruckende Kalksteinfelsen entdeckt. Das Wasser war unglaublich klar, nur gab es leider kaum noch Fische.

Zwei Wochen zuvor hatten wir Puerto Princesa verlassen, die

Hauptstadt von Palawan, in der es sogar einen Delikatessladen mit Schweizer Käse gab. Der kleine Yachtclub in diesem taifunsicheren Hafen war genau nach unserem Geschmack gewesen, eher eine Kneipe mit Anleger für das Beiboot. Die Einheimischen ließen uns meistens in Ruhe. Manchmal boten sie uns Fisch, Kürbisse oder auch Kokosnüsse an. Die Fischer hatten uns anfangs Furcht eingeflößt, so gesetzlos wirkten sie, mit der Zeit hatten wir uns aber an sie gewöhnt, nie hatte es eine unangenehme Begegnung mit ihnen gegeben, es waren alles rechtschaffene Leute. Insgesamt hatten wir uns ein ganzes Jahr Zeit genommen, Palawan zu umrunden, und nun waren wir einfach losgesegelt. Raus aus dem Hafen – und raus aus den Klamotten. Na ja, viel hatten wir sowieso nicht an, aber morgens ohne Badeanzug im Meer zu schwimmen, war nicht zu toppen.

Wie schon in den Jahren zuvor waren wir Anfang April gestartet. Der Nord-Ost-Monsun schwächte sich dann ab, und dennoch reichte der Wind aus, um uns nach Süd-Westen zu schieben. Hundertzwanzig Seemeilen hatten wir bislang geschafft, in kleinen Tagesetappen, und ganz, ohne den Motor anzuwerfen. Ziel unseres Törns war die Stadt Kudat, die zum malaysischen Bundesstaat Sabah gehört, der wiederum an der Nordspitze der Insel Borneo liegt. Kudat stand für mehrere Jahrzehnte unter britischer Herrschaft, Chinesen siedelten sich dort an, und während des Zweiten Weltkriegs wurde es von den Japanern besetzt. Zwangsarbeiter aus Java und Indonesien wurden dorthin verfrachtet, um einen Flugplatz an diesem strategisch wichtigen Punkt zu errichten. Immer wieder hatten Piraten die Stadt überfallen und verwüstet. Wie überall in dieser Region war die Geschichte eine wechselvolle.

Doch nichts trübte unsere Stimmung; eine leichte Brise und viel Sonnenschein begleiteten uns seit dem Morgen. Der Südzipfel der Inselprovinz Palawan hatte es uns angetan, friedlich säumten ein paar Hütten und kleine Fischerboote manche Strände. Die letzte nennenswerte Siedlung, Rio Tuba, hatten wir am Nachmittag passiert, sie lag nun, an diesem 17. April 2014, zehn Seemeilen nördlich von uns entfernt. Obwohl hier eigentlich jeden Abend die Sonne glutrot im Meer untergeht, bestaunten wir auch diesmal das Schauspiel, als hätte es ein Popart-Künstler extra für uns inszeniert. Mit dem Verschwinden des feurigen Balls würde es augenblicklich zappenduster sein, die Finsternis nur noch durch funkelnde Sterne aufgehellt. Wir mussten schnellstmöglich einen Ankerplatz finden.

Perfektes Timing: Mit den letzten Sonnenstrahlen schafften wir es bis Cabugan Island, einer Palawan vorgelagerten Insel. Kaum waren wir vor Anker gegangen, umhüllte uns schwärzeste Nacht.

«Wie lange wollen wir hierbleiben?», fragte ich. «Der Platz ist so herrlich einsam.»

«Zwei Tage mindestens.» Stefan zog mich an sich. «Jetzt lass uns aber mit einem Sundowner aufs Vorschiff gehen.»

Der Drink zum Sonnenuntergang war ein alltägliches Ritual geworden, nicht untypisch unter Seglern, dennoch immer wieder schön. Schweigend diese schönste Stunde des Tages zu genießen, bei einem kühlen Getränk den eigenen Gedanken nachzuhängen, manchmal auch den einen oder anderen auszutauschen oder die tagsüber aufgenommenen Fotos anzuschauen, darauf wollten wir bis an unser Lebensende nicht verzichten.

Es war ein so großes Glück, mit Stefan um die Welt zu segeln. Nie vergesse ich den Moment, als ich zum ersten Mal sein Boot bestieg. Seit gut zwei Jahren war er zu diesem Zeitpunkt bereits mit der *Catherine* unterwegs, um sich langsam aus seinem alten Leben zu lösen, das er zwar liebte, aber deswegen nicht für unverzichtbar hielt. Er praktizierte als Arzt, hatte eine gut gehende kardiologische Praxis, doch mit dem Älterwerden fing er zu träumen an, davon, dass man noch einmal etwas ganz anderes machen könnte. Segeln hatte in diesen Träumen zunächst keine große Rolle gespielt, eigentlich überhaupt keine, von einer großen Leidenschaft, wie es bei mir schon immer der Fall gewesen war, konnte keine Rede sein. Er hatte es auch nie versucht, sondern war stattdessen lieber mit seiner Frau und seinen Kindern zum Zelten ins Grüne gefahren. Doch eines Tages hatte er, der Campertyp, auf einem Felsen in Griechenland gestanden, unter ihm das tiefblaue Meer, an dem er sich nicht sattsehen konnte. Und mitten in diesem grandiosen Blau schwamm etwas, das nicht minder sensationell war: ein weißes Schiff, das auf den leichten Wellen in der einsamen Bucht hin und her schaukelte, es war ein heiteres, unbeschwertes Bild, das eine immense Sehnsucht in ihm weckte, genauso entspannt von sanften Wellen getragen zu werden, umgeben von einer Natur, die mit so viel Farben und Kontrasten aufwartete, dass man vor Glück ganz taumelig wurde.

Als Kardiologe dachte er in Prozessen, so, wie es von Wissenschaftlern gefordert ist, bei seinen Analysen zerlegte er zunächst alles in kleinere Bestandteile, um dann aus diesen Einzelmomenten ein Gesamtbild zu erstellen. Ihm war klar, dass er nur mit einem Boot unterwegs sein konnte, wenn er auch einen entsprechenden Führerschein besaß. Also beschloss er, einen solchen zu machen, und da er am Rhein lebte, lag es für ihn nahe, dieses Projekt auch auf dem Fluss in die Tat umzusetzen. Und so schaffte er, ganz stolz, einen Sportbootführerschein.

Schritt eins war damit erledigt, jetzt fehlte definitiv ein Boot. Ein Segelboot sollte es natürlich sein – die sechzehn Meter lange *Catherine.* Was er dabei nicht beachtete, war die Tatsache, dass der Erwerb eines Sportbootführerscheins noch lange nicht bedeutete, dass er in der Lage war, mit dieser Yacht auf den Weltmeeren segeln zu können. Denn das war sein Ziel, er hatte nicht vor, die nächsten Jahre auf dem Rhein stromab- und stromaufwärts zu schippern.

Dieser Denkfehler wäre ihm als Kardiologe nicht passiert. Aber Träumen ist eben letztlich doch nicht mit wissenschaftlicher Analyse beizukommen.

Das Schiff hatte Stefan in Spanien gekauft und übernommen, ohne weitere Überlegungen oder gar Bedenken startete er nach dem Erwerb seine erste Fahrt übers Mittelmeer, von der spanischen Küste ging es anschließend nach Tunesien, von dort segelte er nach Malta. Wobei er sich überwiegend auf den Motor verließ – was ich nie als Segeln bezeichnen würde. Eine Seekarte hatte er nicht dabei, dachte, es würde reichen, sich die Rückseite eines Reiseführers neben das Steuer zu legen, auf dem das Mittelmeer abgebildet war. Um den Kurs zu berechnen, legte er ein Geodreieck auf dieser nicht gerade großen Karte an. Von Strömungen schien er nie etwas gehört zu haben. Was ich aber erstaunlich fand: Seine erste Tour im launigen Mittelmeer hatte geklappt, er erlitt keinen Schiffbruch, am Ende hatte er eine Menge Erfahrungen gewonnen. Gute Erfahrungen, sie waren sogar so sensationell, dass Stefan überlegte, die Praxis an seinen Partner zu verkaufen, um sein Leben ganz auf dem Wasser zu verbringen. Eigentlich musste er das gar nicht lange bedenken, er schmiedete vielmehr schon aus der Ferne Pläne, die auf diesen Verkauf hinausliefen. Es fehlte ihm nur eine Partnerin, die mit ihm das Seglerleben teilte. So ganz allein konnte sich Stefan dann doch nicht vorstellen, eine solche Herausforderung anzunehmen. Und da kam ich ins Spiel.

Auf Malta wurde die *Catherine* für das große Abenteuer auf einer Werft generalüberholt, drei Monate sollten die Reparaturen in Anspruch nehmen. In dieser Zeit hielt sich Stefan in Deutschland auf, und es war auch die Zeit, kurz vor Weihnachten 1991, in der wir uns kennenlernten. Online-Portale, über die man nach dem richtigen Partner suchen konnte, gab es noch nicht, dafür aber andere Möglichkeiten. Er schaltete eine Anzeige in einer renommierten Yachtzeitschrift, in der es hieß, dass er eine Partnerin zum Mitsegeln und Tauchen suchen würde. Das klang sehr seriös, und so war es auch gemeint. Ich las das Inserat – und meldete mich.

Ich war damals fünfundzwanzig, hatte gerade auf einer großen Yacht als Crewköchin gejobbt. Meine Ausbildung als Hotelkauffrau hatte ich abgeschlossen, und ich war auf der Suche nach einer neuen Beschäftigung. Und zwar einer, bei der ich meinen Beruf mit meinem Hobby verbinden konnte. Nichts gefiel mir besser, als auf dem Meer zu fahren, schon als kleines Kind träumte ich davon, einmal um die Welt zu segeln. Mit dem Job als Köchin auf der Yacht hatte ich einen ersten Schritt gewagt, Ausbildung und Segeln miteinander zu verbinden. Ich arbeitete auf dem Schiff aber nicht nur in der Kombüse, ich war dort auch Mädchen für alles – die Segel musste ich zwar nicht hochziehen, dafür gab es Maschinen, aber alle möglichen Hafenmanöver hatte ich auszuführen. Und wenn ich sie noch nicht kannte, dann lernte ich sie eben. Dadurch sammelte ich eine Menge Erfahrungen, und ich konnte mir kaum noch etwas anderes vorstellen, als auf einem Boot zu leben. Der Eigner der Mega-Yacht hatte Pottwale filmen wollen. Einen ganzen Sommer lang fuhren wir den Pottwalen hinterher, bis zu den Azoren. Jemand aus der Crew brachte mir das Tauchen bei, und ich durfte mit unter Wasser die Wale verfolgen. Kein Wunder, dass ich auf Stefans Anzeige antwortete.

Wir trafen uns am Mainzer Bahnhof, nicht gerade ein romantischer Ort, aber bei der Partnerschaft, die uns beiden vorschwebte, standen sachdienlichere Entscheidungen im Vordergrund: So hatte Stefan auch keine Blume für mich – Erkennungszeichen war vielmehr die Seglerzeitschrift –, dennoch war er nicht mit leeren Händen erschienen: Er hatte mir ein apartes Blättergebinde mitgebracht, was mich sofort für ihn einnahm, denn ich fand dieses Gebilde recht ungewöhnlich. Er sagte später über dieses Treffen:

«Du hast da diesen grünen Mantel getragen, als ich dich in dem sah, da wusste ich, die ist es.» Der Mantel war allerdings nichts Besonderes, weder hatte er einen besonderen Schnitt, noch war er – außer vielleicht durch seine grüne Farbe – irgendwie auffällig. An dem Mantel konnte es also nur bedingt gelegen haben, dass es sofort zwischen uns funkte. Und zwar heftig, da war eine Spannung zwischen uns, die man fast mit Händen greifen konnte. Dass wir nicht gleich am ersten Tag übereinander herfielen, war sicher einzig unserer Erziehung geschuldet.

«Wie bist du zum Segeln gekommen?», fragte Stefan in dem Café, das wir in der Nähe des Mainzer Bahnhofs aufgesucht hatten.

«Mein Vater hat die komplette Familie mit dem Segler-Virus infiziert», erzählte ich. «Er ist der typische Seebär mit Vollbart, groß und stark. Wir alle, also meine sechs Geschwister und ich, lieben durch ihn das Meer. Jedes Wochenende und die ganzen Sommerferien verbrachten wir in Holland auf unserem Schiff, genauer gesagt war es eine Bol, ein traditionelles holländisches Plattbodenschiff, neun Meter lang und ohne Kiel, damit man das flache Wattenmeer befahren konnte. So lernte ich von Kindesbeinen an segeln.»

«Und wie habe ich mir das genau vorzustellen? Also die allerersten Schritte?» Stefan wollte alles genau wissen.

«Angefangen habe ich mit dem Segeln in unserem Beiboot, einem Opti, da war ich vielleicht fünf oder sechs. Ich war ungemein stolz, wenn ich es quer durch den Baggersee schaffte. Mit fünfzehn unternahm ich mit einer Freundin meinen ersten selbständigen Segelurlaub auf einer BM, einer sechs Meter langen hölzernen Segeljolle, zwei Wochen lang, später durfte ich die Bol auch allein segeln. Oft saß ich vorne auf dem Vorschiff und dachte: Ich muss jetzt nur hier an Ameland vorbeifahren, dann gelange ich in die

Nordsee, dann durch den Ärmelkanal, und schon bin ich im Atlantik und kann um die ganze Welt segeln. Da ist keine Brücke oder Schleuse oder sonst etwas, das mich aufhält. Wenn meine Mutter sich beklagt hat, dass ich ihr davongesegelt bin, habe ich gesagt: ‹Das ist alles Papas Schuld. Er hat mich doch so erzogen.›»

Es war aufregend, mit Stefan zu reden, zu spüren, dass er sich für mein Leben interessierte. Ihm ging es nicht anders, und so war von Anfang an klar, dass ich mit ihm auf die *Catherine* gehen würde. Gut vier Monate später, im April 1992, war es dann so weit. In der Zwischenzeit hatten wir uns nur ab und an mal sehen können, höchstens jedes zweite Wochenende. Das hatte damit zu tun gehabt, dass wir so weit entfernt voneinander lebten. Hinzu kam, dass Stefan mit der Aufgabe seiner Praxis einiges zu organisieren hatte. Ständiger Begleiter war sein Taschenrechner, mit dem er immer wieder ausrechnete, ob sein «kleiner Segelfonds», wie er es nannte, für uns beide reichen könnte. Und obwohl die Überlegung berechtigt war, dass unsere Segel-Partnerschaft schon nach wenigen Monaten, ja sogar schon nach ein paar Wochen scheitern könnte, wurde diese Möglichkeit schlichtweg ausgeklammert. Gerechnet wurde für die Ewigkeit. Doch das, was die Zahlen so hergaben, schien annehmbar zu sein, um das Risiko zu wagen und unser beider Leben umzuschmeißen.

Ich bewunderte Stefans Mut. Die meisten Menschen, die lange für Geld und gesellschaftliche Anerkennung gearbeitet haben, können dies kaum loslassen, wollen eigentlich nur noch mehr davon. Deshalb war es bemerkenswert, dass Stefan bereit war, sich von einem angenehmen und sicheren Leben zu verabschieden und in die Ungewissheit zu segeln. Loszuziehen, um einfach nur mal etwas anderes zu erleben, so, wie das bei mir der Fall war, das war kein Kunststück. Ich hatte bisher nichts aufgebaut, was aufgrund meines Alters auch nicht weiter überraschend war. Ich musste also kaum etwas aufgeben, einzig denken: Mal sehen, was da auf mich zukommt.

Mein Bruder Martin hatte meine Entscheidung, Stefan auf der Yacht zu begleiten, toll gefunden, meine Schwester Barbara sagte dagegen: «Du spinnst wohl, leben, ohne zu arbeiten, das kannst du dir abschminken.» Eine dritte Stimme aus dem Reigen meiner Geschwister lautete: «Mach, was du für richtig hältst, aber sei vorsichtig. Der verkauft dich sonst in Ägypten für zehn Kamele.»

Von Anfang an wünschte ich mir, dass das Leben von Stefan mein Leben werden könnte. Anders gesagt: dass ich nie mehr von Bord gehen musste. Doch dieser Gedanke war gewagt, so viel Glück konnte ich mir überhaupt nicht vorstellen. Stefan war ein attraktiver Mann, hatte diese unglaublich starke Anziehungskraft. Sicher, er war um einiges älter, insgesamt 25 Jahre, aber vom ersten Moment an hatte ich diesen doch recht großen Unterschied nicht wahrgenommen. Wenn überhaupt, so fand ich seine Lebenserfahrung anregend, es reizte mich, von ihm etwas lernen zu können. Er war fit, voller Elan und Ideen, war bereit, sich auf Neues einzulassen. Die Männer, die ich vorher kennengelernt hatte, konnten da nicht mithalten. Und dann gab es auch noch das Schiff, die *Catherine*, dazu Zeit und genügend finanzielle Sicherheit.

Weiter als Hotelkauffrau zu arbeiten, konnte ich mir plötzlich nicht mehr vorstellen – auch wenn ich den Beruf gewählt hatte, damit ich in anderen Städten und Ländern tätig sein könnte, um mein Fernweh zu stillen. Ich hatte wohl ein Fernweh-Gen in mir. Es war nicht so, dass ich keinen Spaß an meinem Job hatte, ich stieg auch schnell auf, aber dieses Vorankommen musste ich mit einem hohen Preis bezahlen. Ich hatte kaum ein Privatleben, weshalb Beziehungen nie lange hielten, den meisten Männern war mein Beruf, wie sie sagten, zu hochtourig.

Aber jetzt klang alles so perfekt, bestimmt gab es da einen Haken. Es musste einen geben. Egal. Nichts konnte mich noch von meiner Entscheidung abhalten, eventuelle Probleme existierten einfach nicht. Ich schwebte auf Wolken, als wir losfuhren, und war vor Verliebtsein geblendet. Denn woher sollte ich wissen, ob Stefan und ich im Alltag harmonierten? Und nicht eine Minute hatte ich darüber nachgedacht, was er unter Segeln verstand. Schon als das Boot die Werft verließ und wir unsere gemeinsame Zukunft auf dem Wasser starteten, dachte ich: Mein Gott, das kann doch nicht wahr sein. Der hat von Tuten und Blasen keine Ahnung.

Zu Beginn gab es viele Reibereien, denn nach dem ersten Liebestaumel stellte sich das ein, was zur allgemeinen Lebenserkenntnis unweigerlich dazugehört: Menschen sind verschieden, und manchmal können sie sehr verschieden sein. So war es bei uns. Stefan war der Vorsichtige, der sich bei Problemen zurückzog und sie theoretisch in den Griff bekommen wollte – was manchmal lange dauern konnte. Ich war das Gegenteil, draufgängerisch, extrovertiert, schnell mit einer Lösung zur Hand. Da flogen dann manchmal die Fetzen, wenn wir nicht einer Meinung waren. Kompromisse einzugehen, das war gar nicht mein Ding, insbesondere wenn es ums Segeln ging. Eindeutig war ich der bessere Segler von uns beiden, Stefan aber der Kapitän. So ist das auf Schiffen. Paragraph eins der Seeschifffahrtsstraßenordnung: Der Kapitän hat immer recht. Paragraph zwei: Sollte der Kapitän mal nicht recht haben, tritt Paragraph eins in Kraft.

Dennoch: Ich war ein richtiger Segler, Stefan eher ein Motorbootfahrer auf einem Segelschiff. Ich war es gewohnt, hatte man den Hafen verlassen, sofort die Segel zu setzen und die laute, stinkende Maschine abzustellen. Unter den weißen Segeln stellte und stellt sich bei mir augenblicklich eine Harmonie mit dem Meer ein. Beim Motoren bolzt man hart gegen die Wellen an, was mich immer maßlos störte. Stefan hingegen beruhigte das monotone Motorengeräusch. Deswegen ließ er die Maschine, selbst wenn die Segel schon standen, noch eine halbe Stunde mitlaufen. Mir sträubten sich dabei die Haare, als waschechte Seglerin war das ein Ding der Unmöglichkeit. Aber ich konnte nichts dagegen unternehmen. Es war jedes Mal ein Kampf, ihn dazu zu bringen, den Motor endlich abzustellen. Nach und nach sah Stefan aber ein, dass er zwar der Kapitän war, er aber nicht immer alles besser wissen musste.

Wir rauften uns zusammen, waren wir beide doch davon überzeugt, dass unser Leben durch unsere Differenzen bunter wurde. Es war ein großer Vorteil. Und wir sagten uns: «Wir ergänzen uns und können voneinander lernen. Wenn beide Partner sehr ähnlich sind, mag das für ein Leben auf einem Schiff einfacher sein, man hat bei dem wenigen Platz kaum Ausweichmöglichkeiten, aber man entwickelt sich nicht weiter.» Und wir wollten uns weiterentwickeln.

«Geht es dir gut?», fragte Stefan. «Du bist heute sehr still.»

«Alles ist gut», sagte ich. «Mir könnte es gar nicht bessergehen. Ich habe nur an damals gedacht, als wir häufiger mal anderer Meinung waren, was das Segeln betraf.»

Stefan schmunzelte. «Na, die Zeiten haben wir hinter uns.»

«Zum Glück.»

«Hörst du das auch?», fragte Stefan plötzlich.

«Ja, ein Boot, das näher kommt. Und zwar ziemlich schnell.» Ich horchte angespannt in die Dunkelheit hinein, die uns inzwischen umgab.

«Es hält direkt auf uns zu», stellte Stefan fest.

Im nächsten Moment blendeten uns Scheinwerfer. Der Motor des Boots wurde ausgeschaltet.

«Keine Angst, wir sind von der Polizei – *don't worry, we are the police*», rief jemand in die augenblicklich eingetretene Stille hinein.

«Komm, ins Cockpit», flüsterte Stefan. «Sicher ist sicher. So sind wir in der Nähe des Steuerstands. Irgendwie habe ich ein merkwürdiges Gefühl.»

«Geht mir nicht anders.» Ich flüsterte ebenfalls. «Kann aber nicht sagen, woran es liegt.»

«Vielleicht, weil wir mit Polizisten auf hoher See bislang nichts zu tun hatten», mutmaßte Stefan.

Im Cockpit schaffte ich es nicht einmal, mir etwas anderes anzuziehen, da waren die Polizisten schon an Deck der *Catherine* gesprungen. Das Wickeltuch, das ich mir schnell um die Hüften geschlungen hatte, und das ärmellose T-Shirt, das ich beim Sundowner getragen hatte, mussten nun für den amtlichen Besuch reichen. Stefan hatte um seine Hüften ebenfalls nur ein Tuch gebunden.

Stefan und ich sahen uns an, uns beiden kamen die Männer unheimlich vor. In ihren Händen hielten sie automatische Gewehre. Schussbereit. Ich wurde immer unruhiger. Doch welche Gefahr sollte von ihnen ausgehen? Sie trugen hellblaue T-Shirts mit der uns vertrauten gelben Aufschrift «PULIS» – «POLIZEI». In Puerto Princesa hatte ich öfter Polizisten in diesen Shirts herumlaufen sehen. Was aber wollten die Männer von uns? Wir hatten doch nichts verbrochen. Dennoch beschlich mich eine Ahnung, dass hier etwas ganz und gar nicht stimmte. Niemals würden Polizeibeamte auf diese Weise an Bord kommen; sie hätten vorher höflich gefragt, jedenfalls solche Menschen, die sie nicht für Verbrecher hielten. Waren wir in ihren Augen etwa Kriminelle? Hielt man uns für Schmuggler?

«Wir müssen das Boot durchsuchen», sagte einer der Männer, wieder auf Englisch, ohne sich vorher vorzustellen oder sonstige erklärende Hinweise abzugeben.

«*No, no*», wehrte Stefan ab. «Das können Sie nicht so einfach machen, das erlaube ich nicht. Wir sind Touristen und besitzen ordnungsgemäß alle notwendigen Papiere.»

«Wenn wir wollen, können wir alles.»

Ich konnte beobachten, wie nun ein anderer den restlichen Männern ein Zeichen gab, wie sie sich auf unserem Boot zu verteilen hatten.

Langsam wurde die Sache richtig unheimlich. Ich warf einen Blick zu Stefan und sah das Misstrauen in seinen Augen. Doch weil wir nichts zu verbergen hatten, erschien Widerrede zwecklos. Widerstand sowieso, denn was konnten wir gegen zehn Männer mit Gewehren ausrichten?

Nach kurzer Zeit standen die «Polizisten» wieder an Deck und umringten uns mit grimmigen Mienen. Plötzlich boxte mir einer auf den Oberarm – mit dieser Geste war offensichtlich, dass hier wirklich etwas gewaltig nicht stimmte. Und das innere Gefühl hatte mich nicht betrogen. Zwei der T-Shirt-Träger griffen meine Hände, ein dritter wickelte eine dünne Plastikschnur um die Gelenke. Ich versuchte, mich aus der Fessel herauszuwinden, doch ich hatte keine Chance. Zwei weitere Männer packten brutal meine Oberschenkel, hoben mich über die Reling und ließen mich in ihr Boot fallen. Es war ihnen völlig egal, ob ich mir dabei sämtliche Knochen brach. Es schien ihnen nur wichtig zu sein, dass ich am Leben blieb, denn schließlich hätten sie mich sonst mit ihren Gewehren auf der Stelle töten können. Ein höllischer Schmerz durchfuhr mein rechtes Knie.

«Stefan!», schrie ich. Aus den Augenwinkeln hatte ich gesehen, dass sie ihn hochhoben, um mit ihm ähnlich wie bei mir zu verfahren. Ich schwitzte vor Angst, denn ich war mir nicht sicher, ob er einen Sturz aus solcher Höhe ohne schlimme innere Verletzungen überhaupt überstand.

Ich hörte ihn rufen: «Vorsicht! Ich bin nicht mehr der Jüngste.

Sie haben es mit einem Mann zu tun, der 72 ist! Ein bisschen Rücksicht wäre angebracht.»

Sie nahmen keine Rücksicht. Mit einem fürchterlichen Krachen fiel Stefan neben mir ins Schnellboot. Ich zuckte zusammen. Es hatte in meinen Ohren geklungen, als hätte er sich sämtliche Knochen gebrochen; er atmete schwer.

Ich kämpfte mich hoch, richtete mich auf, um besser einschätzen zu können, wie es Stefan ging. Bevor ich mir aber ein Bild von seinem Zustand machen konnte, zerrte man mich zu einer nahen Sitzbank und fesselte mich daran. Einer der falschen Polizisten drückte meinen Kopf und den Oberkörper nach unten, tastete grob Arme und Hände ab, um sicher zu sein, dass die Fesseln auch hielten. Dabei konnte ich beobachten, dass die fremden Männer hin und her über unser Schiff liefen. Warum? Was zum Teufel suchten sie? Wertsachen? Geld? Es sah alles so unkoordiniert aus. Vollkommen planlos. Etwas, das auch nicht zu meiner Beruhigung beitrug. Schließlich stiegen die herumirrenden «Polizisten» zurück in ihr Boot. Langsam dämmerte mir, dass es tatsächlich keine Polizisten waren, es waren Kidnapper. Ihr Plan war es, uns zu entführen. Was sie sonst noch von der *Catherine* mitnehmen wollten, das hatten sie sich nicht so genau überlegt.

«Ist da noch jemand an Bord?» Einer der Kidnapper fragte das mit harscher Stimme in brüchigem Englisch.

«Nein, niemand», antwortete ich wahrheitsgemäß.

Anscheinend glaubte man mir, denn kurz darauf wurde der Motor gestartet. Die Frage von eben ging mir nicht aus dem Kopf. So wie es aussah, hatten sie nicht sicher gewusst, dass nur Stefan und ich auf dem Boot waren. Und das wiederum konnte nur bedeuten, dass sie uns nicht schon seit langem im Visier hatten. Wir waren nur zur falschen Zeit am falschen Ort. Für die Männer war es genau anders herum, wir kamen ihnen wunderbar gelegen.

Die beiden Ankerlichter der *Catherine* wurden kleiner und blasser. Ich hätte heulen können. Doch bevor ich weiter mit dem Schicksal hadern konnte, stülpte man uns beiden eine schwere, schmutzige Plane über. Erneut drückte dazu einer der Entführer meinen Kopf nach unten auf die Planken des Boots, bei Stefan war das nicht notwendig, er lag flach auf dem Boden.

Stefan. Ich konnte ihn sehen. Er befand sich in Rückenlage, die Hände gefesselt vor der Brust. Seine Augen waren verbunden. Er rührte sich nicht.

«Stefan, Liebster, lebst du noch?»

Ich hörte ein schwaches Ja. Seine Stimme klang schrecklich. Er litt, das war nicht zu verkennen. Ich wollte etwas Aufmunterndes sagen, uns Hoffnung machen, alles würde sich am Ende als Irrtum herausstellen, doch in meiner Verwirrtheit und Erschöpfung fiel mir nichts ein. Auch glaubte ich letztlich selbst nicht daran.

Der Motorenlärm war unerträglich. Wie hasste ich ihn, das hatte sich in den vergangenen Jahren nicht geändert. Aber nicht nur der Motor war laut, unüberhörbar war, dass die «Cops» sich stritten, ein heftiger Wortwechsel löste den nächsten ab. Außer *pulis* verstand ich nur wenige andere Worte. Ihre Auseinandersetzung führten sie in einer mir fremden Sprache, es war nicht Tagalog, jene Sprache, die auf den Philippinen weit verbreitet ist. Was war hier los? Um was ging es? Was sollte mit uns geschehen? Im Moment sollten wir still auf dem Boden liegen.

Die Plane war nicht nur ungemein dreckig, sondern auch klebrig vom Meersalz. In unserem Versteck, eigentlich ein Gefängnis, stank es muffig und nach Benzin. Die Gischt, die während der Fahrt ins Innere des Boots gespült wurde, vermischte sich mit dem Öl zu einer üblen Brühe. Immer wieder hörte ich, wie jemand mit einem Becher oder Eimer entlang der Planken schabte, um Wasser aus dem Boot zu schöpfen. Ich verlor das Gefühl in meinen Händen, viel zu eng waren die Fesseln geschnürt.

«Ich kann meine Hände nicht mehr spüren!», rief ich, so laut ich konnte. Niemand reagierte. Niemand wollte mich hören.

Damit das Taubheitsgefühl nicht stärker wurde, wand ich meine Hände, hoffte auf diese Weise, dass sich die Fessel lockerte. Irgendwann überprüfte sie einer der Männer, nicht einen Millimeter hatte sich die Schnur gelöst.

Der Fahrtwind schob die Plane ein wenig beiseite, sodass ich durch den kleinen Spalt das dunkle Meer erkennen konnte, auch ein Stück Küste, an der vereinzelt Feuer oder Laternen brannten. Nur die Ankerlichter der *Catherine* konnte ich nicht mehr ausmachen, stattdessen zwei Frachter auf Reede, wohl jene beiden, die ich noch am Nachmittag hatte vorbeifahren sehen. Einen Augenblick lang überlegte ich, ins Wasser zu springen und an Land zu schwimmen. Als gute Schwimmerin – bei einem zügigen Durchschwimmen würde ich zwei Kilometer in der Stunde schaffen – konnte ich mir Chancen ausrechnen, zumal in der uns umgebenden Finsternis. So schnell würde man mich in der Schwärze der Nacht nicht ausfindig machen.

Schon mehrmals war uns nachts etwas über Bord gegangen, darunter ein Fender – alles war sofort von der Dunkelheit verschluckt worden. Ich könnte den Männern entwischen, überlegte ich, und die Polizei alarmieren, die reale. Aber ein Blick auf meine gefesselten Hände sagte mir, dass das schwierig werden könnte (wenn auch nicht unmöglich). Dann fiel mein Blick auf Stefan – nie hätte ich ihn allein bei diesen Männern zurückgelassen. Und ich hätte die Flucht allein unternehmen müssen. Er konnte nicht sehr weit schwimmen, im Meer ist man ziemlich schnell mit seinen Kräften am Ende. Da ich jedoch jeden Tag im Wasser schwamm, war ich bestens trainiert. Aber wie die Männer Stefan trotz seines

Alters behandelten, ließ bei mir keine Zweifel bestehen. Ich begrub diese Idee; wäre ich allein gewesen, ja, aber ohne Stefan ging nichts.

Später, nach unserer Freilassung, hörte ich die Geschichte eines Schweizers und eines Niederländers; fast drei Jahre hatten sie sich auf den Philippinen in den Händen der Terrorgruppe Abu Sayyaf befunden, man hatte sie im Februar 2012 verschleppt. Als es dann im Dezember 2014 zwischen Geiselnehmern und Soldaten zu einem Feuergefecht kam, konnte der Schweizer, ein Tierfotograf, fliehen. Er hatte einen der Rebellen mit einer Machete getötet. Seinen Freund, den Holländer, hatte er bei seiner Flucht zurückgelassen. Er war angeblich zu schwach gewesen, um den Separatisten entkommen zu können. Diese beiden Männer waren wahrscheinlich nur beruflich miteinander verbunden, aber auch in einem solchen Fall hätte ich niemanden zurücklassen können. Bis heute ist nichts über den Verbleib des Niederländers bekannt.

Und hätte Stefan gesagt: «Versuche zu fliehen, ich bin dafür nicht stark genug», was dann? Was hätte ich dann getan? Auch in diesem Fall hätte ich verneint.

Eine Flucht ohne Stefan kam also nicht in Frage. Weiter rotierte es in meinem Kopf, meine Gedanken fuhren Achterbahn, während Stefan immer noch dalag, als hätte er sich in ein Schneckenhaus zurückgezogen, allerdings in eins, das keinen Schutz bot. Die Plane war nicht geeignet, Schutz zu geben, höchstens vor den Blicken der Männer. Aber immerhin drang kein Stöhnen aus seinem Mund, was mich erleichterte, denn es verringerte die Möglichkeit, dass er sich bei dem Sturz lebensgefährliche Verletzungen zugezogen hatte.

Ich versuchte, unsere Notlage weniger schlimm zu bewerten – wider besseren Wissens. Vielleicht sind die Männer doch echte Polizisten und halten uns fälschlicherweise für Schmuggler, dachte ich. Vielleicht bringen sie uns in die nächstgrößere Stadt, nach

Bataraza, etwas weiter nördlich, um der Sache auf den Grund zu gehen.

Wir hatten, wie ich durch den Spalt in der Plane erkennen konnte, die Landzunge erreicht, die das Ende der Coral Bay markiert. Dass wir uns nicht mehr in der Bucht befanden, konnte ich auch am Seegang spüren, er war deutlich stärker geworden. Das Boot krachte nun mit Vollgas in jede Welle; Stefan und ich mussten uns festhalten, um nicht samt Sitzbank durch die Gegend geschleudert zu werden. Reichlich Wasser schwappte über den Bootsrand, sodass wir trotz der Plane nach kurzer Zeit vollkommen durchnässt waren. Bald würden wir in der Nähe von Pirate Island sein. Sollten die Männer Bataraza ansteuern wollen, müssten sie hier scharf nach Westen abbiegen.

Nach ungefähr einer Stunde verlangsamte sich die Fahrt, schließlich wurde der Motor ganz abgestellt. Einer der Männer riss die Plane weg, sodass wir uns ein wenig aufrichten und umsehen konnten. Stefan nahm man die Augenbinde ab. Es war zwei Tage nach Vollmond, prall und hell stand er im Osten am Himmel. Ein Benzinkanister wurde weitergereicht, anscheinend war der Sprit ausgegangen, und jemand telefonierte mit einem Handy.

«*I have to pee*», sagte ich in die Runde; diese Gelegenheit musste ich nutzen, um mich zu erleichtern.

Keine Reaktion.

«*Peeeee*», wiederholte ich und kniff zur Erklärung meine Beine zusammen.

Immer noch keine Reaktion.

Krampfhaft überlegte ich, wie ich mein Bedürfnis zum Ausdruck bringen konnte. Endlich fiel mir ein, dass Filipinos «CR» sagen, wenn sie die Toilette meinen, CR wie Comfort Room.

«*I have to go to CR.*»

Jetzt war alles klar. Jemand löste die Schnur von der Sitzbank, und ich durfte zum Vorschiff krabbeln. Meine Beine schmerzten, doch ich wollte möglichst weit weg von dieser wilden Bande, die sich hauptsächlich im hinteren Teil des Schiffs aufhielt. Ich lehnte mich außenbords, und die Männer schauten zu. Buchstäblich ging meine gesamte Würde über Bord. Wir waren eben doch Gefangene, bei denen so etwas wie Rücksicht nicht nötig war. Keinem fiel ein, dass mir ihre Blicke peinlich sein könnten, ich mich womöglich erniedrigt fühlte.

«Hinsetzen», hieß es, als ich zur Bank zurückkehrte. Ein kleines Luftkissen wurde uns in den Rücken geschoben. Danach deckte man erneut die stinkende Plane über uns, und die Fahrt ging weiter.

Oh nein, nein, nein! Das war die falsche Richtung! Der Bug zeigte gen Osten, die Küste konnten wir vergessen, ebenso Bataraza. Entsetzen breitete sich in mir aus. Die nächsten dreihundert Seemeilen würde kein Land in Sicht kommen, ich kannte die Karten genau. Stefan sagte nichts, aber ich konnte von seinem Gesicht ablesen, was in seinem Inneren vorging. Seit zweiundzwanzig Jahren waren wir ein Paar, da bedurfte es keiner Worte, um zu wissen, was der andere dachte. Und Stefan hatte ähnlich wie ich erkannt, dass unsere Fahrt ins Ungewisse ging. Mir war nach Weinen zumute, aber die Anspannung war zu groß, es flossen keine Tränen. Gleichzeitig wollte ich den Entführern nicht zeigen, wie schlimm es um mich stand. Seltsamerweise fiel mir ein Satz meiner Mutter ein, die immer zu uns Kindern gesagt hatte: «Heulen bringt nichts.»

Sollte dies das Ende unserer Reise sein? War's das jetzt mit unserer Glückssträhne?

Meine Gedanken wanderten zurück an den Anfang unseres Segelabenteuers. Nachdem wir von Malta aus die Leinen losgeworfen hatten, war es Stefans Idee gewesen, schöne Tauchgebiete zu erkunden. Ihn hatte fasziniert, was ich ihm von meinen Taucherfahrungen erzählt hatte, und jetzt sollte ich ihm das Tauchen beibringen, entsprechende Ausrüstungen hatten wir uns schon auf Malta besorgt. Das vielversprechendste Tauchgebiet, das für uns, die wir ja auf dem Mittelmeer segelten, am nächsten lag, befand sich gleich jenseits des Suezkanals: das Rote Meer. Da wollte Stefan unbedingt hin und ich sowieso. Wir hatten alle Bücher von Hans Hass verschlungen, dem berühmten österreichischen Zoologen und Taucher, auch sämtliche Unterwasserschilderungen seines französischen Kollegen Jacques-Yves Cousteau. Beide Meeresforscher waren vom Roten Meer begeistert gewesen. Das hatte bestimmt einen Grund.

Nach einem kurzen Stopp in Griechenland passierten wir den Suezkanal, und in Hurghada versuchten wir unser erstes Taucherglück. Ein gutes Revier für Anfänger, jedenfalls waren wir schon von den allerkleinsten Korallenstöckchen begeistert. Richtig toll wurde das Tauchen aber dann im Sudan, in der Hafenstadt Port Sudan sprachen wir mit Profi-Tauchern, die uns die besten Plätze verrieten.

Einer davon war Shaab Rumi, nur eine halbe Tagesetappe von Port Sudan entfernt, und dort erreichten wir ein kleines Atoll, in dessen Mitte wir sicher ankern konnten. Hier machten wir zum ersten Mal Bekanntschaft mit Riffhaien. Dass sie relativ harmlos waren, musste ich erst lernen, denn als ich ihnen begegnete, verschanzte ich mich vor lauter Furcht hinter einem Korallenblock. In Shaab Rumi sahen wir noch eine Konstruktion, die Cousteau zurückgelassen hatte, er hatte sich dort eine «Wohnung» unter Wasser einrichten wollen.

So zogen wir von einem tropischen Tauchgebiet ins nächste. Zehn Jahre lang hatte uns das farbenprächtige Leben unter Wasser in den Bann gezogen. Man schwebte, man flog geradezu durchs

Wasser. Die Sonnenstrahlen bündelten sich an der Wasseroberfläche und zeichneten Bahnen in die unendliche blaue und geheimnisvolle Tiefe. Hans Hass hatte einmal gesagt, unter Wasser sei man ein «Fisch unter Fischen», und das stimmte. Das Sein als Fisch erzeugte eine völlig andere Stimmung als das bloße Schnorcheln. Man kann eine ganze Stunde lang unten bei den Fischen bleiben und die ganze Palette der Artenvielfalt in Ruhe bewundern. Nirgends über Wasser gibt es so viel Leben auf so engem Raum, in den allererdenklichsten Farben und Formen. Bei einem Spaziergang im Wald kann man froh sein, einem Hasen oder einem Reh zu begegnen. Doch da läuft das entdeckte Tier gleich fort. Nicht so unter Wasser. Fische scheinen es zu mögen, einem geradezu vor die Nase zu schwimmen. Große wie kleine.

Nie wurden wir des Tauchens überdrüssig. Bei jedem Tauchgang entdeckten wir Neues. Alles sahen wir, was die tropische Unterwasserwelt zu bieten hat, von kleinsten Schnecken, Seepferdchen bis zu kaum erkennbaren Steinfischen, von Manta-Rochen über Delfine bis zu Haien. Als wir sie dann noch, wie Hass oder Cousteau, mit der Kamera jagten, war das Glück vollkommen. Stundenlang warteten wir darauf, dass die perfekte Aufnahme gelang, stundenlang führte das dazu, dass wir ein und denselben Fisch in seinem Verhalten beobachteten …

Eine massive Welle riss mich aus meinen Träumereien. Die Luftkissen verrutschten, und wir hatten große Mühe, sie mit unseren gefesselten Händen neu zu platzieren.

Zwei der Männer ließen sich auf «meiner» Bank nieder. An die Oberschenkel des einen konnte ich mich anlehnen, und so unangenehm die Berührung auch war – ich war froh, dass sein Körper im Gegensatz zu den Planken angenehm weich war. Stefan sagte weiterhin kein einziges Wort. Er brauchte Zeit, um das, was hier vor sich ging, zu verarbeiten, denn mit dem Älterwerden hatte er viel von seinem anfänglichen Elan verloren. Schon immer hatte er langsamer gedacht als ich, aber diese Eigenschaft von ihm hatte sich in den letzten Jahren verstärkt. Ich hatte an Schwung gewonnen, davon war aber jetzt nichts zu spüren. Stattdessen fühlte ich mich so unglaublich ohnmächtig. Ich hatte mein Leben nicht mehr selbst in der Hand, und ich konnte auch nichts an dem Leiden von Stefan ändern, ihm seine Schmerzen, seine Verzweiflung abnehmen. Schlagartig wurde mir klar, wie glücklich und sorglos ich in den letzten Jahren gelebt hatte. Seit zweiundzwanzig Jahren fuhren wir auf der *Catherine* umher, und je länger wir unterwegs waren, desto langsamer waren wir geworden. Es zog uns nicht mehr zu fremden Ufern, wir blieben in den uns inzwischen bekannten Häfen Südasiens. Nur nicht auffallen, das war unsere Devise gewesen, keiner sollte merken, wie gut es uns ging. Nie prahlten wir mit der Segelyacht, keinesfalls wollten wir Neid erregen. Wir suchten eher die Zweisamkeit, hielten uns von anderen fern.

Ich musste auch an Stefans Familie denken, an meine über achtzigjährige Mutter und meine sechs Geschwister; ich bin das Nesthäkchen. Wie werden sie reagieren, wenn sie von unserem Schicksal erfahren?, überlegte ich. Was wird mit der Segelyacht passieren, die nun verlassen vor Anker liegt? Aber ist das alles wichtig? Nein, das ist nicht wichtig. Wichtig ist, zu überleben.

Je länger die Fahrt dauerte, umso mehr musste ich mir eingestehen, dass wir entführt worden waren. Wir hatten von Kidnappings in Südostasien gehört, terroristische Gruppierungen forderten Lösegeld, um ihren Krieg zu finanzieren. Aber wir hatten uns niemals auch nur in die Nähe von Gegenden gewagt, in denen eine solche Gefahr bestand. «Touristisch sicher», nach dieser Direktive hatten wir unsere Routen gewählt und Inseln gemieden, auf denen es in den letzten Jahren zu Zwischenfällen gekommen war.

Wir wussten von Pulau Sipadan, einer Insel östlich von Borneo, die zu Malaysia gehört. Dort waren im Jahr 2000 aus einem Taucherresort zweiundzwanzig Hotelangestellte und Touristen, darunter die dreiköpfige Göttinger Familie Wallert, von islamischen Terroristen der Separatistengruppe Abu Sayyaf auf die philippinische Insel Jolo entführt worden. Die Extremisten hatten Lösegeld gefordert; das Geld brauchten sie für ihren Kampf, um im muslimischen Süden der Philippinen einen Gottesstaat zu errichten. Erst nach vielen Monaten im Dschungel wurden die Geiseln wieder freigelassen. Ich erinnerte mich, dass ein Mann namens Commander Robot der Kopf der Entführer war. Später wurde er gefasst, verurteilt und während eines Gefängnisaufstands 2005 von Polizisten erschossen. Doch nie war bislang etwas Ähnliches in der Coral Bay passiert, nie hatten Terroristen hier ihr Unwesen getrieben, geschweige denn eine Yacht angegriffen. Aber aus einem Nie konnte am Ende auch ein erstes Mal werden.

«*Here!*» Einer der Männer hielt uns zwei große Styroporstücke vom Deckel einer Kiste entgegen, darauf sollten wir uns setzen. Auch blaue Regenjacken hängte man uns um die Schultern, überraschenderweise waren es unsere eigenen, die die Männer von unserem Schiff mitgenommen haben mussten. Ihre Bemühungen, uns das Leben in ihrer Gewalt in kleinen Dingen zu erleichtern, wirkten verstörend.

«Here!» Dieses Mal gab es eine kleine Flasche mit Orangenlimonade und ein Päckchen mit salzigen Kräckern. Erneut hatten die Männer den Motor abgestellt, um Benzin in den Tank nachzufüllen. Endlich wurden uns die Fesseln abgenommen, die Plane wurde beiseitegeräumt – wir waren mitten auf dem Meer. Nirgendwo konnte ich ein Licht entdecken, nicht das kleinste hoffnungsvolle Flackern. Ohne die Nähe einer Küste bestand für die Männer keine Gefahr, dass wir entdeckt werden könnten. Nur deshalb hatten sie die Plane entfernt und uns von den Fesseln befreit.

«Bitte, iss das!», sagte ich zu Stefan, als ich merkte, dass er die Sachen, die wir erhalten hatten, nur achtlos in seinen schlaffen Händen hielt.

Er schüttelte den Kopf. «Ich kriege das Zeug nicht runter.» Zum ersten Mal nach vielen Stunden hörte ich seine Stimme. Sie klang rau, ganz und gar nicht wie sonst. Tief atmete ich durch. Es tat so weh, ihn in dieser Verfassung zu erleben.

«Trink wenigstens die Limo. Wir müssen bei Kräften bleiben. Es ist wichtig, dass wir durchhalten. Du hast immer gesagt, gemeinsam sind wir stark. Wenn du aussteigst, haben wir keine Chance, uns gegenüber diesen Leuten zu wehren.»

«Haben wir so oder so nicht.»

Das war wohl das Ergebnis seiner Analyse. «Das mag sein, aber wir dürfen nicht schon im Vorfeld aufgeben.»

«Du meinst, gut zureden kann helfen, einen alten Knochen wie mich in einen dynamischen Kämpfer zu verwandeln?»

«Wieso sagst du so etwas? Darum geht es hier doch gar nicht.» Stefan hatte mich immer beschützen wollen, aber auch wenn er zwanzig Jahre jünger gewesen wäre, hätte er nichts gegen die Übermacht der Männer ausrichten können.

«Um was geht es dann?», hakte Stefan nach.

Ich seufzte. «Ich weiß es doch auch nicht.»

Stefan seufzte ebenfalls, als er mit beiden Händen die Limonadenflasche an seine Lippen hob.

«Pah, ist das Zeug süß. Schmeckt wie eine billige Fanta», sagte er nach dem ersten Schluck.

Stefans Anblick war kaum auszuhalten. Mit geschlossenen Augen saß er da, nachdem er einen dritten Schluck aus der Flasche genommen hatte, den Kopf gesenkt. Wie sehr mussten ihm die Knochen weh tun!

Ich selbst zwang mich, die Kräcker hinunterzuwürgen, nachdem ich den ersten Durst gestillt hatte, und versuchte, mich nicht mehr auf Stefan zu konzentrieren.

Einer der Männer starrte ständig auf sein Handy, das, wie ich später beobachtete, über eine kleine Solarzelle geladen wurde. Es hatte offenbar eine GPS-Funktion; so fanden sie den Weg über das offene Meer.

Auf einmal wurden alle unruhig, redeten laut durcheinander und zeigten in eine Richtung. Mein Blick folgte ihren ausgestreckten Armen. In einiger Entfernung fuhr ein korrekt beleuchtetes Schiff vorbei, wahrscheinlich ein Frachter, aber es konnte auch ein Boot der Küstenwache oder ein Militärfahrzeug sein. Jedenfalls wurde der Kurs sofort geändert, auf Nord. Erst nach einer halben Stunde wurde der alte Kurs erneut aufgenommen, die Kidnapper hatten den Frachter weiträumig umschifft. Fischerboote sah ich in der Ferne, sie leuchteten hell wie Tannenbäume. Die grellen Lampen waren eine Fangtechnik. Auf diese Weise wurden Meerestiere angelockt, insbesondere Tintenfische.

Langsam wurde es hell. Geschlafen hatte ich nicht. Nichts tun zu können, das hatte mich wachgehalten. Mit jeder Stunde auf dem offenen Meer war meine Hoffnung geschwunden, die Situation noch beeinflussen zu können. Ich konnte nichts machen, das musste ich einsehen. Es blieb nur eins: das auszuhalten, was auch immer kommen mochte.

Öfter hatten wir überlegt, was zu tun wäre, sollte doch einmal wider Erwarten Gefahr von anderen ausgehen. Nie hatten wir dabei an eine Entführung gedacht, da wir uns ja nur in sicheren Gewässern aufhielten. Wir waren davon ausgegangen, dass man uns womöglich ausrauben wollte. Auf Websites und in Foren informierten wir uns, wie andere solche Überfälle überstanden und gemeistert hatten, vorwiegend wurden sie als «Piratenüberfälle» bezeichnet. Da war etwa ein Mann mit einem Messer ins Cockpit eingebrochen, als gerade niemand an Bord war, und hatte einige Sachen gestohlen. Das als «Piraterie» zu bezeichnen, hatten Stefan und ich für etwas übertrieben gehalten, das klang viel zu dramatisch. Für uns war das nichts weiter als ein Einbruch. Vielleicht hatten wir uns diese Geschichten auch nur schöngeredet, um nicht zu sehr von Angst bestimmt zu werden.

Andere Segler reagierten ähnlich. Wenn sie von unserer Geschichte hörten, hieß es im Nachhinein oft nur: «Ja, das war wohl ein großes Unglück. Bisschen viel Pech gehabt. Aber wir fahren trotzdem.» Einige Segler haben Waffen an Bord, um sich gegen eventuelle Überfälle zu wappnen. Aber sollte man auf jeden zielen, der sich dem Boot näherte? Und was würde dann passieren? Würde zurückgeschossen? Gegen zehn Männer mit Sturmgewehren hätten wir ohnehin keine Chance gehabt.

Am grellblauen Himmel fand sich keine einzige Wolke, die Tropensonne knallte trotz der frühen Morgenstunde erbarmungslos auf uns nieder. In dieser Helligkeit konnte ich mir unsere Entführer genauer ansehen. Sie saßen auf zwei Bänken und schienen die anstrengende Tropensonne zu genießen. Zufrieden hockten sie da und ließen sich von der Gischt nassspritzen. Vielleicht, so überlegte ich, leben sie sonst in einem dichten Wald und sind froh, diesem für eine Weile entkommen zu sein. Zu diesem Zeitpunkt wusste ich noch nicht, wie richtig ich damit lag.

Auf der hinteren Sitzbank hockten die «Älteren», wobei diese Älteren höchstens um die dreißig waren. Einer von ihnen hatte grau melierte Haare – im Vergleich zu den anderen wirkte er auch erwachsener –, ein anderer hatte eine auffällige Narbe, die sich über seinen Mund und die Nase zog, vielleicht eine Schussverletzung. Sein Gesicht war dadurch verzerrt und wirkte furchteinflößend. Ich nannte ihn insgeheim den «Schiefgesichtigen».

Die Vorderbänkler waren blutjung, kaum älter als sechzehn. Einer der Jungen trug meine Sonnenbrille, er musste sie auf der *Catherine* mitgenommen haben. Trotz seiner jungen Jahre fehlten ihm alle vier oberen Schneidezähne. Ein anderer hatte sich meine Lesebrille aufgesetzt, durch die er sicherlich nichts sehen konnte. Die Situation entbehrte nicht einer gewissen Komik, trotz aller Dramatik. Ein Dritter spielte mit unserem Fernglas herum, ein Vierter hielt unseren Kompass in Händen (er war eingebaut gewesen, die Männer hatten ihn anscheinend herausgerissen), mit dem sie nun navigierten, um Strom für das GPS zu sparen. Ein Fünfter verstaute gerade meinen Laptop in eine wasserfeste Kiste. Vorher zog er ein paar Kleidungsstücke daraus hervor, einige von Stefans Sachen, die sie aus der Kajüte mitgenommen hatten. Das kam mir sehr gelegen.

«Kann ich die graue Hose anziehen?», fragte ich. Für eine Männergesellschaft, womöglich sogar eine muslimische, war ich definitiv zu leicht gekleidet.

Es wurde mir erlaubt, und Stefan durfte seine roten Bermudashorts anziehen. Danach fühlten wir uns weniger unwohl.

Ich begann zu grübeln: Zu welcher Gruppe gehörten diese zehn Männer? Zur militanten Organisation Abu Sayyaf, auch unter al-Harakat al-Islamiyya bekannt? Ich hoffte nicht, denn die seit 1991 aktiven «Schwertkämpfer» waren im Vergleich zu anderen islamistischen Terroristen als besonders grausam bekannt. Ich hatte bereits viel dazu gelesen. Sie galten in dieser Gegend als die kleinste Moslemgruppierung, man ging von rund vierhundert «Kämpfern», aber von wesentlich mehr Anhängern aus. Ihr Ziel war ein eigenständiger muslimischer Staat auf den Philippinen. Einer ihrer früheren Anführer, ein gewisser Janjalani, hatte als Mudschahed in Afghanistan gekämpft – und damit gegen die Russen, finanziert von den Amerikanern. Es hieß auch, dass die Bewegung Kontakte zu anderen extremistischen Gruppierungen hatte, etwa zur al-Qaida. Gerüchten zufolge sollte ein Schwager von Osama bin Laden die Milizen finanziell unterstützt haben. Abu Sayyaf hatte den Bombenanschlag an Silvester 2000 in Manila zu verantworten, bei dem es zweiundzwanzig Tote und Hunderte von Verletzten gegeben hatte. Weiterhin bekannte sich Abu Sayyaf zu dem Anschlag 2004 auf eine Fähre, ebenfalls in Manila, mit hundertsechzehn Toten. Damals waren die Behörden allerdings skeptisch, ob die Gruppe wirklich hinter der Tat steckte oder nur den Medienboom nach der Katastrophe für sich nutzen wollte.

Ihr kriminelles Repertoire war damit jedoch längst nicht ausgeschöpft; neben Attentaten waren sie berüchtigt für Entführungen und Erpressungen. Wenn sie nicht bekamen, was sie wollten, köpften sie die Leute mit ihren Buschmessern. So töteten sie einmal auf diese Weise sieben Christen im Süden der Philippinen, für die das geforderte Lösegeld nicht gezahlt worden war. Die abgetrennten Köpfe ließen sie bei der Armee abgeben. 2010 enthaupteten sie drei christliche Holzfäller – ebenfalls im Süden des Landes. Dass sie inzwischen dem IS, dem «Islamischen Staat», die «Treue geschworen» hatten, wusste ich damals nicht. Vom IS überhaupt hatte ich bislang nichts mitbekommen. Diese radikale Gruppierung hat erst in der Zeit unserer Gefangenschaft massiv an Einfluss gewonnen und Macht erlangt. Abu Sayyaf stand damals jedenfalls auf der Liste internationaler Terrororganisationen.

Daneben gab es in dieser südasiatischen Region eine gemäßigtere Vereinigung, die Nationale Befreiungsfront der Moros (Moro Islamic Liberation Front, MILF), muslimische Separatisten, die seit 1970 im Süden der Philippinen ebenfalls für einen eigenständigen muslimischen Staat kämpften und hauptsächlich auf Mindanao, der zweitgrößten Insel der Philippinen, und dem Sulu-Archipel zu Hause sind. Einen Namen hatte die Befreiungsfront für diesen Staat auch schon: Bangsamoro. Janjalani hatte die MILF abgelehnt, für ihn war diese Gruppierung nicht fundamentalistisch genug vorgegangen, deshalb hatte er sich mit seinen Leuten von ihnen separiert. Einen Monat zuvor, im März 2014, hatte ich gelesen, dass der philippinische Präsident Benigno Aquino mit dem MILF-Anführer einen Friedensvertrag geschlossen hatte, der die Gründung einer autonomen Region Bangsamoro vorsah. War dieser Vertrag gebrochen worden? Waren wir nun diejenigen, mit denen die MILF darauf hinweisen wollte, dass ihre Ziele endgültig realisiert werden sollten?

«Ihr seid keine Polizisten, stimmt's?», fragte Stefan plötzlich. Offensichtlich hatte er ähnlichen Gedanken nachgehangen wie ich.

Die Männer hoben überrascht die Köpfe und schauten sich verunsichert an, als wüssten sie nicht, wie viel sie verraten durften. «Wer seid ihr? Zu welcher Gruppierung gehört ihr? Ihr gehört doch einer Gruppierung an, oder? Ich kann mir nicht vorstellen, dass ihr allein handelt.»

Allgemeines Gemurmel erhob sich, darunter glaubte ich auch die Abkürzung MILF zu hören, sicher war ich mir aber nicht. Dennoch war ich erleichtert. Wer am Verhandlungstisch der philippinischen Regierung saß, ließ mit sich reden.

Stefan flüsterte mir zu: «Die Männer handeln bestimmt im Auftrag. Sie bekommen Geld für unsere Auslieferung. Ich will versuchen, sie zu bestechen.»

Ich zweifelte an dieser Version. Das waren keine Leute, die anderen Männern Geiseln zulieferten. Die Sturmgewehre, diese Mengen an Munition – das ergab keinen Sinn. Doch bevor ich meine Bedenken äußern konnte, wurde Stefan aktiv.

«Wer ist hier der Anführer?», fragte er laut.

Ein eher unscheinbarer Typ aus der hinteren Reihe trat hervor, nicht jener Graumelierte, von dem ich angenommen hatte, dass er der Boss war. Der Chef war einige Zentimeter kleiner als ich, vielleicht 1,65 Meter, recht kräftig, mit kurzem Haar und einem dünnen Oberlippenbart. Mir fiel an seinem linken Auge ein nervöses Zucken auf.

«Ich gebe dir das Doppelte», sagte Stefan, «wenn du uns sofort zu unserem Boot zurückbringst.»

«Du hast Geld auf dem Boot?» Der Anführer blickte ihn erstaunt an. Ich dachte: Sie haben also unser Bargeld nicht gefunden.

Stefan ging nicht weiter auf die Frage ein, blickte den Anführer nur unverwandt an.

Ununterbrochen zuckte dessen Auge, schließlich sagte er: «Das geht nicht.»

«Und warum geht das nicht?»

«Ihr seid Geiseln.»

«Geiseln?»

«Ja, genau, Geiseln.»

«Geiseln werden doch genommen, um was zu erreichen? Was wollt ihr erreichen, wenn es kein Geld ist?»

Der Anführer legte seinen Kopf zur Seite. «Das hängt von den Verhandlungen ab.»

«Was für Verhandlungen?»

«Wir wollen ideologische Sachen.»

«Ideologische Sachen, und was genau?»

Es war verwirrend, was wir da hörten. Ich musste schlucken, meine Kehle war trocken. «Ideologisch» konnte alles Mögliche bedeuten. Einen politischen Hintergrund hatte die Entführung wohl auf jeden Fall. Es war trotzdem nicht nachvollziehbar, warum man uns von unserem Boot und damit aus unserem wunderschönen Leben gerissen hatte.

Der Chef hatte sich Zeit gelassen, um zu antworten. Schließlich sagte er: «Wir wollen, dass die japanischen Fischer nicht mehr in unserem muslimischen Territorium ihre Netze auslegen. Die Regierung soll endlich aufhören, darüber zu bestimmen.»

Na, das klang doch beruhigend. Die Männer – Muslime, wie ich es vermutet hatte – wollten etwas von ihrer Regierung. Sie waren tatsächlich nicht auf Geld aus, sie wollten vielmehr mit unserer Gefangennahme eine gute Verhandlungsposition erzwingen. In gewisser Weise zu verstehen, auch wenn wir dafür herhalten mussten. Doch letztlich ging es dabei nicht um uns persönlich, man hatte uns nicht auserkoren, weil die sechzehn Meter lange Yacht gewisse Begehrlichkeiten geweckt hatte. Und wir waren für sie keine Ungläubigen, deren man sich entledigen wollte. Und das wiederum bedeutete, dass sie uns wohl kaum töten wollten. Ich konnte wieder aufatmen, denn wenn es «nur» um japanische Fischer ging, musste die philippinische Regierung doch einsehen, dass die einheimischen Fischer unter den Fangquoten der Japaner litten und darunter, dass man ihre alten Rechte beschnitten hatte.

Wie naiv ich war.

«Und wie lange müssen wir noch auf dem Boot bleiben?», fragte Stefan. «Wann dürfen wir wieder Land betreten?»

«In rund dreißig Stunden», bekamen wir zur Antwort.

Dreißig Stunden. Puh.

Bei einer Geschwindigkeit von rund zehn Knoten ergab das eine Distanz von dreihundert Seemeilen. Vielleicht war eine der Sulu-Inseln das Ziel. Um Navigation hatte sich Stefan nie gekümmert, das war immer mein Bereich gewesen.

Die Männer harrten weiter geduldig in der brutalen Tropensonne aus, mittlerweile durchnässt von der Gischt, während wir freiwillig unter die muffige Plane krochen, um ihr nicht ausgesetzt zu sein. Abwechselnd schliefen sie, meist im Sitzen, den Kopf auf die Arme gelegt. Unmittelbar in meiner Nähe lag das Gewehr eines der Entführer, es war ihm entglitten, als er einnickte. Ich hätte es greifen können, aber was hätte das gebracht?

Fern am Horizont konnte ich Brandung erkennen, das typische Zeichen für ein Riff. Auch die Männer bemerkten es, laut palaverten sie herum. Sie änderten den Kurs des Bootes wieder in Richtung Norden, bis die Gefahrenstelle weitläufig umrundet war.

So ein Riff ist unheimlich tückisch. Gerade wenn die Sonne tief steht, kann man kaum erkennen, wie es aus der Tiefe steil bis an die Wasseroberfläche emporsteigt. Es entsteht aus dem Kalkgerüst der Korallentierchen, Millionen und Abermillionen dieser winzigen Tiere bilden einen der Korallenstöcke, die in tropisch-warmen Gewässern nahe der lichtdurchfluteten Wasseroberfläche wachsen, an Küsten oder rings um Inseln herum, die zumeist vulkanischen

Ursprungs sind. Im Laufe der Erdgeschichte versinken die Vulkane wieder im Meer, die Korallen wachsen aber weiter, dem Licht entgegen. So entsteht ein Atoll, ein Ring aus Korallengestein, mit einer meist flachen Lagune in der Mitte (dem Rest der ehemaligen Vulkaninsel) und einem sehr steilen Abhang ins tiefe Wasser an der Außenseite.

Diese Korallenriffe werden von Seglern gefürchtet, denn nie weiß man genau ihre Standorte, viele Seekarten sind nämlich veraltet und nicht überarbeitet worden.

An der Küste von Mosambik, einem Land im südöstlichen Afrika, hatte es uns dann erwischt. Am frühen Morgen, die Sonne stand noch sehr tief, sodass man es nicht erkennen konnte, liefen wir mit einem fürchterlichen Rums auf ein Riff. Der Karte nach befanden wir uns noch in tiefem Wasser, aber es war eine Karte aus den fünfziger Jahren.

Etwa 15 Minuten bangten wir um unser Schiff. Immer wieder erfasste eine Welle die *Catherine,* hob sie an, um sie dann mit erneutem Krachen auf das Gestein fallen zu lassen. Das ging durch Mark und Bein. Mit Vollgas versuchten wir, uns zu befreien, doch jede Welle schob uns eher weiter auf das Riff. Stefan fing schon an, die Rettungsinsel auszupacken. Dann kam mir ein Gedanke aus meiner Zeit als Jollenseglerin: Man muss das Schiff krängen, also in die Schräge bringen, so hat man weniger Tiefgang! Auf der Jolle genügte es, sich auf die Schiffskante zu setzen und sich nach außen zu lehnen, das würde bei der schweren *Catherine* nicht reichen. Aber die Segel zu setzen, das könnte helfen, es wehte eine leichte Brise. Gedacht, getan. Schnell rollten wir das Vorsegel aus, und tatsächlich, es brachte ein leichtes Neigen und noch zusätzlichen Antrieb. Und, o Wunder, die *Catherine* drehte sich ein wenig, und bei der nächsten Welle kamen wir näher ans tiefe Wasser heran. So «hüpften» wir einige Male, bis wir endlich wieder frei im Wasser schwammen.

Sogleich riss ich alle Bodenbretter auf, um nachzusehen, ob wir einen Wassereinbruch hatten. Nichts. Dann sprang ich ins Wasser, um von außen nachzusehen. Doch abgesehen vom Kiel war der Unterwasseranstrich unversehrt. Unser Kiel, der aus massivem Stahl besteht, hatte die ganze Wucht des Aufpralls abgefangen. Dieser Vorfall hätte auch anders ausgehen können.

Ein Riff kann aber auch dein Freund sein. Es bietet im Inneren der Lagune gute, vom Seegang geschützte Ankerplätze und herrliche Tauchgründe. Das letzte Atoll, das Stefan und ich besucht hatten, war das Layang-Layang-Atoll, eineinhalb Tagesreisen von Kota-Kinabalu im malaysischen Borneo entfernt. Dieses Atoll verfügt nur über eine einzige Sandbank, ansonsten nur Riff, das bei Hochwasser völlig überschwemmt wird. Auf der Sandbank hatte die malaysische Regierung eine Handvoll Soldaten stationiert, um diese Region als ihr Territorium zu beanspruchen. Gut für uns, denn so waren wir beschützt, ein Ankerplatz ganz nach unserem Geschmack! Das Riff ist neben Sipadan das Beste, was Malaysia an Tauchplätzen zu bieten hat. Wir verbrachten sechs herrliche Wochen dort und waren die einzige Yacht … Es war so schön, davon auf diesem unwirtlichen Boot zu träumen.

Ein erneuter Halt. Der «Schiefgesichtige» sprang ins Wasser, er musste die Propellerwelle auswechseln. Da alle Augen auf ihn gerichtet waren, konnte ich mich in Ruhe auf dem Boot umschauen. Es war acht Meter lang, zwei Meter breit, kein Deck, keine Bodenbretter, grau angestrichen. Zwei inbordig angebrachte Motoren. Zwischen den Kanistern entdeckte ich eine Sporttasche voller Munition für die Gewehre. Ich hätte sie ins Wasser werfen können, aber mir war klar, dass das wahrscheinlich mehr Ärger als Nutzen bringen würde. Im nächsten Moment hätten sie mich überwältigt. Und wer weiß, was sie dann mit mir angestellt hätten.

Der «Schiefgesichtige» war noch bei der Reparatur, als sich der Anführer an Stefan wandte.

«Wer bist du? Was machst du?»

«Ich heiße Stefan», antwortete er. «Ich bin Arzt, Kardiologe. Und das neben mir ist Henrike, sie ist Krankenschwester.»

Verwundert blickte ich Stefan an. Warum hatte er das behauptet? Wie war er darauf gekommen?

Damit war das Gespräch zwischen Stefan und dem Chef aber auch beendet, die neuen Propellerwellen waren eingebaut, und es konnte weitergehen.

Bei Einbruch der Nacht dachte ich zum ersten Mal: Was wird passieren, wenn die Bootsfahrt ihrem Ende zugeht? Alles war so überraschend gekommen, der Überfall auf der *Catherine* durch die falsche Polizei, das Hinunterstoßen in ihr Boot – jetzt fing ich an zu überlegen, was nach diesen dreißig Stunden auf uns zukommen würde.

«Stefan?»

«Ja?»

«Was werden die mit uns machen, wenn wir an Land sind?»

«Einer von den Männern hat ja telefoniert – vielleicht geht man auf ihre Forderungen ein, und wir sind dann frei.»

«Glaubst du das wirklich?»

Stefan gab keine Antwort. Das musste er auch nicht.

«Und wieso hast du mich als Krankenschwester ausgegeben?»

«Die meisten Menschen denken, dass ein Arzt nur mit einer Krankenschwester seinen Job machen kann. Und sollte mal ein Arzt gebraucht werden, so kannst du mitkommen. Arzt und Krankenschwester gehören zusammen, die darf man nicht trennen.»

Im Dschungel – so schnell werden wir nicht freikommen

Land in Sicht! Kurz nach Mitternacht ließ der Seegang nach. Wir glitten in eine einsame Bucht, fuhren auf einen kleinen, silbrig schimmernden Strand zu. Im Schein des Mondes konnte ich rechts einige einfache Holzhäuser ausmachen, in denen noch schwache Lichter brannten. Sie sind also bewohnt, dachte ich. Menschen befinden sich in der Nähe, es gibt noch andere, nicht nur diese zehn Männer, die mir mehr und mehr Angst einjagen. Noch weiter rechts, auf einer Landzunge, waren die Umrisse eines auffällig eckigen Hügels zu erkennen.

«Du musst jetzt ganz ruhig sein», sagte einer der Entführer und drückte meinen Kopf unter die Plane. «Wenn du schreist, werde ich dir weh tun müssen.»

Sollte ich trotzdem schreien? Ich traute mich nicht. Alles fühlte sich so unheimlich an. So fremd. Schon einmal war ich überfallen worden, in Mombasa, Kenias wichtigster Hafenstadt. Doch es war so anders gewesen, dass es mir nicht gleich eingefallen war. Die *Catherine* wurde damals gerade mal wieder auf einer Werft überholt, und mit einem Fahrrad, das wir stets dabeihatten, radelte ich die zwei Kilometer lange Strecke in die Stadt. Doch statt die vielbefahrene und abgasschwangere Straße zu wählen, entschied ich mich für einen ruhigen Trampelpfad. Ungefähr auf der Hälfte der Strecke sah ich vier Männer vor mir, die wie Wegelagerer am Rand des Pfades hockten. Ich dachte mir nichts bei ihrem Anblick;

die Bedrohung, die von ihnen ausging, nahm ich erst wahr, als sich einer der Männer erhob, sich mir in den Weg stellte und mich anrempelte, als ich abstieg. Auf einmal standen alle um mich herum, einer der Männer hatte sogar ein Messer gezückt. Instinktiv fing ich an zu schreien. Erstarrt stand ich da, schrie wie am Spieß, den Lenker meines Rads fest umklammert, die Augen auf das blitzende Messer gerichtet. Die Straßenräuber fingen an, meine Fahrradtaschen zu durchwühlen, fanden aber nicht auf Anhieb das, wonach sie suchten – auf den Gedanken, dass eine Frau ihr Geld in die Hosentasche steckte, kamen sie nicht. Doch weil ich so schrie, wurden sie unruhig, sie grapschten sich die Taschen, in denen sich kaum etwas befand, und rannten, so schnell sie konnten, fort. Damals war ich glimpflich davongekommen. Würde ich jetzt schreien, war damit kaum zu rechnen.

Es knirschte, als das Boot am Strand zum Stehen kam. Hektik brach aus. Ruck, zuck wurde alles zusammengepackt, das Boot ausgeladen, jeder der Männer hängte sich sein Gewehr und einen Munitionsgürtel um. Sogar einen grünen Einkaufsbeutel trugen sie von Bord, gefüllt mit Zwiebeln, die ich auf unserem letzten Landgang noch in einem Supermarkt erstanden hatte. Zwiebeln, Brillen und ein Computer – eine seltsame Kombination für Diebesgut.

«Aussteigen!»

Stefan hatte Schwierigkeiten, die Beine über die Bordwand zu heben, schwer stützte er sich ab.

«Ich habe kein Gefühl in den Füßen», klagte er nach einigen ersten Stolperschritten.

«Es wird bald besser», tröstete ich. Dabei verspürte ich selbst große Schmerzen in dem Knie, auf das ich gefallen war. Bei den ersten Schritten konnte ich auch nur humpeln und musste die Zähne zusammenbeißen, um keinen Laut von mir zu geben.

«Seid still», raunte uns der Schiefgesichtige zu, insbesondere mit Blick auf Stefan.

Das Boot blieb leer und unbemannt zurück. Stefan und ich wurden von je zwei Männern über den Strand geführt, nachdem sie unsere Probleme beim Gehen bemerkt hatten. Bislang hatten wir ihnen nur kurz auf der *Catherine* gegenübergestanden, erst jetzt fiel mir auf, wie klein sie waren. Auch den Kidnappern blieb nicht verborgen, dass Stefan ihnen von der Größe her überlegen war, für eine kräftemäßige Überlegenheit hätte er allerdings einige Jahrzehnte jünger sein müssen. Trotzdem hatte einer der Männer die Idee, ihn abermals fesseln zu wollen, und holte gleich mehrere Schnüre hervor.

«Nein, bitte nicht», wehrte Stefan ab. «Schaut mich an – glaubt ihr, dass ich euch davonlaufen kann? Ich kann doch kaum einen Fuß vor den anderen setzen.»

Sie überlegten und kamen zu dem Schluss, dass er wirklich nicht zu einer Flucht in der Lage war. So zogen sie uns lediglich vorwärts, offensichtlich hatten sie es eilig, vom Strand und den Bewohnern in den Häusern wegzukommen.

Stefan und ich waren nicht nur beintechnisch lädiert, wir waren dazu noch barfuß – kaum würden wir so einen längeren Marsch überstehen. Was hatten die Männer überhaupt mit uns vor? Wo wollten sie uns hinbringen? Zu der Siedlung und in eines der Häuser auf jeden Fall nicht, sonst hätten sie sich nicht alle im Flüsterton verständigt.

Erst abseits der Behausungen, neben einer Ansammlung von zerfallenen Hütten, gab es eine kurze Rast. Einer der Männer stellte mir ein Paar Halbschuhe hin, Größe 44. Sie gehörten Stefan und waren viel zu groß für mich. Trotzdem zog ich sie an. Für Stefan hatten die Männer ein paar Sandalen eingesteckt. Sie schienen nicht zum ersten Mal eine Entführung durchzuziehen. Ging es etwa doch nicht allein um die japanischen Fischer? Alles war so diffus. In dem einen Moment beruhigte ich mich etwas, im nächsten stieg Panik in mir hoch, weil die Aussagen der Entführer nicht wirklich einen Sinn ergaben, wenn man es mal nüchtern betrachtete. Doch genau das wollte ich nicht. Wieder und wieder sagte ich mir: Die Regierung wird schon einlenken. Und wenn es doch nicht um die Fischer ging, wenn, wie Stefan es vermutet hatte, wir an andere Männer übergeben werden sollten? Erwarteten uns jetzt hinter der nächsten Abbiegung Typen, die uns kaltblütig verprügeln, quälen oder etwas anderes Bestialisches mit uns anstellen würden? Ich sah zu Stefan hinüber. Er nickte. Versuchte, mir Mut zu machen.

Eine staubige Straße gingen wir entlang, nach ein paar hundert Metern bogen wir in einen Feldweg ein. Dort standen abermals bewohnte Holzhäuser. Die Männer zogen vorsichtig an ihnen vorbei, machten sich aber keine Mühe, ihre Gewehre zu verbergen. Erneut geriet ich in Versuchung, um Hilfe zu rufen – aber was konnten die Bewohner der Hütten gegen schwerbewaffnete Rebellen ausrichten? Bis die Polizei eintraf, würde es viel zu lange dauern. Und bei einer möglichen Schießerei wären wir mitten im Fadenkreuz. Ich presste meine Lippen fest aufeinander.

Die Besiedlung wurde dünner und dünner, bis sie ganz aufhörte. So wie die Straße. Wir waren in der Einsamkeit angelangt.

«Wie lange noch?», fragte Stefan nach ungefähr einer halben Stunde. Noch nie war er gut zu Fuß gewesen, er fuhr lieber Fahrrad, wenn wir einkaufen oder andere Dinge erledigen mussten.

«Eine Stunde», antwortete einer der Rebellen.

Verdammt, dachte ich, dann wird es in den vor uns liegenden Wald hineingehen. Immer weiter weg vom Meer und in den Dschungel hinein. An der Küste, nahe am Wasser, war ich in meinem Element, da kannte ich mich aus. Im Landesinneren fühlte ich mich immer verloren.

Rechts bogen wir in einen schmalen Trampelpfad ein, mit dem sanften Anstieg war es vorbei. Wir mussten uns an Sträuchern und Bananenstauden hochziehen, sonst hätten wir an dem steilen Hang keinen Halt gehabt. Da es dunkel war, stießen wir mit den Füßen gegen Steine, zerkratzten uns die Beine an stacheligen Dornenbüschen.

Stefan lief vor mir, und ich sah, wie seine Beine immer stärker zu zittern anfingen. Bald würde er zusammenbrechen.

«Wir brauchen eine Pause», rief ich.

Die Männer zeigten sich erst unwillig, kamen dann aber zu demselben Ergebnis.

«Setzt euch hier ins Gras.»

Stefan schüttelte den Kopf. «Ich kann mich nicht so einfach ins Gras setzen. Ich brauche etwas zum Anlehnen. Da vorne scheint mir ein besserer Platz zu sein.» Er wies in Richtung eines querliegenden Baumstammes.

Die Kidnapper schienen überfordert zu sein. Sie hatten sicher nicht damit gerechnet, dass wir so langsam waren. Und genauso wenig hatten sie eingeplant, dass wir Pausen und Bäume als Rückenstütze brauchten.

Stefan war auch nicht in der Lage, sich ohne weiteres hinzusetzen – ich musste ihn an den Armen festhalten, sodass er langsam zu Boden sinken konnte. So dehydriert, wie wir waren, brauchten wir dringend etwas zu trinken.

«Gibt es Wasser?», fragte ich. *«Tubig?»* Das Tagalog-Wort für Wasser war mir noch eingefallen.

«No tubig.»

Entgeistert starrte ich die Männer an. Wir mussten Flüssigkeit zu uns nehmen, sonst konnte es gefährlich für uns werden.

Hartnäckig insistierte ich: «Wir brauchen etwas zu trinken.»

Der unscheinbare Anführer schickte nun zwei der Jüngeren los. Nach zehn Minuten kehrten sie mit einem Kanister zurück, in dem Wasser schwappte. Jeder der zehn Separatisten nahm einen Schluck direkt aus dem Behälter, Stefan und ich kamen als Letzte dran. Innerlich schüttelte es mich, als ich den Plastikkanister an meine Lippen hob. Ich zögerte kurz, doch dann schob ich sämtliche Hygienebedenken beiseite. Danach wurden Pfefferminzbonbons verteilt, jeder erhielt eines.

«*Move! Move!*» Die Pause war beendet. Stefan war damit nicht einverstanden. «Noch zwei Minuten, dann bin ich bereit.»

Lautes Seufzen bei den Entführern, aber sie wussten nicht, was sie dagegen vorbringen sollten, denn es war klar, dass Stefan nicht simulierte, sondern tatsächlich nicht mehr konnte.

Mit aller Kraft versuchte ich ihn hochzuziehen, als die herausgeschundene Zeit vorbei war, doch es gelang mir nicht. Immer wieder fiel Stefan an den Baumstamm zurück.

«Lass das die Männer machen», sagte er schließlich und wandte sich an die Kidnapper: «Könnt ihr mir helfen?»

Zu dritt stellten sie ihn wieder auf die Beine. In diesem Moment war ich unglaublich stolz auf Stefan. In dieser nahezu aussichtslosen Situation hatte er es geschafft, seinen Willen durchzusetzen, auch wenn es nur um zwei Minuten gegangen war. Schon beim Aussteigen aus dem Boot, als man ihn erneut fesseln wollte, hatte er seine Meinung gesagt – und sie war respektiert worden.

Die Wanderung durch die Nacht wurde fortgesetzt. Der silbrige Mond beleuchtete eine Kulisse, die ich – trotz der widrigen Umstände – phantastisch fand. Wir passierten gigantische Baumriesen, und auch die Geräusche des Waldes waren faszinierend. Unentwegt zirpte es, Grillen und Vögel machten sich mit einem kleinen nächtlichen Konzert bemerkbar. Und noch etwas stellte ich fest: Je tiefer wir in den Wald vordrangen, umso entspannter wurden die Entführer. Sie hatten es längst nicht mehr so eilig wie zuvor. Inzwischen hatten sie sich umgezogen, trugen nicht mehr die Polizistenkluft, sondern Tarnkleidung und Boots. Ihre Gewehre hatten sie quer über den Nacken gelegt, die Hände lässig darüber, die wilden Haare mit bunten Tüchern gebändigt.

Eine Person fiel mir auf, die ich zuvor im Boot noch gar nicht richtig wahrgenommen hatte – offenbar eine junge Frau, hübsch, mit hoher Stirn und aufgeworfenen Lippen, das dunkle Haar zu einem wippenden Pferdeschwanz gebunden. Auch sie trug ein Sturmgewehr, einen Gürtel mit Ersatzpatronen, Camouflage-Kleidung und wie die anderen einen schweren Rucksack. Wow, dachte ich, das nenne ich mal Emanzipation. Unter Muslimen hatte ich keine «gemischte» Gruppe erwartet. Wurden hier etwa Frauen zu Extremistinnen erzogen? Erst später stellte sich heraus, dass das Mädchen kein Mädchen war, sondern ein äußerst zart gebauter Junge.

Nach einer Weile löste sich die Sohle von Stefans linker Sandale. Ich überließ ihm die Halbschuhe, die ich trug und die ohnehin ihm gehörten. Als Ersatz erhielt ich von einem der Männer Sandalen, der Spender ging barfuß weiter. Bald danach löste sich auch eine Sohle von Stefans Halbschuhen. Ich umwickelte sie mit einem Band, das mir die Männer gaben. Die Schuhfirma, eigentlich ein Tabakkonzern, warb damit, dass man darin meilenweit laufen könne. «So weit die Füße tragen» – das kam schon eher hin.

Mit jedem Schritt wurde es frischer, sogar empfindlich kühl. Wir mussten eine beachtliche Höhe erreicht haben, sonst hätte sich die Temperatur nicht so drastisch gesenkt. Inzwischen waren wir an unseren körperlichen Grenzen angelangt. Stefan konnte vor Erschöpfung kaum noch einen Schritt machen.

«Wie lange noch?», fragte Stefan ein weiteres Mal, seine Stimme klang schwach, ganz leise.

«Half an hour.»

Statt einer halben Stunde waren es jedoch zwei weitere Stunden bergauf, immer in dieselbe Richtung. Das konnte ich daran erkennen, dass der Mond stets vor und über meiner linken Schulter stand. Inzwischen war es gegen zwei Uhr. Eine Armbanduhr besaß ich nicht, und auch mein Handy hatten die Entführer an Bord der *Catherine* gelassen, aber ich wusste: Bei Vollmond ging der Mond um sechs Uhr abends auf und befand sich um zwölf Uhr nachts ganz oben am Himmel. Jeden weiteren Abend verschob sich dieser Vorgang um etwa eine Stunde nach hinten. Danach konnte ich meine Berechnungen anstellen. Heute war der dritte Tag nach Vollmond, entsprechend fielen meine Schätzungen aus.

Je tiefer wir ins Landesinnere eindrangen, umso mehr verlor ich jedoch die Orientierung, und je dichter der Wald wurde, umso weniger Hoffnung hatte ich, allein aus diesem Labyrinth herauszufinden. Tränen stiegen in mir hoch. Tränen, die keiner sehen durfte.

Der Anführer hing ständig am Telefon, schon auf dem Boot hatte er mehrmals sein Handy benutzt, da wusste ich aber noch nicht, dass er das Sagen hatte. Ich wunderte mich, dass es in diesem Dickicht überhaupt Empfang gab. Redete er mit Menschen, die in der Nähe waren? Gab es in nicht allzu weiter Entfernung so etwas wie Zivilisation? So falsch lag ich nicht, denn schon bald erreichten wir eine Hütte, vor der ein wärmendes Feuer brannte. Um die Flammen saßen fünf Männer, die mit bloßen Händen aus einem Topf Reis aßen.

Ich musste an eine Szene in Thailand denken. Stefan und ich hatten in einem schlichten Raum der Einwanderungsbehörde gesessen, der überall auf der Welt hätte sein können, und auf unsere

Stempel gewartet, die es uns erlauben würden, das Land zu betreten. Es dauerte und dauerte, sodass ich mich erhob und zum Fenster hinaus in einen Hof blickte, in dem rund fünfzig Männer auf dem Boden hockten, illegale Immigranten aus Burma, wie ich im Nachhinein erfuhr. Alles hatte so armselig gewirkt, nicht einen einzigen Stuhl hatte ich gesehen.

Und in einer vergleichbaren Weise hockten auch diese fünf Männer hier auf dem Boden. Als sie uns kommen sahen, sprangen sie freudig auf, stürzten auf die Kidnapper zu, schüttelten Hände, umarmten sich. Nach der ausführlichen Begrüßungszeremonie wurden wir ausgiebig gemustert. Die uns fremden Männer wirkten noch unzugänglicher als unsere Entführer. Einer von ihnen hatte krause Haare, ungewöhnlich bei Asiaten. Ihre Blicke waren uns gegenüber extrem feindselig; ihre vollautomatischen Schusswaffen hatten sie wie zum Bau eines Wigwams gegeneinandergelehnt.

Wir waren aber noch nicht am Endpunkt des Marsches angekommen, diese Männer mit ihren wilden Mähnen bildeten nur eine Art Vorposten. Nach kurzer Unterhaltung brachen wir erneut auf. Stefan und ich hatten nichts von dem verstanden, was besprochen worden war, nicht ein einziges Wort war uns vertraut vorgekommen.

Wieder fragte Stefan die Männer: *«How long?»*

«Five minutes.»

Daraus wurde eine Viertelstunde.

Der Weg verlief extrem steil, links vom Pfad ging es senkrecht die Böschung hinab. Mit letzter Anstrengung erklommen wir einen offenen Platz, auf dem im Quadrat kleine Bänke aus Bambusrohr aufgestellt waren. Einige Männer erwarteten uns, doch als sich herumgesprochen hatte, dass wir eingetroffen waren, traten mehr und mehr Männer aus geduckten Hütten, insgesamt zählte ich zehn dieser kleinen Behausungen. Sogar einige Frauen kamen angelaufen, was mir Mut gab. Wenn hier Frauen und womöglich auch Kinder lebten, dann würde … Ja, was würde uns dann erwarten? Mehr Menschlichkeit? Auch Frauen konnten blutrünstige Fanatikerinnen sein, das hatte ich einigen Zeitungsberichten entnommen. Und war nicht auch eine Frau unter den Entführern? Trotz allem beruhigte mich ihre Anwesenheit.

Gierig trank ich das heiße Zuckerwasser, das mir die Frauen reichten. Sie waren komplett verschleiert, bis auf eine Ältere mit weißem Haar und faltigem Gesicht und eine Jüngere um die dreißig. Warum die beiden sich nicht verhüllen mussten, blieb ein Rätsel. Beim Anblick der vermummten Frauen musste ich an unsere Begegnung mit Frau Salih und ihrem Mann denken, unsere erste nähere Bekanntschaft mit Muslimen.

Es war im Sudan gewesen, Stefan und ich waren noch nicht lange zusammen unterwegs, aber es war immerhin schon so viel an Zeit vergangen, dass keiner von uns das Gefühl hatte, unsere gemeinsame Weiterfahrt wäre durch nicht auflösbare Konflikte gefährdet. Trotz aller Meinungsverschiedenheiten war die Verliebtheit in Liebe übergegangen, eine Liebe, die mich tief berührte. Ich konnte mir nicht mehr vorstellen, auch nur einen Tag ohne Stefan zu sein. Ich konnte mich voll und ganz auf ihn verlassen. Und selbstbewusst ging ich davon aus, dass es ihm nicht anders erging.

Einmal sagte er nur: «Ich bin ganz schön von dir abhängig.»

«Wie meinst du das?», fragte ich nach.

«Ohne dich wären wir schon lange pleite.»

Er hatte darauf angespielt, dass ich mehr und mehr Reparaturarbeiten am Boot selbst erledigte und wir dadurch unterwegs immer weniger Bootswerkstätten aufsuchen mussten, die nicht selten gepfefferte Preise verlangten.

Im Sudan versagte aber die Einspritzpumpe am Motor. An die

traute ich mich noch nicht heran. Herr Salih, der Besitzer der Werkstatt, der sie reparieren wollte, war ein äußerst netter Mann, bescheiden, keiner, der uns übers Ohr hauen wollte. Nachdem er die *Catherine* inspiziert und auch schon einiges instand gesetzt hatte, lud er uns beide für den Abend zu sich nach Hause ein – seine Frau, meinte er, sei eine hervorragende Köchin. Es wurde ein ausgesprochen amüsanter Abend, wir lachten viel, und der Gastgeber hatte nicht zu viel versprochen, seine Ehefrau, eine rundliche Frau – dass sie gut gepolstert war, konnte auch das lange schwarze Gewand, in das sie gehüllt war, nicht verdecken –, hatte hervorragend gekocht.

Weil wir uns so gut verstanden hatten und die Reparatur noch einen Tag dauern sollte, luden wir das Paar für den folgenden Abend zu uns aufs Boot ein. Stefan und ich freuten uns auf die Gäste, Segler sind ja meist mit Seglern zusammen, nur begrenzt entstehen Kontakte mit Bewohnern eines für uns fremden Landes.

«Wir werden ihnen Fisch vorsetzen», entschied Stefan. «Wir sind hier am Meer, da können wir nichts falsch machen. Oder bist du anderer Meinung, Henrike?»

Wieso sollte ich? Nichts mochte ich lieber als frischen Fisch. «Klar, gestern Abend gab es bei denen Fleisch. Sie sind sicher neugierig, wie wir unser Essen zubereiten. Die beiden waren so offen, es wird bestimmt wieder lustig. So reizende Leute.»

Den Fisch mussten Stefan und ich jedoch im Endeffekt allein essen, denn das Ehepaar kam nicht an Bord. Da die *Catherine* vor Anker lag, hatten wir Herrn und Frau Salih mit unserem Beiboot vom Strand abgeholt. An der Yacht angelangt, ging es eine kleine Badeleiter hinauf und dann über die kniehohe Reling an Deck. Stefan ging als Erster, nun sollten unsere Gäste folgen, ich wollte als Letzte die Badeleiter hinaufklettern. Doch das Paar zögerte.

Es wurde miteinander diskutiert, die beiden fingen an, vom Englischen ins Arabische zu wechseln.

«Was ist das Problem?», fragte Stefan.

Herr Salih sagte: «Wenn meine Frau über diese Reling klettert, muss sie ihre Beine hochheben.»

«Was fehlt ihr denn? Ist Ihre Frau dazu aus gesundheitlichen Gründen nicht in der Lage?»

Stefan hatte noch nicht begriffen, worum es ging, noch dachte er ganz in den Kategorien eines Arztes, aber ich ahnte, was Herrn Salih Schwierigkeiten bereitete.

«Ich muss Ihnen nicht folgen, Ihre Frau kann als Letzte über die Reling steigen.»

Doch es war zwecklos, Herr und Frau Salih wollten plötzlich nur noch nach Hause. Wir fuhren sie an den Strand zurück. Schnell verabschiedete sich das Paar, Stefan und ich blieben allein am Strand zurück.

«Was war denn das?», fragte Stefan.

«Du hast noch immer nicht kapiert, was für die beiden das unüberwindliche Hindernis war?»

«Nein, das ist mir wohl entgangen.»

«Jemand hätte Frau Salih beim Klettern unter den Rock schauen können. Den Frauen hier ist es nicht gestattet, ihre Beine so hoch zu heben.»

«Ach so!», sagte Stefan verdutzt. «Siehst du, ich kann ohne dich nicht leben. Du kannst viel besser mit fremden Menschen anderer Kulturen umgehen als ich.» Er fasste mich um die Taille, wir machten noch einen Spaziergang am Strand, setzten uns zum Sonnenuntergang in ein Café, immer unser schönes Boot im Blick. Gleich würden wir den köstlichen Fisch vernichten. Wir fanden es schade, dass wir es allein tun mussten. Aber eigentlich waren wir am liebsten allein.

Ein Rumoren in meiner Magengegend holte mich zurück in die Gegenwart. Das fettige Gebäck, das wir zu dem Zuckerwasser bekommen hatten, kriegte ich trotz des großen Hungers kaum hinunter.

Ohne dass ich erklären konnte, warum, wurde mir schlagartig klar, dass wir den Wald nicht so schnell verlassen würden. Der Weg von der Küste war weit gewesen, es war anzunehmen, dass man uns in den kommenden Tagen nicht freilassen würde. Eiskalt wurde mir ums Herz. Aber hätte es nicht noch schlimmer kommen können? Ich war nicht vergewaltigt worden, es hatte keine sexuellen Übergriffe gegeben, bis auf das Hinunterschmeißen ins Boot, das Anbringen der Fesseln und das Zerren über den Strand hatte mich niemand körperlich berührt. Und niemand hatte Stefan eine der Waffen an den Kopf gehalten. Wir waren nicht verprügelt oder gefoltert worden. So konnte man es auch sehen. Ein großer Trost war es dennoch nicht.

Schließlich brachte man uns Reis mit Huhn, eigentlich war es eher eine Hühnersuppe, eine wässrige Angelegenheit. Dabei beobachtete ich, dass einer der Männer in unserer Nähe meinen Laptop aufklappte und sich darauf die Fotos anschaute, die Stefan in den letzten Tagen gemacht hatte. Auf vielen von ihnen war ich ziemlich nackt zu sehen – wer hätte sich auf hoher See auch an meinem Anblick stören sollen. Oh nein! Am liebsten wäre ich in Grund und Boden versunken. Es war mir unangenehm, dass mich dieser Mann so entblößt sah, und es verletzte mich zutiefst. Ich stellte meinen Teller ab und ging zu ihm hinüber, ohne über mögliche Konsequenzen nachzudenken.

«Ich will nicht, dass du das hier siehst!», sagte ich aufgebracht und klappte den Computer energisch zu. «Das ist privat, das geht dich nichts an!» Dann drehte ich mich um und ging zurück.

Dem Mann klappte die Kinnlade herunter. Hier, in dieser kleinen Dschungelsiedlung, zählte nicht, was ich wollte. Alle Männer, die diese Szene beobachtet hatten, gaben mir mit Blicken zu verstehen, dass ich in ihrer Welt nichts zu sagen hatte. Ich hatte ihren Unmut heraufbeschworen; keine besonders gute Idee. Trotzdem ärgerte ich mich über mich selbst – ich hätte den Laptop nicht nur zuklappen, sondern ihn diesem Gaffer aus der Hand reißen und zerschmettern sollen. Leider war mir das nicht rechtzeitig eingefallen.

Plötzlich hieß es: «*Come, come.*»

«Ist das hier wieder nur ein Zwischenstopp?», fragte Stefan erschöpft. «Ich kann nicht mehr.»

«Nur noch fünfzig Meter.»

Dieses Mal stimmte die Antwort. Es ging abermals steil bergauf, bis wir vor einem alten Brettergestell auf Stelzen stehen blieben. Wände gab es nicht, auch kein Dach. Einer der Männer klopfte auf die schmutzigen Holzlatten und bedeutete uns, dass wir uns dort hinlegen sollten.

Stefan protestierte: «Da lege ich mich nicht hin. Wir brauchen ein Dach über dem Kopf, Wände.»

«Ihr schlaft hier!» Die Ansage duldete keine Widerrede.

Mir war alles egal, ich wollte mich nur noch ausstrecken und schlafen, mit oder ohne Dach. Stefan jedoch wiederholte seine Forderungen. Er konnte sehr bestimmend und ausdauernd sein, wenn er etwas wollte.

«Stefan», raunte ich, «das hier ist doch kein Hotel, du kannst denen doch nicht sagen, dass dir das Bett nicht gut genug ist.»

«Natürlich kann ich das», beharrte er und wiederholte seine Bedingungen.

Der Anführer verschwand daraufhin in einer Nachbarhütte und kehrte nach kurzer Zeit mit einer Frau und drei kleineren Kindern zurück, die alle mit Sachen bepackt waren.

«Ihr könnt in der Hütte dieser Leute übernachten», sagte er.

Ohne zu zögern nahm Stefan das Angebot an.

«Siehst du», sagte er zu mir gewandt. «Man kann auch in verzweifelten Situationen über sich selbst bestimmen.»

Ich nahm mir vor, das zu beherzigen. Zugleich erinnerte ich mich daran, was er gesagt hatte, als er mir von seinem Job als Arzt erzählt hatte: «Nie hatte ich ein besonderes Talent, aber meine Zähigkeit unterschied mich von anderen. Man muss immer ein bisschen mehr tun. Ein bisschen länger dranbleiben. Das führt zum Erfolg.» Und jedes Mal, wenn wir wegen einer Reparatur in einer Werft lagen, hielt er die Mechaniker auf, die eigentlich schon nach Hause wollten: «Es ist noch nicht gut genug, Sie müssen das noch richtig schön lackieren.»

«Der Anführer wirkt auf eine gewisse Art kultiviert», murmelte Stefan, sodass nur ich es hören konnte.

«Kultiviert nennst du das? Dieses Wort wäre mir bei dem Typen nicht unbedingt eingefallen.»

«Doch. Ich vermute, dass er mal im Ausland war.»

Erstaunlich, zu welchen Überlegungen Stefan trotz seiner Schwäche noch imstande war.

Gerade zwei mal drei Meter war die Hütte groß, auf dem Boden lag eine dünne Isomatte, darüber war ein Moskitonetz aus dichtem Baumwollstoff aufgehängt. Wir schlüpften darunter und fanden unter dem Netz sogar noch zwei mit schmuddeligem Stoff bezogene Polster, die wir als Kopfkissen benutzten. Ekel – das war ein Gefühl, das schnellstmöglich überwunden werden musste.

Stefan zog seine nassgeschwitzten Sachen aus, ich behielt meine Kleidung an, als wir uns hinlegten. Stefan war augenblicklich eingeschlafen, nicht einmal ein «Gute Nacht» kam über seine Lippen.

Trotz meiner Erschöpfung blieb ich noch eine Weile wach. Ich dachte an unsere gemeinsamen Jahre. Stefan hatte mich davor bewahrt, weiter in einem Beruf zu arbeiten, der an die Substanz ging. Ohne ihn hätte ich heute gewiss Haare auf den Zähnen, Krampfadern an den Beinen und mit Magenbeschwerden zu kämpfen. Abgesehen davon würde ich wahrscheinlich noch immer Zigaretten rauchen. Bei Stefan hatte ich mich entspannen und zurücklehnen können. Ich fühlte mich geborgen, es gab keine Sorgen. Obwohl wir uns kaum kannten, als ich das Wagnis eines Zusammenlebens mit ihm auf der *Catherine* einging, fasste ich sofort Vertrauen zu ihm. Und er erwiderte dieses Vertrauen mit großer Aufmerksamkeit und Zuwendung mir gegenüber. Als wir zum ersten Mal meinen Geburtstag feierten, musste ich das Schiff verlassen, damit ich nicht durchs Kabinenschlüsselloch gucken konnte, während er alles für mich dekorierte. Als ich wieder an Bord durfte, gab es keine Ballons oder Luftschlangen, sondern seltene Blumen und Gräser, die farblich zu Seidenstoffen und neuen Vasen passten. Zudem hatte er, wann und wo auch immer, einen Künstler aufgetrieben, der mich porträtierte.

Im Laufe der Zeit übernahm ich mehr und mehr Verantwortung, plante die Touren. Von anderen Seglern, «Yachties» nannten wir uns untereinander, hatte ich im Jemen, im Hafen von Aden, gehört, dass es möglich sei, die Sokotra-Inselgruppe zu besuchen, die politisch zum Jemen gehört – zu Beginn der neunziger Jahre trieben dort noch keine somalischen Piraten ihr Unwesen. Bis Aden hatten wir unseren Törn geplant, inzwischen war ein Jahr seit unserer Abreise vergangen, wir hätten nun wieder übers Rote Meer Richtung Malta zurückfahren können. Doch das wäre schwierig geworden, wir hätten gegen den Wind und die Strömung segeln müssen.

«Wollen wir zurück?», fragte Stefan mit ernstem Blick. «Willst du zurück?» Er wusste, dass ich anfangs vorsichtig von einem Jahr Auszeit gesprochen hatte.

«Ich will einfach nur weiter», sagte ich. «Es ist so schön, mir dir auf dem Schiff zu leben, ich kann mir gar nichts anderes mehr vorstellen.»

Stefan strahlte. «Geht mir genauso. Dann lass uns die Sokotra-Inseln ansteuern.»

«Und danach?»

«Wir segeln dorthin, wo der Wind uns hintreibt.»

Damit war ich sehr einverstanden.

Stefan bemühte sich um eine entsprechende Genehmigung für Sokotra, und bei unserer Ankunft im Hauptort Hadibu lief fast die gesamte Bevölkerung der Ortschaft im Hafen zusammen, um uns zu begrüßen. Seit drei Monaten, so erfuhren wir später, hatten sie keine Yacht mehr zu Gesicht bekommen. Ein freundlicher junger Mann bot sich an, uns in seinem Jeep die Insel zu zeigen. Wir nahmen das Angebot gern an, und so bekamen wir eine wundersame Landschaft zu sehen, sehr steinig und trocken. Das wenige Grün konzentrierte sich auf die Ränder von Bachläufen, die sich ihren Weg von einem etwa tausend Meter hohen Plateau zum Meer bahnten. Auf dem Grün wuchsen skurril aussehende Flaschenbäume und der berühmte Drachenblutbaum, dessen Harz blutrot ist und zu verschiedenen Heilmitteln verarbeitet wird. Gegen Mittag machten wir Rast im Schatten einer dieser Bäume, unser Fahrer und einige seiner Freunde, die uns begleitet hatten, vollzogen ihr Gebet an diesem idyllischen Plätzchen – es war eine einzigartige, friedliche Stimmung.

Nach einer Woche war unser Aufenthalt leider zu Ende, unser Proviant musste noch reichen, bis wir in etwa zwei Wochen an unser nächstes Ziel gelangen würden. Auf den Sokotra-Inseln gab es mit der muslimischen Bevölkerung nicht einen einzigen unangenehmen Zwischenfall, auch in den nächsten Jahren nicht. Wir erlaubten niemandem, an Bord zu kommen, und dies war von allen respektiert worden. Die MILF-Leute stellten nun eine unschöne Ausnahme dar. Hoffentlich war das kein böses Omen. Mit diesen Gedanken schlief auch ich endlich ein.

«Ich will mit jemandem aus eurer Familie sprechen.» Der Anführer hielt uns sein Handy entgegen.

«Wieso will er das?», flüsterte ich Stefan zu und sah ihn fragend an. «Was hat das mit den japanischen Fischern zu tun? Für mich klingt das alles sehr wirr.» Und es sollte auch wirr bleiben.

«Er scheint nicht nur kultiviert, sondern auch sehr sprunghaft zu sein», meinte Stefan lakonisch. «Irgendwie habe ich das Gefühl, dass er gar nicht so genau weiß, was er mit uns anfangen soll. Das ist doch alles recht widersprüchlich. Vielleicht ist es ja doch seine erste Entführung, vielleicht ist er ein blutiger Anfänger. Ich werde aus der ganzen Sache nicht schlau.»

«Dann sind wir schon zwei. Ich kann mir auch keinen Reim darauf machen.»

Am frühen Morgen waren wir durch lautes Stimmengewirr geweckt worden. Die Bewohner der kleinen Siedlung hatten unsere Hütte umringt, spähten durch Bambusritzen und tauschten sich sicher darüber aus, was sie so sahen oder zu sehen glaubten. Zum Glück war das Moskitonetz blickdicht, wie ich feststellte, als ich unter ihm hervorkroch.

Als Stefan sich erhob, stürmte der Separatistenanführer in die Hütte. «Ihr dürft nicht nackt schlafen», sagte er. «Das ist *haram*. Sünde!»

«Wie heißt du?», fragte Stefan, ohne auf seine Äußerung einzugehen.

Der Chef stutzte, überlegte dann kurz, schließlich erklärte er: «Ihr könnt mich Rami nennen. Das Camp steht unter meinem Kommando.»

«Das haben wir schon mitbekommen», bemerkte Stefan.

Rami umhüllte eine billige Duftwolke, vermutlich wollte er damit seine Position im Lager betonen. Der unverkennbar süßliche Geruch hing – wie wir später feststellten – immer schon in der Luft, bevor wir Rami überhaupt sehen konnten.

«Ihr müsst jetzt essen», ordnete Rami an.

Mit diesem Befehl konnten wir leben.

Mit einem Feuerzeug, ein paar getrockneten Palmwedeln und geschicktem Anpusten wurde vor der Hütte ein Feuer angezündet – eindrucksvoll, wie schnell das geschah. Schon immer habe ich Leute bewundert, die ein Feuer machen konnten. Bei mir würde die kleine Flamme immer wieder erlöschen, außer, man hätte mir einen Kanister Benzin gegeben. Rasch wurde in einem Topf eine Fischsuppe erhitzt. Jeder von uns erhielt einen Teller mit einem Fischkopf in der heißen Brühe, dazu gab es einen Klumpen kalten Reis und eine Tasse mit stark gesüßtem Kaffee.

Wir schlangen alles hinunter, Hauptsache, der Hunger war gestillt. Bald darauf verkündete Rami: «All eure Sachen werden gewaschen, ihr bekommt sie dann zurück.» Dieses Versprechen konnte er jedoch nicht einhalten, seine Macht stieß in diesem Fall an Grenzen. Unsere Wickeltücher trugen zwei Männer als Kopfschmuck, die Regenjacken hingen irgendwo auf Wäscheleinen. Womöglich hatte er unsere Kleidung aber auch seinen Gefolgsleuten als Beutestücke versprochen.

Schließlich drückte Rami mir einen Stift und ein Schreibheft in die Hand.

«*Your names!*», sagte er.

Ich notierte unsere Namen.

«Wo kommt ihr her?»

«Germany», schrieb ich auf.

Rami nahm mir das Heft aus der Hand. Wie ein Erstklässler, der gerade lesen lernt, fuhr er mit dem Finger die wenigen Worte entlang. «Germany, mmhh», murmelte er nachdenklich. «*No ransom policy* – Null-Lösegeld-Politik.» Er riss die Seite aus dem Heft und gab es mir zurück.

«Was braucht ihr?», fragte er dann.

In meiner Liste verzeichnete ich: Zahnbürsten, Zahnpasta, Kamm, Rasierklingen, Rasierschaum, Toilettenpapier. Ganz wichtig waren uns einige Medikamente, darunter Aspirin und Betablocker, die Stefan zur Senkung seines Bluthochdrucks benötigte.

Zum Schluss wollte Rami wissen, was wir gern essen.

«Huhn, Fisch, Obst», meinte Stefan.

Da wir uns nicht in einem Hotel, sondern in einem Rebellen-Camp befanden, fügte ich besänftigend hinzu: «Wir essen, was ihr esst.»

Anschließend brachten Rami und einige andere Männer uns in die «Hütte», in der wir gestern eigentlich hätten übernachten sollen. Mit Plastikplanen war das Gestell bespannt worden, sodass es so etwas wie Wände und ein Dach gab. Das Moskitonetz und die beiden schmutzigen Polster hatten wir mitnehmen dürfen.

Unsere wenigen Habseligkeiten verteilte ich in unserem neuen Zuhause, richtete es ein. Ja, es ist unser neues Zuhause, dachte ich, als ich das Moskitonetz aufhängte, darauf mussten wir uns einstellen. Mit einem Löffelstiel ritzte ich das Datum und einen ersten Strich in den Türpfosten. Wie ein Häftling im Kerker wollte ich die Tage unserer Gefangenschaft aufzeichnen. Wer weiß, wie lange wir hierbleiben mussten, ich wollte unbedingt den zeitlichen Überblick behalten.

«Komm, ich möchte dich umarmen», sagte Stefan, nachdem er sich in unserem Refugium umgeschaut und ich meine «Schöner-Wohnen»-Aktion beendet hatte. «Es ist alles so schrecklich hier, wir müssen zusammenhalten. Schließlich haben wir nur uns, auch wenn wir nicht wissen, wie es weitergehen wird.»

Eng kuschelten wir uns in unserem «Bett» aneinander, und zum ersten Mal hatten wir das Gefühl, dass der immense Stress, dem wir ausgesetzt waren und noch weiterhin ausgesetzt sein würden, wenigstens für einen Moment von uns abfiel.

«Was wird aus uns?», fragte ich ängstlich.

«Denk nicht dran, Rike. Ich möchte dich nur fühlen, spüren, dass du bei mir bist. Das ist das Einzige, was im Moment zählt.»

Still lag ich in Stefans Armen, konnte aber mein Kopfkarussell nicht ausschalten. Um nicht an diesen grausamen Ort zu denken, versuchte ich mich an unsere schöne Zeit auf den Malediven zu erinnern – auch ein islamischer Inselstaat im Indischen Ozean – und an die anschließenden Monate auf dem Chagos-Archipel.

Auf den Malediven kann man sich, glaube ich, nur wohlfühlen, wenn man begeisterter Taucher oder frisch verliebt ist, denn sonst gibt es dort wenig Zerstreuung. Wir waren beides, und somit fühlten wir uns wohl, weil es in dem ungemein klaren Wasser – wir konnten den Anker in einer Tiefe von zwanzig Metern auf dem Grund liegen sehen – die schönsten Korallenriffe mit Fischen in allen Farben und Größen gab. Auf den Märkten wurde nur Thunfisch verkauft, alle anderen Sorten verschmähte man, sodass es hier an den Riffen kein Problem mit der Überfischung gab. Manchmal konnte man für fünfzig Cents zwei Kilogramm Dorade kaufen, sie waren aus Versehen in die Thunfischnetze gegangen und wurden, weil die Marktleute sie kaum loswurden, geradezu verhökert.

Sehr wurde darauf geachtet, dass die Riffe unversehrt blieben, auch als wir unseren Anker warfen, kam gleich jemand angerannt, um zu kontrollieren, ob wir «seine» Korallen beschädigt hätten. Hatten wir nicht. Wir selbst hatten darauf geachtet, dass er auf sandigen Boden fiel.

Gedämpft wurde unsere Unternehmungslust nur durch die vielen Touristen, an Land war uns alles viel zu laut. Und einsame Strände durften wir nicht aufsuchen, es war nur erlaubt, dort zu ankern, wo auch Hotels waren. Man wollte nicht, dass die Inselbewohner durch die westliche Lebensweise zu sehr in der eigenen, die sehr einfach war, beeinflusst wurden. Die Hotelbetreiber wiederum waren von uns Seglern wenig begeistert, sie sahen in unserer Anwesenheit die Exklusivität ihrer Anlage gefährdet.

«Segeln wir doch einfach weiter», sagte Stefan. «Klares Wasser finden wir auch woanders. Und der ganze Rummel geht mir langsam auf die Nerven.»

«Wir könnten zum Chagos-Archipel», schlug ich vor. «Das ist britisches Gebiet, das letzte noch verbliebene in dieser Region, völlig unbewohnt.»

«Dann los! Welchen Kurs müssen wir nehmen?»

«Entlang der Malediven gen Süden.»

Unterwegs sahen wir viele Dhonis, die offenen Holzboote der Malediver, die mit einem dreieckigen, von den traditionellen arabischen Schiffen kopierten Segel angetrieben wurden. Die Besatzung war auf der Suche nach Thunfischschwärmen. Wurde einer entdeckt, warf man kleingeschnittene Fischreste in dessen Mitte, und augenblicklich stürzten sich die Thunfische, wild vor Gier, geschlossen auf die Köder. Jetzt brauchten die Fischer nur noch eine Angelrute mit einem blanken Haken in dieses Getümmel zu werfen. Schon bissen die Fische an und wurden innerhalb weniger Minuten mit einem gewaltigen Schwung ins Boot befördert.

Wir ankerten auch vor den Inseln der Fischer, wobei wir nicht ganz sicher waren, ob wir es durften oder nicht. Überall sahen wir Kokospalmen.

«Die Dörfer sehen so beschaulich aus», sagte Stefan. «Ein besseres Wort fällt mir dazu nicht ein. Aber wieso empfinde ich das so?»

«Es liegt an der Ruhe», erwiderte ich. «Es gibt hier keine Autos, keine Motorräder.»

Nur manchmal hörten wir ein Klopfen, wenn ein Fischer an seinem Boot Reparaturen erledigte. Das Rauschen der Brandung war eindeutig das lauteste Geräusch.

«Sieh mal, wie adrett das hier alles ist! Sie haben ihre Grundstücke sogar mit kleinen Zäunen umgeben.»

Einer der Dorfbewohner fragte uns schüchtern, woher wir denn kommen würden.

«Aus Deutschland», antwortete Stefan.

Erstauntes Angucken.

«Weißt du, wo Deutschland liegt?», hakte Stefan nach.

«Nein, das weiß ich nicht.»

Ein Schulmädchen, das in seiner blauen Uniform und ebenso blauem Kopftuch gerade vorbeikam und Stefans Frage gehört hatte, sagte: «Deutschland liegt in der Nähe von Indien, ich weiß nur nicht, ob links oder rechts davon.»

In einem kleinen Krämerladen kauften wir Papayas und Zwiebeln, auch Eier und natürlich Kokosnüsse, denn auf dem unbewohnten Chagos-Archipel gab es keine Geschäfte. Wir hatten schon auf den Malediven ausreichend Proviant besorgt, aber frische Sachen konnten wir nie genug haben.

Und schließlich waren wir in der Einsamkeit angelangt. Mehrere Monate verbrachten wir hier, sogar mehrmals, ohne einem einzigen Segler, ohne einer einzigen Menschenseele zu begegnen. Wir hatten nicht nur eine Insel für uns allein, sondern gleich ein ganzes Atoll, das sich aus ungefähr zwanzig Eilanden zusammensetzte.

Das hieß aber auch: Wir waren vierundzwanzig Stunden täglich nur auf uns bezogen, sieben Tage die Woche. Für andere eine nahezu unerträgliche Situation, für uns eine, bei der sich Ruhe, Harmonie und Zufriedenheit einstellten. Niemand, der uns störte, der etwas machte, um zu beweisen, dass er dieses oder jenes so toll beherrschte, niemand, der darauf hinwies, was man alles noch besitzen konnte. Und wir hatten das, was unbezahlbar war: Natur um uns herum und jede Menge Zeit, unser kostbarstes Gut, um zu tauchen, zu schwimmen, die Inseln zu erkunden, am Schiff herumzubasteln und viel zu lesen. Alte Tageszeitungen nahm ich manchmal zehnmal zur Hand, es gab immer einen Artikel, den ich noch nicht gelesen oder für uninteressant befunden hatte, der aber gar nicht so langweilig war, wie ich anfänglich gedacht hatte. Wurde es abends dunkel, schalteten wir auch bald das Licht an Bord aus (Strom war immer knapp) und begannen mit unserem Unterhaltungsprogramm: noch lange in den Sternenhimmel zu schauen.

Bekam die Harmonie doch mal aus meist unerklärlichen Gründen einen Riss, gab es kein Entrinnen, keine Freundin, bei der man sich ausheulen konnte, keine Kneipenrunde zum Abreagieren. Uns blieb nichts anderes übrig, als uns wieder zusammenzuraufen.

Durch unser enges Miteinander war es kaum möglich, Gefühle zu verbergen, Stefan merkte sofort, wenn bei mir etwas nicht stimmte. Er musste mir nur ins Gesicht schauen. Aber auch ich wusste, was er wollte und was er nicht wollte. Hat man normalerweise unterschiedliche Freunde für diverse Lebensbereiche, so war bei uns der jeweils andere für alles zuständig. Zwar knüpften wir in den Häfen zu anderen Yachties schnell Kontakte, aber kaum hatte man sich kennengelernt, fuhr man schon wieder weg. Tiefe Freundschaften entwickelten sich selten.

Das Leben von Stefan und mir war eines, bei dem wir «zu zweit allein» waren. Dieser Gedanke half mir jetzt dabei, unsere Gefangennahme zu ertragen. Keiner war da, der uns helfen konnte, die Not mussten wir allein überstehen, wir allein mussten Lösungen finden – ähnlich wie auf hoher See, wenn es einen Motorschaden gab. Oder bei einem besonders schweren Unwetter, ohne Wenn und Aber hielten wir da zusammen. Stefans Motto lautete: «Sturm schweißt zusammen, Flaute entzweit.» So ganz unwahr war das nicht. Bei Wind und Gefahr gab es keinen Raum für Diskussionen.

Einmal litt ich stark unter Seekrankheit, dennoch musste ich bei dem nächtlichen Gewittersturm raus aufs Vorderschiff, um das zerrissene Segel zu bergen. Drei Tage hielt das schlechte Wetter an, in denen ich es in mühsamer Handarbeit wieder zusammenflickte. Immer wieder musste ich an die Reling gehen und die «Fische füttern», wie der Seemann so sagt, wenn er kotzen meint. Für mich war das ein enormer Kraftakt, dennoch schaffte ich es, dass das Segel wieder gehisst werden konnte. Wir hatten auch den nächtlichen Marsch mit den Rebellen bergauf gepackt, ohne festes Schuhwerk.

Immer weiter kreisten meine Gedanken um die Entführung, obwohl ich doch an schöne Dinge denken wollte. Wie überstehen Menschen, so überlegte ich, eine Geiselnahme, die nicht wie wir Voraussetzungen durch das jahrelange einsame Segeln mitbringen? Irgendwo hatte ich gelesen, dass sich bei Menschen, die sich außerordentlichen Situationen wie einer Entführung ausgesetzt sehen, eine gewisse Normalität entwickelt, sonst würden sie ein Kidnapping nicht aushalten. Würde das auch auf uns zutreffen? Ich konnte es mir im Augenblick nicht vorstellen. Aber eines konnte ich mit Sicherheit sagen: Irgendwo hat jeder ungeahnte Reserven in sich verborgen, die erst dann zum Vorschein kommen, wenn es ums Überleben geht. Bei Flaute konnten Stefan und ich diese Reserven niemals mobilisieren. Bei Flaute kommt man nicht vorwärts, da wird man mitunter von der Strömung zurückgetrieben. Und man fängt sogar zu zweifeln an, ob man überhaupt jemals irgendwo ankommt. Spürt das der Partner, fällt die Stimmung augenblicklich in den Keller.

Ich wünschte mich zurück an Bord, wo wir immer eng umschlungen einschliefen, ohne, wie hier, womöglich angestarrt zu werden. Auch jetzt lag mein Kopf auf Stefans Brust, ich lauschte seinem Herzschlag, sanft strich er mir über die Haare. An Bord hätten wir uns in diesem Moment geliebt, aber dazu waren wir hier viel zu verkrampft, dazu fehlte uns die Kraft. Es ging einfach nicht.

«Wollen wir uns vor die Hütte setzen und uns unsere Umgebung anschauen?», fragte Stefan leise und zärtlich. «Ich habe das unweigerliche Gefühl, dass wir beobachtet werden.»

«Aber sie können uns nicht sehen», erwiderte ich. «Ich hab's überprüft.»

«Aber wir können uns nicht nur verkriechen, wir müssen uns ihnen stellen.»

Seufzend hob ich meinen Kopf. Gern hätte ich diesen Moment hinausgezögert, aber eine wirkliche Alternative gab es nicht.

Wir krabbelten aus unserer Zufluchtsstätte und ließen uns vor dem Eingang nieder. In kaum einem Meter Abstand hockten die anderen Hüttenbewohner vor uns und starrten uns unverhohlen an. Wie Tiere im Zoo, wie Wesen von einem fremden Planeten – die wir letztlich auch für sie waren. Vor einigen Jahren hatte ich in einem Reisemagazin einen Bericht von einem Extremsportler gelesen, der mit dem Fahrrad durch den Himalaya geradelt war, durch Dörfer, deren Bewohner nie zuvor einen Europäer gesehen hatten. Mehrmals betonte er das in seiner Reportage. In einer späteren Ausgabe wurde ein Leserbrief abgedruckt, ein Mann schrieb, dass in seinem Alpendorf bis heute noch nie ein Asiate gewesen sei. Einer nicht ganz vergleichbaren, aber letztlich genauso merkwürdigen Situation waren wir jetzt ausgesetzt. Die Menschen hier wollten uns kennenlernen – und wir sollten sie kennenlernen.

Einige der Filipinos lächelten, was ich als positives Zeichen wertete. Dabei sah ich, dass kaum einer von ihnen, weder Männer noch Frauen, ein heiles Gebiss hatte. Den meisten fehlten mehrere Zähne, auch den jüngeren. Zudem kauten sie alle Betelnüsse, die rötliche Verfärbung der Zähne war nicht zu verkennen. Innerlich schüttelte es mich. Die roten Zähne waren gruselig. Normalerweise hätte ich gerne zurückgelächelt, aber nicht in dieser Situation. Also schaute ich sie nur an.

Einer der Männer hielt mir ein T-Shirt mit langen Ärmeln sowie eine Tunika hin. Offensichtlich sollte ich die Sachen gegen das kurzärmelige Hemd austauschen, was mir nur recht war.

«Wie heißt du?», wollte ich wissen.

«Netschbar», antwortete er.

Netschbar war mir auf Anhieb sympathisch. Er war groß, ziemlich dünn, hatte kurze Haare und sogar noch alle Zähne. Englisch verstand er nur wenig, aber er besaß ein gutes Einfühlungsvermögen für das, was man von ihm wollte. Von Rami erfuhren wir, dass er derjenige sei, in dessen Hütte wir übernachtet hatten. Er sagte auch noch, dass Netschbar und seine Frau drei Mädchen hätten. Die beiden älteren seien sieben und vier Jahre alt, das jüngste neun Monate. Netschbar schien in der Camp-Hierarchie sehr weit oben zu stehen; ich vermutete, dass er nach Rami der zweite Mann war, und nicht von ungefähr hatte man ihm unsere Sicherheit anvertraut. Und dann auch unsere Verpflegung. Bei transozeanischen Rennen auf großen Regattabooten nennt man den Mann, der für die Verpflegung zuständig ist, Versorgungstaktiker. Fortan war das unser Spitzname für Netschbar: Versorgungstaktiker, oder kurz: der Taktiker.

Doch dann beendete Rami unser erstes, zaghaftes Gespräch mit den Bewohnern der Siedlung und forderte, er wolle mit jemandem aus unserer Familie sprechen.

Nachdem wir fieberhaft überlegt hatten, was das bedeuten könnte, sagte Stefan: «Wir werden es nicht herausfinden, wenn wir nicht tun, was sie von uns wollen.»

«Aber wer aus unserer Familie kann völlig unvorbereitet mit Entführern reden?», fragte ich.

«Aus meiner Familie wüsste ich keinen», gab Stefan zu.

«Meiner Mutter kann ich das auch auf keinen Fall zumuten», sagte ich bestimmt.

«Das sehe ich genauso. Aber wäre nicht einer deiner Brüder dazu in der Lage?»

«Vielleicht Martin. Den kann nichts aus der Ruhe bringen.»

Erst zwei Tage vor dem Überfall hatte ich meinem Bruder eine E-Mail geschickt, in der ich ihm unseren Standort mitgeteilt und mich für die nächsten zwei Wochen abgemeldet hatte, da wir in der abgelegenen Inselwelt ohne Mobilfunkabdeckung sein würden.

«Kennst du seine Telefonnummer auswendig?», fragte Stefan. «Am besten wäre seine Büronummer, damit zu Hause bei seiner Familie nicht das Chaos ausbricht, wenn Rami anruft.»

Ich schüttelte den Kopf. «Ein paar Zahlen kriege ich zusammen, aber mehr auch nicht. Die Nummer ist in meinem Handy gespeichert, aber ich habe es noch nicht bei den Entführern gesehen.»

Rami hatte uns die ganze Zeit beobachtet, er versuchte wohl einzuschätzen, was wir besprachen.

Stefan wandte sich nun an ihn: «Du kannst mit Henrikes Bruder sprechen, aber wir wissen seine Nummer nicht.»

«Und wie soll ich die herausfinden?» Ramis Gesicht verdunkelte sich.

«Hast du Henrikes Handy mitgenommen?»

Rami verneinte. Genau wie das Bargeld hatten sie es nicht entdeckt.

Ich hatte eine Idee. «Hier, das musst du googeln», auf einem Blatt Papier des Schreibhefts notierte ich «www.dasoertliche.de» und riss es heraus, «unter diesem Namen wirst du seine Telefonnummer finden.»

Rami nickte und ging fort.

Nach ungefähr einer Stunde kehrte er zurück, sein Ausdruck war noch düsterer als zuvor.

«Hat es nicht geklappt?», fragte ich.

«*Stupid internet*», brummte er.

«Was war daran so schwierig? Habt ihr hier keinen Empfang?»

«Doch», widersprach Rami und hielt mir sein Handy entgegen. «Aber da ist alles auf Deutsch, das kann ich nicht lesen.»

Ich nahm das Smartphone und nutzte die Gelegenheit, rasch die vorhandenen Apps zu überfliegen. Vielleicht war eine GPS-Funktion zur Standortbestimmung dabei? Nein. Ich hatte Pech. Die Netzabdeckung war schlecht, das Internet funktionierte tatsächlich nicht. Kein Wunder, dass Rami Schwierigkeiten hatte, die Telefonnummer herauszufinden.

«Ich komme auch nicht ins Netz», erklärte ich und gab das Handy zurück.

«Und was nun?», fragte Stefan.

Rami zuckte mit den Schultern. «Man wird sehen.»

Was sollte das denn heißen? *Man wird sehen.* Was ging in seinem Kopf vor? Hatte er denn noch nicht mit der philippinischen Regierung gesprochen? Die Ungewissheit wurde immer größer und immer schwerer auszuhalten.

Nach und nach fanden sich vor dem Eingang zu unserer Hütte die Sachen, die wir auf unserem «Wunschzettel» notiert hatten, aber auch Dinge, die wir nicht auf unsere Liste gesetzt hatten: ein Spiegel, ein Glas Mayonnaise oder Weißbrot. Am meisten freute ich mich über zwei Rollen Toilettenpapier, zwei Äpfel, zwei Mangos und eine Tüte voller Bananen. Sogar ein Hühnchen war dabei, anscheinend aus einer Imbissbude; es war jedenfalls in eine bedruckte Plastiktüte gewickelt, drum herum ein Gummiband.

«Wo ist hier in der Nähe bloß ein Imbiss?» Ich sprach mehr mit mir selbst als mit Stefan, denn er konnte mir kaum eine Antwort auf meine Frage geben. Und wieso waren die Sachen so schnell da? Unser Marsch von der Küstensiedlung bis zum Camp hatte mindestens fünf Stunden gedauert, hin und zurück machte das zehn Stunden. Na ja, ohne uns kamen die Rebellen sehr viel schneller voran, aber trotzdem, es war erst früher Nachmittag, in unmittelbarer Umgebung musste es eine Ortschaft mit Läden geben.

«Sind meine Medikamente dabei?», fragte Stefan.

«Ja, nur kein Aspirin. Dabei hätte ich eher angenommen, dass deine Betablocker fehlen würden. Es ist genau umgekehrt.»

«Wie lange werden die Betablocker reichen?»

«Viele sind es nicht, aber zwei Wochen kommst du mindestens damit aus. Und bis dahin sind wir doch hoffentlich wieder auf der *Catherine.*»

«Hmm.» Stefan biss sich auf die Lippe, als würde er versuchen, nicht alles zu sagen, was ihm auf der Zunge lag.

«Glaubst du nicht daran?»

«Weiß nicht.» Stefan richtete seinen Blick in die Ferne.

Weil ich mich nicht von seinen dunklen Ahnungen beeinflussen lassen wollte, inspizierte ich weiter unsere Schätze. «Zahnbürsten und Zahnpasta haben sie besorgt, aber Rasierzeug ist nicht dabei, du wirst dir einen Bart wachsen lassen müssen.»

«Wenn es nur das wäre», sagte Stefan müde.

«Schau mal! Wir haben sogar einen Rucksack voll neuer Klamotten!» Mein Aufmunterungsversuch erreichte ihn aber nicht.

Über meinen Kopf kippte ich nach beendeter Inventur einen Kanister mit kaltem Wasser, um meine Haare von der salzigen Gischt zu befreien. Ich hätte gern auch geduscht, doch wo? Ich konnte mir doch nicht nackt hinter der Hütte einen Kanister Wasser über meinen Körper spritzen. Stattdessen zog ich einen der zwei neuen Slips an (bei Stefan hatte man auf Unterwäsche verzichtet), darüber eine von insgesamt drei mitgebrachten Trainingshosen. Ein langärmeliges T-Shirt hatte ich ja schon. Der ausgesuchte BH war zu klein, den konnte ich nicht tragen, die Filipinos dachten offensichtlich in anderen Maßen. Zum Schluss schlüpfte ich in Flip-Flops, die in doppelter Ausführung im Rucksack vorhanden waren.

Stefan konnte in den Flip-Flops nicht laufen, also ging er weiter barfuß herum. Ich bat Rami, als er sich wieder blicken ließ, Stefan vernünftige Schuhe zu bringen, normale Slipper oder Badesandalen, aber er reagierte ablehnend. Befürchtete er, dass wir mit ordentlichen Schuhen weglaufen könnten? Na ja, es war immerhin besser, barfuß frei herumzulaufen, als etwa an ein Bambusrohr gefesselt zu werden.

Im Rucksack entdeckte ich noch vier Einweg-Regenjacken. Wenn auch nicht alles passte, so stimmten mich diese «Gaben» halbwegs zufrieden. Es war schön, sich nicht mehr so dreckig zu fühlen.

Im nagelneuen Outfit setzte ich mich vor die Hütte, Stefan blieb im Inneren, suchte den Rückzug.

«In der Hütte kann ich besser nachdenken», sagte er.

«Sollen wir nicht zusammen nachdenken?»

«Noch nicht. Ich muss erst mal all das verarbeiten, was wir erlebt haben. Außerdem tun mir alle Knochen weh, da liege ich lieber.»

Sorgenvoll schaute ich zu Stefan hinüber. Er hatte sich in den letzten Jahren angewöhnt, gemeinsam mit mir alles zu durchdenken. Nun begann er, sich abzukapseln. Diese Wandlung gefiel mir nicht. Ich musste aufpassen, dass unsere tiefe Bindung durch das, was die Kidnapper uns angetan hatten, keinen Riss bekam.

Ich drehte mich wieder um, sah nach vorne. Einer der Camp-Männer trat auf mich zu, ein bulliger Typ mit kurzgeschorenen Haaren, um die Stirn hatte er ein Tuch gebunden; er wirkte bedrohlich.

«Krankenschwester», sagte er mit dunkler, rauer Stimme und spuckte mir genüsslich roten Speichel vor die Füße. «Du messen Blutdruck.» Er drückte mir ein Blutdruckmessgerät in die Hand und hielt mir seinen linken Arm entgegen. Eine Narbe wie von einem Streifschuss zierte seinen muskulösen Oberarm, um den ich nun die Manschette wickelte. Ich stellte mich dabei etwas unbeholfen an, was wohl auch Stefan aus dem Inneren der Hütte beobachtet hatte, denn er kam raus und übernahm die Messung beim «Blutdruckmann», wie ich ihn getauft hatte. Natürlich waren seine Werte völlig in Ordnung. Doch wie war dieses Gerät bloß in den Dschungel gekommen?

«Der hat nur einen Vorwand gesucht, um uns genauer in Augenschein zu nehmen», sagte Stefan, als der «Blutdruckmann» wieder verschwunden war.

Schon bald tauchte der nächste Besucher auf, abermals Rami, der unser Fernglas bei sich hatte und wissen wollte, was die Striche im Sichtfeld zu bedeuten hatten. Ich erklärte es ihm, meinte, mit ihnen könne man zum Beispiel die Entfernung eines Berges berechnen.

«Und wie mache ich das?», fragte er.

«Genau weiß ich das auch nicht», antwortete ich.

Verdrossen zog er wieder ab.

«Wie konntest du nur so freundlich zu diesem Menschen sein?», herrschte mich Stefan plötzlich an, der an meiner Seite geblieben und nicht in die Hütte zurückgekehrt war. Hatte er das Gefühl, mich vor diesen Männern beschützen zu müssen? Davon ging ich aus. «Einem Typen wie ihm darfst du nicht helfen! Das sind alles Verbrecher hier. Er ist der Anführer einer terroristischen Zelle!»

«Aber hast du ihn nicht selbst als kultiviert eingeschätzt?»

«Was nicht heißt, dass man nett zu ihm sein muss.»

«Unter nett verstehe ich etwas anderes. Es war Taktik», verteidigte ich mich. «Bei Dingen, die unwesentlich sind, sollten wir ruhig so tun, als würden wir kooperieren. Je normaler wir uns ihnen gegenüber verhalten, desto schwerer wird es ihnen womöglich fallen, uns etwas Schlimmes anzutun.»

«Da hast du womöglich recht, entschuldige, Rike. Ich bin einfach am Ende meiner Kräfte.»

Kein Wunder, so zerschunden, wie er war. Seine Handgelenke waren durch die Fesseln blau und geschwollen. Am Gesäß hatte er eine ungefähr zwanzig Zentimeter lange Platzwunde, und Prellungen an Knien, Hüften und Schulter bereiteten ihm große Schmerzen. Mein angeschlagenes Knie war dagegen harmlos. Aber neben den physischen Strapazen hatte auch die Seele arg gelitten. Er fühlte sich alt und müde, weil er nichts gegen die Entführer hatte ausrichten können, weil wir uns in einer aussichtslosen Situation befanden. Ich fühlte ähnlich, versuchte mich nur über meinen Pragmatismus zu retten.

«Vielleicht ist es gut, wenn wir uns einfach hinlegen und schlafen», sagte ich. «Morgen werden wir bestimmt mehr Energie haben. Es ist noch alles so frisch.»

«Das klingt vernünftig. Nicht ständig an das denken müssen, was sie mit uns vorhaben. Das macht mich noch fertig.»

Ich nahm Stefan in den Arm, es schien, als würden sich unsere Rollen umkehren, als müsste ich nun Stefan beschützen. Es fühlte sich ganz fremd an.

Unter großem Ächzen legten wir uns auf die Plastikplane und zogen das Moskitonetz über uns.

«Erinnerst du dich noch an die Seychellen und die Schildkröten?», fragte ich, als wir eng beieinanderlagen, um Stefan auf andere Gedanken zu bringen.

«Ja, selbstverständlich», sagte er.

Dort war es ganz anders als zuvor im Chagos-Archipel, wo die Tauchgründe wundervoll waren, die Inseln selbst aber zu klein für uns. In zwanzig Minuten konnten wir sie umrunden, und sie sahen irgendwie alle gleich aus. In der Mitte Kokospalmen und drum herum blütenreiner weißer Sandstrand. Was im ersten Moment paradiesisch klang, wurde uns aber dann ziemlich schnell langweilig. Mein Gott, was waren wir verwöhnt!

Die Seychellen waren dagegen vielfältiger. Mit hohen Bergen, üppiger, immergrüner Vegetation, die Strände eingerahmt von beeindruckenden Granitfelsen, die Bevölkerung überwiegend kreolisch, bunt und fröhlich. Postkarten von dieser eigenständigen Republik mussten nicht retuschiert werden, es sah dort wirklich so aus.

Ganz am Rand des Territoriums, tausend Kilometer abseits, lag das Aldabra-Atoll, ein Naturschutzgebiet, heute UNESCO-Welterbe, für das man eine spezielle Genehmigung brauchte. Eigentlich durften es nur Wissenschaftler aufsuchen, aber Stefan ließ nicht locker, lief von einer Behörde zur anderen – und bekam die langersehnte Erlaubnis. Wir versorgten uns mit Proviant, Diesel und Trinkwasser für sechs Wochen und lichteten den Anker.

«Was ich bestimmt nie vergessen werde, ist das Aldabra-Atoll mit seinen pilzartigen, trockenen Gesteinsbrocken – höchstens hin und wieder wuchs mal Gestrüpp darauf. Die fast unberührte Natur, Seefahrer haben dort nur selten haltgemacht. Einige hat die Kargheit dann aber doch nicht abgeschreckt – weißt du noch, die Ziegenplage …», sinnierte Stefan vor sich hin.

Seefahrer nahmen früher auf ihren Schiffen Ziegen mit, um bei jahrelangen Überfahrten Frischfleisch zu haben. Manche büxten aus und vermehrten sich dann auf den jeweiligen Inseln. Ranger hatten versucht, die Ziegen auf dem Atoll zu dezimieren, denn sie fraßen den heimischen Landschildkröten das wenige Blattgrün weg. Und gerade wegen dieser Aldabra-Riesenschildkröten, die in Größe und Lebensdauer locker mit den Galapagos-Riesenschildkröten konkurrieren können, ist das Aldabra-Atoll auch so berühmt.

«Aber wegen der Ziegen sind wir dort nicht hingefahren», warf ich ein, weil Stefan anscheinend begonnen hatte, sich in einer eigenen Welt zu verlieren.

«Richtig.» Er war wieder bei mir. «Wir wollten die Aldabra-Riesenschildkröten sehen …»

Tausende dieser urigen Tiere aus einer anderen Zeit dösten überall vor sich hin. Wir hatten erfahren, dass man sie an den Hinterbeinen kitzeln soll. Sie denken dann, dass eine Landkrabbe im Anmarsch ist, die ihnen die Parasiten vom Leib frisst. Das war ein toller Trick, denn nun richteten sich die Schildkröten auf und streckten sich, damit die imaginäre Krabbe alle Körperteile erreichen konnte. So kam Bewegung in diese behäbigen Tiere.

«Und dann haben wir noch Meeresschildkröten entdeckt», erinnerte ich mich.

«Ja, das war beeindruckend, als plötzlich Unmengen von ihnen zum Eierlegen an Land gekommen sind. Ihre Spuren im Sand sahen aus wie Abdrücke von Traktorreifen.»

«Imposant waren auch die Fregattvögel», spann ich den Faden weiter. «Wie die männlichen Vögel bei der Balz den Kehlkopf aufgebläht haben, wie ein roter Ballon sah das aus. Und das Geschrei an ihren Nistplätzen war so laut, dass wir uns nicht mehr unterhalten konnten.»

Und was war dieser Vogel für ein eleganter Flieger!, erinnerte ich mich. Stundenlang zog er seine Bahnen am Himmel, ohne einen einzigen Flügelschlag machen zu müssen, nur getragen von den thermischen Aufwinden. Nicht zu vergessen die Naturwunder unter Wasser. Nirgendwo sonst sahen wir so dichte Fischschwärme, ständig waren wir umringt von Abertausenden von silber-gelb gestreiften kleinen Fischen, die in den Korallen Schutz und Nahrung suchten.

An manchen Abenden sahen wir in der Ferne die Fontänen von vorbeiziehenden Buckelwalen …

«Buckelwale», sagte auch Stefan plötzlich vor sich hin träumend, als habe er meine Gedanken gelesen.

«Ich habe dich gedrängt, näher an sie heranzusegeln. Erst hast du gezögert, aber dann hast du zugestimmt.»

«Einer der Wale hat schließlich einen Kopfstand gemacht.»

Leise lachte ich auf. «Gib's zu, dir war ganz schön mulmig zumute, als der Wal sich auf die Seite gelegt hat und plötzlich neben der *Catherine* geschwommen ist. Er war genauso groß wie sie!» Mit seinem winzigen Auge – im Vergleich dazu, dass er ein Koloss ist – taxierte er uns als Störenfriede.

«Und du hattest keine Angst?», fragte Stefan.

«Na ja, ein kräftiger Schlag mit seiner riesigen Fluke, und wir wären womöglich nicht mehr am Leben.»

Doch stattdessen tauchte der Wal sanft unter unserem Schiff

hindurch und an der anderen Seite wieder auf, um seine Aktion mit einem kräftigen Pusten aus seinen Nasenlöchern zu beenden. Es stank ein wenig nach Abwasser. Im selben Moment sahen wir es – das Baby, kaum drei Meter groß.

«Stefan, schläfst du schon?» Meinen Kopf hatte ich wieder auf seiner Brust platziert, die sich nun gleichmäßig hob und senkte. Er war eingeschlafen, hoffentlich mit Bildern von dem kleinen Wal und nicht von Männern, die ihn umherschubsten.

Als ich das Wal-Baby gesehen hatte, konnte mich niemand mehr zurückhalten. Ich wurde übermütig, baute unsere Videokamera in das Unterwassergehäuse und sprang mit Taucherbrille, Schnorchel und Flossen ins Wasser. Bis auf zehn Meter schwamm ich heran, bekam aber nur ein paar verwackelte, unscharfe Aufnahmen zustande, dann verließ mich doch der Mut, und ich kehrte aufs Boot zurück.

«Ihr müsst Kontakt mit der Deutschen Botschaft in Manila aufnehmen.» Tags darauf war Rami mit seinem Gefolge zu uns gekommen und reichte mir erneut sein Handy. «Die Botschaft soll deinen Bruder ausfindig machen, und der kann dann mich anrufen.» Das war also Ramis neuester Plan, nachdem er es nicht geschafft hatte, die Telefonnummer meines Bruders zu googeln. Man merkte ihm an, dass es ihm nicht passte, die Deutsche Botschaft in sein «Geschäft» zu involvieren. Oder steckte etwas anderes dahinter? Denn wieso bereitete es ihm keine Sorgen, wenn ich mit einem Botschaftsangehörigen telefonierte? Und überhaupt: War es nicht vollkommen idiotisch, das eigene Handy zu benutzen? Es könnte doch geortet werden! Aber hier im südphilippinischen Dschungel verlief nicht alles nach für mich nachvollziehbaren Regeln. Die Rebellen schienen sich sicher zu fühlen, solange sie sich in diesem Wald versteckt hielten. Kein Polizist und kein Soldat schienen auch nur eine Fußspitze in dieses Gebiet zu setzen.

Rami zeigte mir eine Telefonnummer, die er auf einem Zettel notiert hatte – wahrscheinlich die Nummer der Botschaft. Mit zitternden Händen wählte ich eine Zahl nach der anderen, umringt von zwanzig nervösen Männern, die alle ihre Gewehre dabeihatten. Wie sollte ich einem Mitarbeiter der Botschaft von dem erzählen, was Stefan und mir passiert war? Und wie sollte ich Ramis Forderungen überbringen? Ich hörte meinen eigenen Herzschlag, hörte, wie er schneller wurde. Meine arme Mutter, dachte ich, jetzt wird sie von der Entführung erfahren. Könnte man sie doch nur da raushalten! Nein – ich wies mich selbst zurecht; jetzt war nicht der richtige Augenblick, sich um meine Mutter Sorgen zu machen. Es ging um unser Überleben, um Stefan und mich.

Ich hörte das Freizeichen.

«Was soll ich sagen?», fragte ich Rami.

«Dass ihr entführt wurdet.»

Niemand nahm ab, stattdessen hörte ich nur einen Anrufbeantworter. Kein Wunder. Es war Ostermontag. Niemand arbeitete an diesem christlichen Feiertag in der Botschaft. Ich erklärte Rami, dass die Botschaft heute wegen des Feiertags geschlossen sei und wir es morgen noch einmal versuchen müssten.

«Ihr seid Christen?», fragte er verwundert.

«Was hattest du denn gedacht?» Stefan wirkte nicht minder irritiert.

«Juden. Ich hatte angenommen, ihr seid Juden.»

Nachdenklich ging Rami fort, ganz offensichtlich unzufrieden mit dem Verlauf des Gesprächs. Aber Feiertage waren nun einmal Feiertage, da konnten wir schließlich auch nichts dran ändern.

Stefan und ich hatten uns inzwischen genauer umgeschaut. Das Camp lag an einem recht steilen Hang, unsere Hütte befand sich ungefähr hundertfünfzig Meter unterhalb einer Bergkuppe. Auf dem Berg wuchs ein mächtiger Baum, vor dem eine Bank stand. Der Pfad dort hinauf war von mehreren Hütten gesäumt. Weiter unten konnten wir zehn weitere Behausungen entdecken. In der Ferne sah man im Dunst das Meer sowie eine Bucht mit einer Insel. Unterhalb von uns lag der Platz, an dem wir bei unserer Ankunft das Zuckerwasser und das Gebäck bekommen hatten. Dort versammelten sich die Männer öfter.

Jeder von ihnen trug ein automatisches Gewehr, sogar ein älterer Mann mit weißem Spitzbart, ich nannte ihn später nur Opa, hatte eine Kalaschnikow auf dem Rücken – und ein Baby im Arm. Welche Widersprüche! Zur weiteren Verteidigung trugen die Rebellen ein Butak, ein traditionelles Buschmesser, an der Hüfte; es steckte in einer geschnitzten Messerscheide. Die Kleidung der Männer war bunt, Trainingshosen und T-Shirts in allen erdenklichen Farben und Formen, häufig Camouflage-Muster. Alle hatten sich gemusterte Tücher um den Kopf geschlungen. Die völlig verhüllten Frauen trugen lange, weite Hosen, darüber eine Tunika, die bis zu den Knöcheln reichte. Über die Tunika hatten sie eine langärmelige Bluse gezogen, der Kopf wurde von einem bunten, bis zum Bauchnabel reichenden Kopftuch bedeckt, das sie eng unter dem Kinn zusammenhielten. Außerdem verbargen sie ihre Gesichter mit einem schwarzen Tuch, das nur die Augen freiließ. Wir durften keinen Zentimeter ihrer Körper sehen – aber sie starrten uns ungeniert an. Wir nannten sie insgeheim Gespenster.

Nachdem Rami wieder fort war, wurden wir seltsamerweise freundlich beschenkt, von jenem jungen Mann, den ich für ein Mädchen gehalten hatte. Er brachte uns zwei dünne Hängematten aus Nylon, die er voller Elan zwischen Bäumen aufhängte.

«*For you, from me*», sagte er und tippte sich dabei auf die Brust; er wollte klarmachen, dass dieses Geschenk von ihm persönlich kam und nicht von Rami angeordnet worden war.

«Wie heißt du?», fragte ich.

«Ämsch.»

«Kannst du das mal aufschreiben?» Ich reichte dem ausgesprochen hübschen Jungen, der ungefähr zwanzig Jahre alt war, Stift und Zettel. Ämsch notierte, wieder mit viel Schwung, drei sehr krakelige Buchstaben: AMG.

«Und das wird Ämsch ausgesprochen?»

Er nickte, dann strahlte er mich an. «*Bagay kita?*»

Diesen Ausdruck in Tagalog kannte ich. Er bedeutet so viel wie: «Wollen wir Freunde sein?» Ich war überrascht und wusste nicht, was ich antworten sollte. Schnell erklärte ich Stefan, was uns angeboten wurde, und wir kamen überein, was zu tun sei: Wir signalisierten Amg, dass wir ihn nicht verstanden hätten. Dennoch hatte ich richtig gehört, denn er wiederholte: «*Bagay kita* – wollen wir Freunde sein?» Dabei lächelte er erwartungsvoll und bewegte seine Hände zwischen uns hin und her.

«*Friends?*», fragte ich erstaunt. «Du willst mit mir befreundet sein?»

Wieder leuchteten seine Augen auf. «*Yes, friends.*»

Wir waren wegen der ruppigen Behandlung durch unsere Entführer immer noch am ganzen Körper grün und blau – und nun wollte dieser Kidnapper tatsächlich mit uns Freundschaft schließen? Hatte er sie noch alle? Vielleicht fiel es Jüngeren wie Amg schwerer, den gebührenden Abstand zu den Entführten zu wahren. Aber letztlich konnte das auch ein Hinterhalt sein. Wie sollten wir das herausfinden?

«*No friends*», antwortete Stefan dann auch bestimmt. «*You kidnapped me. No good. No friends.*»

Sichtlich enttäuscht, geradezu eingeschnappt, zog Amg von dannen. Uns hatte das Freundschaftsangebot aus der Fassung gebracht. Noch öfter sollten sich solche Szenen wiederholen. Einige reagierten verblüfft auf unsere Ablehnung, andere waren wie Amg beleidigt.

«Meinen sie es wirklich ernst, wenn sie uns als *friends* bezeichnen?», fragte ich Stefan.

Er schüttelte den Kopf. «Ich glaube nicht. Für sie sind wir nichts weiter als Goldesel. Ideologische Sachen, das glauben die doch wohl selbst nicht.»

«Du denkst, es geht um Lösegeld?»

«Genau. Um nichts weiter als um viel Kohle.»

«Und wie kommst du darauf?»

«Wie sollten sonst die Lebensmittel bezahlt werden? Siehst du hier irgendjemanden arbeiten? Die jungen Burschen haben von Kindesbeinen an nichts anderes kennengelernt, als dass Entführungen ihr Überleben sichern. Entführungen sind Teil ihrer moralischen Erziehung. Sie glauben: Hin und wieder müssen Leute gekidnappt werden, und zwar immer dann, wenn Geld gebraucht wird. In ihrem Wertesystem sind Entführungen daher etwas ganz Normales. Ihrer Meinung nach stehen sie auf der richtigen Seite. Wir können nur froh sein, dass sie uns nicht als religiöse Feinde eingestuft haben.»

Mit «Goldesel» traf Stefan den Nagel auf den Kopf. Seine Argumentation leuchtete mir ein, das erklärte auch, warum Rami die Deutsche Botschaft einschalten wollte. «Du meinst, auch die Jüngeren wollen am Ende nichts anderes als herausfinden, was bei uns zu holen ist?»

«Davon gehe ich aus.»

Natürlich fragten wir im Folgenden jeden der Männer, die uns ein Freundschaftsangebot machten, wo wir denn eigentlich seien. Schon die ganze Zeit hatten wir darüber nachgedacht, auf welcher Insel wir uns befanden.

«Ist das hier Tawi-Tawi?», machte ich einen Vorstoß. Die philippinische Inselgruppe, die politisch dem Bezirk der autonomen Region Muslim-Mindanao (ARMM) angehört, schien mir als Versteck Sinn zu ergeben.

Doch alle waren auf diese Frage gut vorbereitet; sie wussten, dass sie nichts verraten durften. Als Antwort bekamen wir nur eine Geste: Mit Daumen und Zeigefinger pressten sie die Lippen aufeinander.

Amgs Hängematten waren übrigens so fadenscheinig, dass bei meinem ersten Versuch, mich hineinzusetzen, ein Riss entstand. Also band ich sie wieder ab, weil ich eine neue Verwendung für sie gefunden hatte: Das Nylonmaterial eignete sich hervorragend als Schlafdecke. Bis zum letzten Tag unserer Gefangenschaft leistete sie uns gute Dienste.

Ein neuer Morgen kündigte sich mit Hahnengeschrei an, ausgiebig und laut, direkt über unseren Köpfen. Stefan wurde nur langsam wach, doch als er endlich die Augen aufschlug, sagte er völlig unvermittelt: «Glaub ja nicht, dass wir dies alles hier jemals jemandem erzählen können.»

«Wie meinst du das?» Entsetzt blickte ich ihn an. Natürlich ahnte ich, was er damit sagen wollte, doch nicht einen Moment lang wollte ich an eine solche Möglichkeit denken.

«Ich bin mir sicher, dass wir nicht lebend aus dieser Sache herauskommen.» Mühsam erhob er sich.

«Warum glaubst du das? Noch hat uns keiner Gewalt angetan.» Ich zitterte am ganzen Körper. Nein, das durfte nicht sein.

«Es dauert schon zu lange, und ich bin mir sicher, dass es noch länger dauern wird. Und je länger es dauern wird, desto brutaler werden sie sein. Sie werden uns foltern und was weiß ich noch alles mit uns anstellen.» Schweigend und mit trockenem Mund starrte ich Stefan an, während er mit seinen düsteren Gedanken fortfuhr: «Wenn wir schon keine Rasierklingen bekommen, müssen wir nach etwas anderem suchen, das scharf ist.»

«Wozu brauchst du das?», fragte ich leise.

«Ich lasse mich von denen nicht foltern, das gönne ich diesen Leuten nicht. Ich brauche etwas, das es mir ermöglicht, selbst über meinen Tod zu entscheiden. Du bist jünger, aber ich bin mit dem, was das Leben mir gegeben hat und was ich meinen Patienten geben konnte, zufrieden. Wir hatten so wunderbare Jahre zusammen, mehr kann man sich gar nicht wünschen.»

Ich wurde nachdenklich. Ja, ich hatte gehört, dass zum Beispiel bei Entführungen in Südamerika, in Kolumbien, manchmal ein Körperteil der Geisel an die Verhandlungspartner geschickt wurde, um den Ernst der Lage zu verdeutlichen, ein Finger oder ein Ohr. Aber waren unsere Entführer zu solch barbarischen Maßnahmen fähig?

«Selbstmord … du bist Arzt», stotterte ich.

«Das kann mich nicht daran hindern, mein Leben zu beenden. Selbstbestimmt. Ich habe so viele schreckliche Krankheiten gesehen, es gibt Schlimmeres, als hier zu sterben.»

Tief atmete ich aus. «Ich bin nicht so pessimistisch, was unsere Situation betrifft», sagte ich. «Ich verstehe dich schon, aber ich will leben, und ich will mit dir leben. Wir dürfen nicht so schnell aufgeben.»

Aufgrund von Stefans Alter hatten wir schon mehrmals darüber gesprochen, dass wir nicht mehr ewig auf den Meeren herumsegeln konnten. Aber wir konnten auf der *Catherine* in einem hübschen Hafen leben, vielleicht in Australien, mit einem guten Krankenhaus in der Nähe. Stefan hatte einmal, als wir über unsere Zukunft sprachen, scherzhaft geantwortet: «Wir gehen zusammen mit der *Catherine* unter.» Und nun schien es, dass nicht das Boot, sondern der Wald, in dem wir hier festsaßen, unser gemeinsamer Untergang zu werden drohte. Tränen stiegen in mir hoch.

Stefan bemerkte meine Verzweiflung und legte sanft seine Hand auf meine Schulter, lächelte mich an und sagte: «Lieber ein Ende mit Schrecken als ein Schrecken ohne Ende.» Damit war für ihn alles gesagt, und er legte sich wieder hin.

Tagsüber suchte ich unsere Umgebung nach etwas Brauchbarem für Stefans Vorhaben ab – und fand eine kleine Flasche aus Glas, dazu einen großen Stein. Im Notfall konnten wir die Flasche am Stein zerschlagen, sodass wir eine scharfkantige Scherbe hätten.

Als ich ihm die beiden Sachen zeigte, sagte er: «Wenn du einmal keinen anderen Ausweg siehst, als dich umzubringen, dann vergiss nicht: Du darfst nicht quer übers Handgelenk schneiden, sondern längs.» Dabei zeigte er mir genau, an welcher Stelle ich die Schneide ansetzen sollte.

Amg baute währenddessen zwei Meter vor unserer «Eingangstür» eine Bank auf. Dazu legte er das eine Ende eines großen Bretts auf einen reichlich schiefen Kaffeebaumstumpf, das andere platzierte er sehr geschickt auf zwei zurechtgeschnittenen Astgabeln. Das einzige Werkzeug, das er benutzte, war das Butak – keine Nägel, Schrauben oder einen Hammer.

Beim Zuschauen schoss mir ein spontaner Gedanke durch den Kopf: Auf dieser Bank wird «das Foto» gemacht. Ich rechnete damit, dass man uns vor eine Kamera setzen würde, um jenes typische Bild aufzunehmen, umringt von maskierten Männern mit ihren martialisch aussehenden Waffen, das dann in allen Zeitungen abgedruckt wurde. Solche Fotos kannte ich von anderen Entführungen.

Doch meine Vermutung erwies sich als falsch, jedenfalls anfänglich. Die Bank war für zwei «Nachtwächter» gedacht, die auf uns aufpassen sollten. Damit sie nicht vor Müdigkeit einschliefen, mussten sie sich beschäftigen. Und das taten sie ziemlich laut, wie wir am Abend bemerkten, ohne jegliche Rücksicht. Sie unterhielten sich stundenlang, hörten dabei Musik, darunter die einer islamischen Boyband: «*Allah the creator, lallala … and his messenger, lalalala …*» Untermalt wurde der Gesang von dem Geräusch eines Maschinengewehrs. Dann wieder spielten sie mit ihren Handys;

Kriegsspiele, in denen irgendwelche Granaten explodierten. Ratatatam, ratatatam. Eine der Nachtwachen hatte auch einen passenden Klingelton: «Allahu Akbar, Allah Akbar, ratatatam.»

In späteren Nächten sahen sie auf ihren winzigen Handybildschirmen Filme an, in denen es – der Geräuschkulisse nach – ebenfalls um Krieg, Mord und Totschlag ging. Wenn nicht geballert wurde, hörten wir männliche Machostimmen und wildes Frauengekreische. Manche Filme wurden in einer Nacht mehrmals abgespielt, als könnten sie sich nicht an den martialischen Exzessen sattsehen. Einige der Aufpasser fingen im Morgengrauen auch an, aus dem Koran zu lesen – und das konnte Stunden dauern.

Am folgenden Vormittag tauchte Rami erneut auf, am Dienstag nach Ostern hatte die Deutsche Botschaft ja nicht geschlossen. Dieses Mal wählte er die Nummer. «*English, please*», sagte er, als er mir das Handy reichte.

Mein Herz raste, als sich ein Mann am anderen Ende der Leitung meldete. Ich begann zu erzählen, doch der Angestellte der Botschaft unterbrach mich: «Sie können Deutsch mit mir reden.»

«Das geht nicht», erwiderte ich. «Wir sind entführt worden. Die Entführer stehen bewaffnet neben mir, ich muss Englisch sprechen.»

«Äahhmm», stammelte der Mann. «Ich stelle Sie durch zur Konsularabteilung.»

Im Hintergrund hörte ich Stimmengewirr, dann übernahm eine Frau das Gespräch. «Dies ist kein Scherz», erklärte ich. «Wir sind entführt worden.»

Sie verstand sofort und stellte gezielt die richtigen Fragen.

«Wie geht es Ihnen?»

«Wir sind gesund.»

«Geben Sie mir bitte Ihre Namen und Geburtsdaten durch.»

Ich sagte ihr das Gewünschte.

«Gibt es Forderungen?»

«Es soll um ideologische Sachen gehen.»

«Wo sind Sie?»

Ich blickte zu Rami.

«Sulu Islands», sagte Rami.

«Sulu Islands», wiederholte ich. «Wir sind auf einer der Sulu-Inseln, auf welcher, das weiß ich nicht.»

Anschließend gab sie mir zwei Telefonnummern, beides Notrufnummern, die ich aufschreiben durfte. Die eine davon lernte ich sofort auswendig: 02-702-3000.

«Können Sie bitte meinen Bruder ausfindig machen und ihm sagen, dass er den Chef der Entführer anrufen soll?», fragte ich schließlich. «Der Mann heißt Rami.»

«Wie ist denn die Telefonnummer von diesem Rami?»

Rami notierte seine Nummer schnell auf ein Stück Papier.

Ich gab die Nummer durch.

«Und wer sind die Entführer?», fragte die Frau weiter.

Ich buchstabierte das, was Rami mir ebenfalls aufgeschrieben hatte: al-Harakatul al-Islamiya. Als ich beim zweiten «al» war, verlor er die Geduld und fiel mir ins Wort: «Sag einfach Abu Sayyaf.»

Ich schluckte. Wir waren auf dem Boden der Tatsachen gelandet. Panik stieg in mir auf. Eigentlich war sie schon hochgekommen, als ich gesehen hatte, was einer der Männer in unseren Türrahmen geritzt hatte: «*Jihad is my life* – der Dschihad ist mein Leben.» In dem Moment hatte ich erkannt: Es geht also doch um den heiligen Krieg, um den Kampf für einen Gottesstaat. Das hier sind keine gemäßigten Terroristen. Die Worte am Türpfosten waren für mich der erste Hinweis gewesen, dass wir es wahrscheinlich doch mit der südphilippinischen Terrororganisation Abu Sayyaf zu tun hatten. Weil diese Vorstellung so schrecklich war, hatte ich sie gleich wieder verdrängt. Und nun hatte ich die Bestätigung meiner Befürchtungen bekommen.

Diese Rebellentruppe, mochte sie einst religiös orientiert gewesen sein, hatte nach meinen Kenntnissen mehrere Wandlungen durchgemacht. Sie hatte sich in den Neunzigern mit Hilfe von Geldern, sozusagen dem Startkapital, das vom Al-Qaida-Führer Osama bin Laden stammte, formieren können. Dann standen nicht mehr allein politische Ziele im Vordergrund, sondern sehr zentral die Geldgier. Ihre Mitglieder rekrutierte Abu Sayyaf vor allem aus Angehörigen der Volksgruppe der Tausug, die wie die MILF-Leute auf den Inseln Jolo und Basilan im Sulu-Archipel leben. Die philippinische Armee hatte gegen die Terroristen operiert, mehrere Anführer waren verhaftet oder bei den Festnahmen getötet worden, doch zu einer endgültigen Zerschlagung der Truppe hatte das nie geführt. Immer wieder wurden neue Kämpfer ausgebildet und militärisch geschult, speziell in von Indonesiern geleiteten Trainingscamps, wo sie unter anderem lernten, Bomben zu bauen, die über Mobiltelefone gezündet wurden.

Vor vielen Jahren hatte ich gelesen, dass Abu-Sayyaf-Kämpfer sich offenbar auch von Politikern und Geschäftsleuten für Entführungen und Anschläge anheuern ließen. Sie mischten im Drogenhandel mit, um ihre Kassen aufzufüllen, kiloweise war bei ihnen TNT gefunden worden, ein Sprengstoff, mit dem sie Züge und Einkaufszentren in die Luft sprengen wollten. Nachdem ihr Anführer Janjalani tot war, hatte sein Bruder Khaddafy dessen Position übernommen, auf ihn hatte man ein Kopfgeld in Millionenhöhe ausgesetzt.

Mit einem Mal verlor ich alle Hoffnung. Bilder gingen mir durch den Kopf, Bilder von Menschen, die von Milizen der Abu Sayyaf entführt und enthauptet worden waren. Hatte man nicht auch einen irischen Priester geköpft? Und war der nicht in Stefans Alter gewesen?

Vorsichtig blickte ich zu Stefan hinüber. Was hatte er gedacht, als er «Abu Sayyaf» hörte? Bestimmt etwas Ähnliches wie ich. Aber er ließ sich nichts anmerken, schien vielleicht nur an seine Glasscherbe zu denken.

«Sind Sie noch da?» Die Frau in der Leitung erinnerte mich daran, dass ich nach wie vor mit der Deutschen Botschaft in Manila sprach.

«Darf ich sagen, wo unser Boot liegt?» Diese Frage richtete ich an Rami.

Er nickte, und ich gab die Daten durch.

«Die Küstenwache wird sich darum kümmern», versicherte die Frau. «Und wir um alles andere.»

Damit war das Gespräch beendet. Rami und seine Leute schienen zufrieden zu sein. Bevor er mit seinem Trupp verschwand, sagte er noch zu mir, dass ich nicht einfach in die Büsche gehen könne, um meine Notdurft zu verrichten, das sei nicht erlaubt, *haram*, die Männer könnten mich dabei sehen.

Wütend wandte ich mich an Stefan, nachdem Rami fort war: «Der spinnt doch. Es ist Sünde, dass ich in die Büsche muss, wo ich doch keine andere Wahl habe, aber jemand seiner Freiheit zu berauben, das ist anscheinend keine Sünde.»

Als meine Wut verflogen war, stieg die Angst wieder in mir hoch; nun gab es keinen Zweifel mehr, wir hatten es mit Leuten von Abu Sayyaf zu tun. Das war keine gute Ausgangslage, auch nicht für unsere Familien, die nach dem Anruf bei der Deutschen Botschaft von dem Drama erfahren würden.

«Wie wird die Sache ausgehen, wenn Lösegeld gezahlt werden soll?», fragte Stefan später, nachdem man uns einen Becher mit dünnem Kaffee und einen Teller mit wässrigem Reis gebracht hatte. «Wir sind nicht so reich, wie diese Verbrecher womöglich denken. Ich kriege eine Rente, und das einzig Wertvolle, das wir haben, ist unsere Segelyacht. In unseren Familien gibt es auch keine Millionäre.»

Darüber hatte ich auch schon nachgedacht; Stefan und ich hatten von seinen Ersparnissen gelebt, von dem Verkauf seiner kardiologischen Praxis vor über zwanzig Jahren. Aber seitdem waren wir auf Reisen und hatten bis auf eine Rente keine weiteren Einnahmen mehr. Es war noch einiges an Geld vorhanden, wir lebten günstig, reparierten ja inzwischen vieles am Boot selbst, aber von Reichtümern konnte keine Rede sein.

«Ein-, zweihunderttausend», sagte ich, «die könnte meine Familie zusammenbringen, aber auch nur, wenn meine Geschwister ihre Häuser verkaufen und ihr Erspartes zusammenpacken würden. Dann stünden sie jedoch vor einem großen Schuldenberg, den wir beide nie im Leben zurückzahlen könnten.»

«Das darf nicht passieren. Nie!» Stefan stellte den Teller so vehement auf dem Boden ab, dass ein Teil von dem wässrigen Reis über den Rand schwappte.

«Gesetzt den Fall, unsere Familien würden doch zahlen wollen, selbst wenn wir es nicht gutheißen – wie würde das überhaupt vonstattengehen? Soll mein Bruder etwa mit einem Koffer voller Geld in ein Flugzeug steigen und sich mit Rami irgendwo im Dschungel treffen? Wie könnte er sicherstellen, dass wir auch wirklich freikommen?»

«Das klingt wenig praktikabel.» Stefan starrte auf seinen Teller.

«Könnte nicht das Militär eine solche Geldübergabe durchführen? Die haben doch bestimmt Erfahrungen, wie so etwas abläuft. Unsere Entführung ist ja mit Sicherheit nicht die erste auf den Philippinen.»

«Ich weiß nicht, ob das Militär bei solchen Aktionen eingeschaltet wird», sagte Stefan zweifelnd, «eher die Polizei.»

«Und die Deutsche Botschaft wird sich doch an die philippinische Polizei wenden, oder?» Ich schaute Stefan eindringlich an, etwas anderes als eine Bestätigung wollte ich nicht von ihm hören.

«Sicher wird es so sein.» Es war ihm anzusehen, dass er so gar nicht sicher war.

«Du willst eigentlich sagen, dass du keine Ahnung hast.»

«Ist das nicht auch die Wahrheit?»

«Ja.» Ich seufzte. «Aber mal angenommen, Polizei und Militär wissen Bescheid. Könnte nicht die philippinische Regierung, die bestimmt von der Deutschen Botschaft informiert werden muss, dem Militär den Befehl geben, nach dem Terroristen Rami zu suchen und uns, wenn sie uns gefunden haben, zu befreien?»

Stefan zog die Stirn in Falten. «Die Angaben über unseren Aufenthalt, die du gegenüber der Botschaft machen durftest, waren so wenig konkret – wie sollen die uns finden?»

«Außer man kennt Ramis Gruppierung und weiß ungefähr, wo sie sich hier im Dschungel versteckt.» Verdammt, ich wollte einfach pragmatisch denken, und dazu gehörte, dass es irgendeine übliche Vorgehensweise in Entführungsfällen gab, von welcher Seite auch immer geplant.

«Vergiss nicht, Henrike, bei einem militärischen Angriff würde man uns zweifellos als Schutzschild benutzen. Unsere Überlebenschance wäre in einem solchen Fall sehr gering.»

«Aber was ist mit Spezialeinheiten, Typen à la Rambo, Ein-Mann-Armeen, GSG 9 oder wie die sich nennen, Kriegshelden, irgend so was wird es doch auch auf den Philippinen geben?»

«Träum weiter, meine Liebe. Oder hast du schon einen Polizisten oder Soldaten entdeckt, der hier durchs Unterholz robbt und dir freundlich zuwinkt?»

Natürlich nicht. «Dann bleibt nur eine Option.»

«Und die wäre?»

«Flucht.»

«Ich will dich nicht entmutigen» – Stefan schüttelte leicht den Kopf –, «aber hast du schon mal unsere Erfolgsaussichten durchgespielt? Wie sollen wir im Urwald überleben, ohne Nahrung, umgeben von Schlangen und anderen gefährlichen Tieren? Wo sollen wir überhaupt hinlaufen? Außerdem habe ich nicht einmal Schuhe, die mir passen. Und dann ist da noch das klitzekleine Problem: Warst du bereit, dich zu wehren, sollten wir entdeckt werden? Würdest du jemanden verletzen oder gar töten können, als Preis für deine Freiheit? Und was auch nicht ganz unwichtig ist – was machen die mit uns, wenn wir am Ende doch wieder gefasst werden? Stell dir ihre Wut vor.»

Daran hatte ich bislang tatsächlich nicht gedacht, ein misslungener Fluchtversuch konnte schlimmste Konsequenzen haben. Man würde uns fesseln, einsperren oder noch Furchtbareres mit uns anstellen. Bislang waren wir relativ frei, konnten innerhalb eines bestimmten Radius frei herumlaufen – sollten wir das Risiko auf uns nehmen, dass sich alles zum Schlechteren veränderte?

Da ich weiterhin schwieg, fuhr Stefan fort: «Wir sollten zu diesem Zeitpunkt nicht über eine Flucht nachdenken. Das können wir tun, wenn sie ihr Verhalten uns gegenüber ändern.»

«Was meinst du damit?»

«Du verdrängst es immer wieder – irgendwann werden sie uns foltern.»

«Warum bist du dir da so sicher?»

«Hier läuft etwas nicht so glatt, wie Rami und seine Truppe es sich vorgestellt haben, ohne dass ich sagen kann, was es ist. Allein die Sache mit den japanischen Fischern – das stinkt für mich zum Himmel. Da ist etwas faul.»

In diesem Moment war ich froh, dass Stefan mich zur Vernunft gebracht hatte. Ohne ihn wäre ich wahrscheinlich meinem Fluchtimpuls gefolgt, das wäre typisch für mich gewesen.

Am Nachmittag kam einer der Männer, die mit auf dem Boot gewesen waren, und zeigte auf ein Waldstück hinter unserer Hütte. Das sei sein CR, aber er würde es jetzt mir überlassen. Zugleich behängte er vier in den Boden gesteckte Äste mit aufgeschnittenen alten Reissäcken. Das war von nun an unsere Duschkabine. In einem ruhigen Augenblick ging ich das erste Mal hinein. Ich konnte mich selbst nicht mehr riechen, nahm einen Kanister mit fünf Litern Wasser mit und dazu Haarshampoo in einem kleinen Tütchen, das man uns zuvor gegeben hatte. Als ich an meinem Körper hinuntersah, erschrak ich. Wie dünn war ich doch in den wenigen Tagen geworden.

«Und wo sind Sie?»

Die Frage der Frau von der Deutschen Botschaft war mir nicht mehr aus dem Kopf gegangen, und auch Stefan hatte zu Recht darauf verwiesen, dass im Grunde niemand wusste, wo wir konkret waren. Um das herauszufinden, schlug ich Stefan am nächsten Morgen vor, mit mir einen kleinen Spaziergang hoch zu jenem Baum zu unternehmen, der sich ganz oben am Hang ausbreitete.

«Ich habe nicht die richtigen Schuhe», wehrte er ab.

«Versuche es doch wenigstens, bitte.» Es war mir wichtig, dass Stefan sich bewegte. Ich hatte Angst, dass er sich nur noch in der Hütte aufhalten und mit der Zeit seine Lebensenergie verlieren würde. Immer häufiger hatte er sich, wenn ich draußen saß und alles um mich herum beobachtete, zurückgezogen. Wobei er nicht nur ins Innere der Hütte verschwand, er hielt sich auch mehr und mehr in seiner eigenen Gedankenwelt auf, zu der ich spürbar weniger Zugang bekam.

Am Abend zuvor, als wir nebeneinander unter unserem Moskitonetz lagen, sagte er leise:

«Liebes, es tut mir so unendlich leid, dass ich dich nicht vor diesen Männern habe beschützen können.»

«So ein Unsinn», erwiderte ich. «Ich habe es dir schon einmal gesagt, keiner kann in einer solchen Situation einen anderen beschützen. Niemand könnte als Einzelner etwas gegen diese Verbrecher ausrichten. Sie haben Waffen und sind in der Überzahl.»

Stefans Aussage hatte mich aber alarmiert. Gab er sich die Schuld für alles? Was ging bloß in seinem Kopf vor? Aber weil er sich in sich selbst verkroch und immer weniger mit mir sprach, konnte ich nur schwer nachvollziehen, womit er sich beschäftigte.

Immerhin war er dann aber doch bereit, mit mir zusammen den Hang zu erklimmen. Schritt für Schritt ging es vorwärts, immer wieder hielten wir inne, da der Aufstieg für Stefan sehr beschwerlich war. Dennoch zwang ich ihn, nach einer kleinen Pause, den Weg fortzusetzen. Er durfte nicht aufgeben. Hin und wieder schauten wir in die Ferne, um irgendeinen Anhaltspunkt bezüglich unseres Standorts zu erhalten. Aber ich sah nichts als Wald und nochmals Wald. Das Einzige, was ich registrierte, war, dass wir von den Männern misstrauisch beobachtet wurden.

«Was treibt ihr hier, wo wollt ihr hin?» Der Blutdruckmann hatte uns schließlich mit schnellen Schritten eingeholt.

«*Exercises*», sagte ich. «Wir wollen nicht einrosten.»

Mit einem Stock zog er eine Linie auf dem lehmigen Pfad.

«Grenze», erklärte er und tippte unmissverständlich mit dem Stock auf den Strich.

Also blieben wir an dieser Grenze stehen und sahen uns um. Oder taten zumindest so.

«Bist du hier zur Welt gekommen?» Stefan versuchte, ein Gespräch mit dem grimmig Dreinblickenden zu beginnen.

«Ja», erwiderte der Blutdruckmann.

«Wie groß ist die Insel?»

«Fünfzehn Kilometer.»

Weiter verriet der Blutdruckmann nichts.

Nach Einbruch der Dunkelheit tauchte Rami auf, in seinen Händen eine Lampe, die aus einem kleinen externen Akku ihren Strom bezog. Als er sie mir reichte, trug ich sie in die Hütte, um sie dort hinzuhängen.

«Nein», rief Rami, der mir gefolgt war. Er riss sie mir aus der Hand, um sie vor der Hütte, direkt neben dem Eingang, anzubringen. Die Absicht war klar – so konnten uns die Wächter besser beobachten und hatten uns unter Kontrolle.

Als er wieder verschwunden war, schalteten wir die Lampe aus, bei dem grellen Licht hätten wir keinen Schlaf gefunden. Den beiden Wächtern auf der Bank gefiel das gar nicht, doch dann befestigten sie die Lampe außen an der Hütte des Versorgungstaktikers. Diese Lösung schien sie zufriedenzustellen.

«Was werden die Terroristen mit uns machen?», fragte ich Stefan, als wir eine weitere Nacht auf dem harten Boden zubrachten.

«Rike, was bringt das ständige Grübeln?», sagte Stefan. «Wir drehen uns im Kreis, und das macht uns nur verrückt. Wir können nichts beeinflussen, gegenüber diesen Verbrechern sind wir vollkommen machtlos.»

«Und worauf sollen wir uns dann konzentrieren?», fragte ich.

«Auf den Alltag. Wir sollten versuchen, uns nur die Dinge zu vergegenwärtigen, die wir schön finden. Auf dem Boot haben wir uns doch immer die Wolken angeschaut und uns daran erfreut.»

Ich nickte. «Diese Formenvielfalt, von leichten Federn bis zu mächtigen Quellwolken.»

«Wir haben Haie darin gesehen, Ufos oder dampfende Kochtöpfe.»

Bei dieser Erinnerung musste ich lächeln. «Und richtig schön wurde es in der Abenddämmerung, wenn die Wolken in die unglaublichsten Farben getaucht wurden. Die Gelbtöne, die ein Rotorange annahmen und schließlich ein Lilablau.»

«Oder wir haben einen Fischschwarm beobachtet, der sich immer durch ein leichtes Kräuseln der Wasseroberfläche verriet», sinnierte Stefan weiter. «Das waren meist kleine Sardinen, die nach Algen schnappten.»

«Oft kreiste darüber doch auch ein Schwarm kleiner Seeschwalben, die im halsbrecherischen Sturzflug auf die armen Sardinen niederschossen, kopfüber ins Wasser eintauchten und Sekunden später mit ihrer Beute im Schnabel wieder auftauchten und davonflogen. Und dann die großen Thunfische, die von allen Seiten gleichzeitig kamen und, wie auf Kommando, in den Sardinenschwarm hineingestoßen sind. Diese brodelnde Masse aus springenden Thunfischen und fliehenden Sardinen – und die Delfine machten wiederum Jagd auf die Thunfische, die soeben die Sardinen verschlungen hatten. Die Natur ist schon ziemlich brutal und unbarmherzig gegenüber den schwächeren Tieren», resümierte ich.

«Nein, nur der Mensch ist brutal und unbarmherzig», erwiderte Stefan.

«Wie meinst du das?»

«Egal. Wichtig ist, dass wir uns auch hier die Wolken am Himmel anschauen, und wenn es keine Seevögel gibt, dann lauschen wir eben den Urwaldvögeln und betrachten die Blumen und Sträucher, die um uns herum wachsen.»

Es funktionierte. Mit der Zeit lernte ich, die verzweifelten Gedanken abzustellen, indem ich schnell nach etwas Hübschem Ausschau hielt, das mich ablenkte – eine wunderschöne Blüte etwa. Manchmal beobachtete ich einfach auch nur die emsig umhereilenden Ameisen.

Mitten in der Nacht brach plötzlich eine große Unruhe im Camp aus. Mehrere Männer liefen mit eingeschalteten Taschenlampen den Berg herunter.

«Stefan, sie kommen zu uns.» Aufgeregt beobachtete ich das Treiben. Etwas musste passiert sein. Nur was?

Atemlos blieb Rami vor unserer Hütte stehen und hielt mir sein Handy entgegen.

«Dein Bruder», keuchte er. «Du kannst mit ihm Deutsch sprechen.»

Zitternd nahm ich Ramis Mobiltelefon entgegen.

«Hallo?» Ich hörte Martins vertraute Stimme. Mir kamen die Tränen. Auf einmal fühlte ich mich nicht mehr so allein, irgendwo gab es noch eine andere Welt, eine Welt, in der Terroristen nicht das Sagen hatten, in der es Menschen gab, die den Dschihad aufs schärfste verdammten. Nur war es leider eine Welt, zu der Stefan und ich gerade keinen Zugang hatten.

«Wie geht es dir? Wie seid ihr untergebracht?» Seine Stimme klang normal, nichts, was darauf hindeutete, dass ihn die Situation beunruhigte. Es war, als würde er uns nach dem Hotel fragen, das wir für unsere Urlaubsreise gebucht hatten. Vielleicht hatte man ihm auch diesen Rat gegeben, um uns nicht in Depressionen zu stürzen. So wurden wir wenigstens nicht daran erinnert, wie sehr auch unsere Lieben zu Hause litten.

«Wir sind am Leben und gesund», sagte ich. «Wir bekommen genug zu essen, haben sogar eine eigene Hütte.»

«Super!»

Nichts war hier super.

«Also, was auch immer ausgehandelt wird, ich möchte unbedingt, dass Stefan und ich zusammenbleiben. Wir wollen nicht, dass ihr nur einen von uns hier rausholt. Beide oder keinen. Verstehst du, das ist mir ganz wichtig.»

«Ja, ich habe verstanden. Aber das versteht sich von selbst.»

Da Rami es mir erlaubt hatte, Deutsch zu sprechen, nutzte ich die Gelegenheit, um meinem Bruder unsere Umgebung zu beschreiben, den Berg, den Blick nach Westen aufs Meer, geschätzte vier Kilometer Inland.

«Genug.» Rami riss mir das Telefon aus der Hand und ging einige Schritte zurück, um weiter mit meinem Bruder zu reden.

Es war so wunderbar, Martins Stimme gehört zu haben. Ich hoffte, dass er Unterstützung bekam und nicht versuchte, auf eigene Faust zu handeln. Keiner aus unserer Familie war je mit einer solchen Situation konfrontiert gewesen, da konnte leicht jeder was anderes für das Beste halten.

Die Nacht blieb unruhig. Einige Stunden später vernahmen wir ein Geräusch, das uns völlig fremd war.

«Was ist das?», fragte ich, während ich angestrengt lauschte. Es hörte sich wie ein scharfes «Sssssss» an und wurde immer lauter.

«Jetzt ist es genau über uns», sagte Stefan. «Für mich klingt es wie das Brummen eines kleinen Flugzeugs.»

«Und wieso wird es nicht leiser und verschwindet wieder?»

«Womöglich stehen wir unter Beobachtung. Vielleicht haben sie inzwischen doch herausgefunden, wo man uns versteckt hält.»

«Sind das die Guten?»

«Wäre schön. Aber was können sie hier im dichten Dschungel schon ausrichten?»

Ich blickte durch unseren Eingang hinaus. Der Taktiker hatte das helle Licht an seiner Hütte ausgeschaltet, womöglich, um den Piloten des Flugzeugs keine Anhaltspunkte zu geben.

Mit dem für mich beruhigenden Gebrumm konnte ich wunderbar einschlafen – doch kurz darauf, draußen war es immer noch stockfinster, wurden wir abermals geweckt.

«Ihr! Packen! Kommt!» Amg hatte die Plane vor unserem Eingang hochgerollt.

Nervös stopfte ich das Nötigste in unseren Rucksack – ein paar Kleidungsstücke, Kräcker, eine Flasche Wasser – und band Stefan seine aufgelösten Halbschuhe um die Füße.

«Weit werde ich damit nicht kommen», sagte er, als er sich das Ergebnis ansah.

In diesem Moment stürmte Rami auf uns zu und zerrte Stefan am Arm aus der Hütte, der heftig protestierte: «Habt ihr denn immer noch nicht kapiert, dass ich 72 bin?»

«Dein Leben bedeutet mir nichts.» Ramis Gesicht war verzerrt. Er drückte Stefan seine Waffe gegen die Rippen, ein Mittelding zwischen Kalaschnikow und Pistole, denkbar, dass es eine Uzi war. «Und wenn du das nicht verstehst, dann verstehst du vielleicht das …» Er stieß mit der Uzi noch ein weiteres Mal zu.

Stefan verstummte. Im Dunkeln stolperten wir den Pfad zur Bergkuppe hinauf, die vom Blutdruckmann gezogene Grenzlinie hatten wir schon längst überschritten. Am Gipfel ging es weitere zweihundert Meter zu einer kleinen Lichtung. Einer von Ramis Leuten sagte, dass wir hier erst einmal bleiben würden, am Rand der Lichtung. Alle wirkten angespannt.

«Was ist los?», wollte Stefan wissen.

«Spy plane», erhielten wir zur Antwort. *«No good.»*

Was über uns seine Runden zog, war also in ihren Augen ein Spionageflugzeug. Ein Aufklärungsflugzeug. Das konnte nur bedeuten, dass die Waldsiedlung ins Visier geraten war.

Rami telefonierte viel. Sein Handy leuchtete in der Dunkelheit auf wie eine schwache Taschenlampe. Als die Morgendämmerung anbrach und es heller wurde, flüsterte ich Stefan zu: «Lass uns mitten auf der Lichtung auf und ab gehen, so werden wir vielleicht leichter gesehen.» Seltsamerweise hielt uns niemand zurück. Richtung Osten konnte ich eine kleine Farm erkennen, Hundegebell drang zu uns. Muslime halten doch keine Hunde, wunderte ich mich.

Amg, der meinen Blick verfolgt hatte, zeigte dorthin und sagte: «*Bawal.*» Dieses Wort war mir geläufig, es hieß «Gefahr».

War das nicht mehr ihr Territorium, war das das Hoheitsgebiet anderer Rebellengruppen?

Es raschelte. Eine komplett verschleierte Frau brachte in einem verrußten Topf das Frühstück: kalten, trockenen Reis. Alle Männer nahmen sich davon mit bloßen Händen. Wir standen abseits und aßen einen von unseren kostbaren Kräckern.

«Er hat eine Waffe auf dich gerichtet», sagte ich, während ich Stefans Hand suchte.

«Ja, jetzt ist es aus mit den netten Gesten.» Fest drückte er meine Finger, als müsste er sich versichern, dass er mit seiner Furcht und seinen Vermutungen vor dem, was noch auf uns zukommen würde, nicht falschgelegen hatte.

Stunde für Stunde vergingen, noch immer kreiste das Flugzeug über uns. Dann nahm es eine letzte Kurve – und verschwand. Nach meiner Berechnung musste es gegen zehn Uhr sein. Die Männer entspannten sich, ich blickte dem Flieger enttäuscht hinterher. Wieso hatte man nichts unternommen? Hatte man nur herausfinden wollen, dass wir tatsächlich Gefangene dieser mörderischen Truppe waren? Durften Stefan und ich deshalb auf der Lichtung herumspazieren? Davon war auszugehen.

«*We go home now*», sagten die Männer schließlich.

Nach Hause? Das war nicht mein Zuhause.

Beim Abstieg stießen aus allen Richtungen Männer zu uns, bestimmt vierzig, fünfzig Mann.

«Ich hätte nicht gedacht, dass die Gruppe so groß ist», raunte Stefan.

«Ich auch nicht.»

Bei der Rückkehr bemerkten wir, dass man unsere Hütte durchstöbert hatte. Einige unserer Lebensmittel waren weg, ebenso unsere Polster.

Am Tag darauf zogen einige der Männer Tarnkleidung und Boots an und hängten sich schwere Waffen um. Sie vermummten sich, verhüllten ihre Köpfe mit Wollmützen, Tüchern in den verschiedensten Farben, der eine oder andere trug einen tief ins Gesicht gezogenen Schlapphut. Laut und aufgeregt redeten sie aufeinander ein. Jeder zupfte am anderen herum, sodass auch keine freie Stelle im Gesicht zu sehen war, niemand sollte erkannt werden. Zehn Männer zählte ich insgesamt. Anscheinend würde nun das gemacht werden, worauf ich seit Tagen gewartet hatte: das Foto, auf dem Stefan und ich von martialisch aussehenden Terroristen umringt sind, die Maschinengewehre einsatzbereit hochgereckt, die Gesichter bis auf die Augen verhüllt. Angst stieg in mir hoch. Was, wenn ihnen einfiel, uns zu misshandeln, um die Authentizität der Bilder zu unterstreichen?

Mit viel Getöse führten sie uns nun mitten auf den Bergpfad. Wir mussten uns auf den Boden setzen, und ein vertrauter Gegenstand wurde mir vors Gesicht gehalten: der Flaggenstock samt Flagge von unserer *Catherine*. Bei diesem Anblick brach ich fast in Tränen aus, Flaggenstock und Flagge waren wie Symbole eines alten Lebens, das unendlich weit weg schien. Dabei waren wir gerade neun Tage in Gefangenschaft. Um von meinen Gefühlen nicht überwältigt zu werden, jammerte ich laut: «Den Stock hatte ich gerade so schön lackiert, jetzt ist er völlig zerkratzt!» Stefan nahm dieses Mal meine Hand.

Die Flagge wurde uns wie eine Decke über die Knie gelegt.

«Versuch, deine zerschundenen Handgelenke ins Bild zu halten», wisperte Stefan. Vielleicht ließen sie von uns ab, wenn sie sahen, dass wir für ein wirkungsvolles Pressefoto schon genügend malträtiert waren. Ich konnte es aber nicht, meine Panik war zu groß. Mit der linken Hand umklammerte ich die Flagge, mit der rechten hielt ich wiederum meine linke, als könnte ich mich so schützen. Stefan dagegen streckte seinen linken Arm so über die Flagge, als wäre er beim Blutabnehmen.

Rami gab noch die eine oder andere Anordnung, wie sich die Männer in Szene setzen sollten; zwei hockten neben uns, die restlichen Abu-Sayyaf-Kämpfer drapierten sich in unserem Rücken. Hinter den Männern wurde ein schwarzes Schild mit weißer Schrift aufgestellt, es war die Flagge ihrer Gruppe «al-Harakatul al-Islamiya», darunter war ein Schwert abgebildet.

Endlich war es vorbei, mit Ramis Handy hatte man die Aufnahme gemacht. Niemand hatte uns körperliche Gewalt angetan oder uns direkt mit der Waffe bedroht. Fast schien es ein Gruppenbild mit Dame zu sein, doch angesichts der Ziele dieser Vereinigung gab es sicher keinen Anlass, ein solches Foto-Shooting als harmlos zu bezeichnen. Die Versammlung löste sich auf, die Krieger zogen sich um und waren plötzlich wieder junge Männer in T-Shirts mit dunklen, kräftigen Haaren. Den spontanen Rollenwechsel sah man ihnen nicht an.

Wir durften zurück in unsere Hütte.

Am Abend meldete sich erneut mein Bruder. Dieses Mal sollte ich Englisch mit ihm sprechen. So lässig wie beim letzten Telefonat klang er nicht mehr, ich bemerkte seine Anspannung. Kurz durfte ich sagen, dass es uns gutging, dann forderte Rami das Handy zurück. Er ging in die Hocke, und seine Stimme wurde ganz leise. Ich hörte noch ein definitives *«No»*, den Rest des Gesprächs bekam ich nicht mehr mit, doch auf Ramis Gesicht zeigte sich Enttäuschung. Dann war das kurze Telefonat mit meinem Bruder beendet. Schnell steckte Rami sein Handy in die Hosentasche und ging den Berg hinauf; ich nahm an, dass er erfahren hatte, dass man seine Forderungen nicht akzeptieren würde.

«Die Fischer können wir endgültig vergessen», meinte Stefan trocken. «Das war nur ein Vorwand, damit wir nicht sofort hysterisch werden. Hier geht es nicht um irgendwelche nachhaltigen Ziele, hier geht es um Millionen.»

Erschrocken blickte ich ihn an. «Millionen?»

«Millionen. Genau. Als sie die *Catherine* sahen, hofften sie auf eine fette Beute. Nur vergeblich. Und das wird dein Bruder ihnen klargemacht haben.»

«Aber was passiert, wenn seine Enttäuschung in Wut umschlägt?», fragte ich leise.

«Lass uns nicht daran denken», sagte Stefan. Er hatte gemerkt, dass das, was er mal wieder in aller Deutlichkeit ausgesprochen hatte, ansteckend war wie ein lebensgefährlicher Virus. In dieser Gedankenhölle durften wir uns nicht verlieren, uns nicht von diesem Strudel in die Tiefe ziehen lassen.

Sofort hielt ich Ausschau nach etwas, das mich von meiner aufsteigenden Angst ablenken konnte – vergeblich.

«Aber warum hat er uns das mit den Fischern erzählt?», grübelte ich.

Stefan zuckte mit den Schultern. «Vielleicht wollte er uns in Sicherheit wiegen, uns von einer Flucht abhalten, was weiß ich. Ich kann nicht wirklich durchschauen, was das für Leute sind. Die leben hier so abgeschieden, ich kann mir nicht im Geringsten vorstellen, was sie antreibt. Fischer sind sie auf alle Fälle nicht.»

Ja, das war tatsächlich die entscheidende Frage: Was trieb diese Rebellen eigentlich genau an?

Es ist nicht unser Krieg

«Ich finde, hier wird wenig gebetet.»

Die zweite Woche unserer Geiselhaft bei muslimischen Terroristen ging zu Ende, und nur selten war aus den Hütten das Rezitieren von Suren zu hören.

«So religiös scheinen die Entführer nicht zu sein», überlegte ich.

«Wenn die Verhandlungen länger andauern, wird bestimmt mehr gebetet, du wirst schon sehen.»

Stefan hatte mal wieder recht. Der Taktiker, der gegenüber wohnte, legte mit jedem Tag, an dem nichts geschah, häufiger Bananenblätter vor seiner Hütte aus, auf denen er sein rituelles Gebet verrichtete. Dabei beugte er seinen Oberkörper rhythmisch vor und zurück, die Hände erhoben. Amg, der nebenan in einer Hütte lebte, bevorzugte einen Reissack als Gebetsmatte. «*Allahu akbar*», war zu hören, was so viel bedeutet wie «Gott ist größer». Allerdings wird dieser traditionelle Gebetsruf auch immer wieder von Attentätern missbraucht, kurz bevor sie «Ungläubige» töten, so auch bei dem Attentat auf die Redaktion der Satirezeitung *Charlie Hebdo* im Januar 2015 in Paris.

Amg hatte im Gegensatz zum Taktiker eine schöne Stimme, für einen mädchenhaft aussehenden jungen Mann ungemein tief und wohlklingend. Er rief fast wie ein Muezzin, doch niemand kam, um mit ihm zu beten. Nach einer Weile schaute er auf seine Armbanduhr, aber noch immer war keiner der anderen Camp-Bewohner im Anmarsch, er blieb in seiner «Moschee» allein. Nachdem er begriffen hatte, dass das auch so bleiben würde, erhob er sich von seinem Reissack und rannte einfach los, wohin auch immer. Überhaupt rannte er viel. Er war voller Schwung, voller Elan. Später erfuhr ich, dass er in dieser Zeit Vater geworden war, wahrscheinlich hatte ihn das beflügelt.

Und dann begannen mehr und mehr Rebellen zu beten. Zwar taten sie das nicht vorschriftsmäßig fünf Mal am Tag, aber regelmäßig eine Stunde vor Sonnenaufgang – so gegen fünf – und eine Stunde nach Sonnenuntergang, ebenfalls auf ausgebreiteten Bananenblättern. Die Lage war ernst geworden, nicht nur für uns, auch für sie. Die Intensität ihrer Gebete war ans Näherrücken des Militärs gekoppelt, was wir aber erst im Nachhinein begriffen. Jenes philippinische Militär, das sich bislang nicht hatte blicken lassen, obwohl Rami ständig an seinem Handy hing und alle dadurch wussten, wo wir festgehalten wurden.

«Steht die Regierung etwa hinter den Rebellen?», fragte ich Stefan einmal. «Warum kreist ein Aufklärungsflugzeug über uns, aber nichts passiert?»

«Ich weiß es nicht, Rike, ich hab selbst keinen Durchblick.» Stefan seufzte.

«Wir sitzen hier auf einem Berg – müsste es nicht ein Leichtes sein, den einfach zu umzingeln?» So konnte wohl nur ein Laie denken.

«Das klingt einleuchtend, aber womöglich wäre das zu gefährlich. Wir wissen nicht, wie sich das alles von außen darstellt.»

Stefans Vermutung stimmte. Inzwischen war – wovon wir allerdings keine Ahnung hatten – ein deutscher Krisenstab einberufen worden. Eine Gruppe von Militärs, Polizisten und Diplomaten hatte sich dafür eingesetzt, dass es nicht zu einem sofortigen militärischen Eingreifen und damit einem möglichen unkontrollierbaren

Schusswechsel kam. Mitten im Kreuzfeuer wäre ihrer Einschätzung nach unsere Überlebenschance gleich null gewesen. Chef des Krisenstabs war der damals siebenundfünfzigjährige Rüdiger König, der sich jahrelang als Botschafter in Afghanistan bewiesen hatte, bis er Leiter des Krisenreaktionszentrums des Auswärtigen Amts wurde. Als sich die Lage bedrohlich zuspitzte, flog er sogar nach Manila.

Letztlich bin ich heilfroh, dass wir von dem, was sich im Hintergrund abspielte, nichts wussten. Wir fragten uns nur, warum man uns bisher noch nicht die Pistole auf die Brust gesetzt und gefragt hatte: «Wie viel Geld habt ihr? Veranlasst, dass so und so viel an uns gezahlt wird.» Wurden wir ans Telefon gerufen, sagte man uns auch nur, dass wir tun sollten, was unsere Entführer verlangten.

Wieso wurde mit diesen Verbrechern überhaupt geredet? Deutschland betrieb in solchen Fällen eine «Null-Lösegeld-Politik». Rami wusste das, er hatte diesen Ausdruck bereits einmal vor sich hin gemurmelt: *«Germany – no ransom policy.»* Das konnte nur eines bedeuten: dass man uns letztlich ermorden würde. Es war nur eine Frage der Zeit.

Wieder einmal beobachtete ich Amg dabei, wie er auf seinem Reissack betete.

«Ich habe mal gelesen», sagte ich zu Stefan, «dass ein von islamistischen Terroristen entführtes Missionarspaar versucht hat, seine Kidnapper zu bekehren. Sie fingen an, mit denen religiöse Diskussionen zu führen.»

Stefan winkte ab. «Das kannst du genauso vergessen, wie ihnen zu erklären, was rechtens und was falsch ist. Da sind Hopfen und Malz verloren. Außerdem wäre mir neu, dass du so bibelfest bist.»

«Die würden eher mich bekehren – meinst du das?» Ich lachte traurig.

«Denk daran, je mehr wir mit ihnen reden, umso mehr können Missverständnisse auftreten.»

Auch wieder wahr. Und was hätte es gebracht, wenn ich mit Rami eine Diskussion angefangen hätte, in der ich den Standpunkt vertrat, dass man Religionen verbieten müsste – jedenfalls dann, wenn deswegen Morde passierten, wenn Fanatiker Andersgläubige aus Prinzip vernichteten?

An einem Nachmittag hörten wir abermals das Brummen des Aufklärungsflugzeugs. Irritierend war, dass sich die Rebellen dieses Mal nicht im Geringsten davon beeindrucken ließen. Keiner forderte uns auf, die Hütte zu verlassen. Hatten sie sich so schnell daran gewöhnt, dass «Spione» in der Luft waren?

«Wollen wir unseren kleinen Spiegel nehmen und Blinkzeichen zu dem Flieger hinaufsenden?» Davon hatte ich einmal in einem Buch eines Weltumseglers gelesen; er konnte sich damit behelfen, als sein Schiff havarierte und er keinen Sprechfunk mehr hatte.

«Probier es», meinte Stefan.

Ich nahm den Spiegel zur Hand und versuchte mein Glück, aber ohne Erfolg. Das Flugzeug flog zu hoch, außerdem hatte ich Angst, dass man mich erwischen könnte. Unsere Lage war mit der des Weltumseglers nicht zu vergleichen. Sie war das Risiko nicht wert.

Noch die ganze Nacht hindurch begleiteten uns die Geräusche des Aufklärers, erst am nächsten Vormittag entfernte sich das Flugzeug. Ein schmerzhafter Abschied, denn durch das stetige Brummen hatte ich mich irgendwie beschützt gefühlt.

Um mir die Zeit zu vertreiben, beobachtete ich einen Mann, der schon häufiger die Hütte des Taktikers betreten hatte, auch auf dem Boot war er gewesen. Immer wenn etwas los war, befand er sich in Ramis Nähe. Er redete viel und laut, war ungefähr Mitte 20, gut aussehend, mit dichtem, halblangem Haar, hoch gewachsen, sehr muskulös. Seinen linken Ellbogen zierte eine auffällige Narbe. Bis auf die Narbe ähnelte er einem Neffen von mir: Piet. Und Piet war fortan auch unser Name für ihn.

Zu Anfang hatte ich Piet aufgrund seiner lockeren Art sympathisch gefunden, so, wie man einen Entführer sympathisch finden kann, doch bald änderte ich meine Meinung. Ständig hielt er sein Butak in der Hand, wedelte damit herum, schlug ohne Grund auf Bäume oder Bananenstauden ein. Diese Aggressivität ließ mich zusammenzucken; ich stellte mir vor, dass er keine Hemmungen hätte, mit dem Butak Köpfe abzuschlagen, nicht nur von Tieren, sondern auch von Menschen. Unsere Köpfe.

Am nächsten Tag tauchte das Aufklärungsflugzeug wieder am Himmel auf.

Stefan schüttelte den Kopf. «So langsam müssten die doch alles gesehen haben. Worauf warten die denn noch?»

Als hätte jemand diese Frage gehört, schallten plötzlich Schüsse durch den Wald. Mein Puls schnellte in die Höhe. Ganz in der Nähe waren kleinere Explosionen zu hören, vermutlich von Granaten. Phhhhiiiiuuuu-Bumm. Der Taktiker rannte in seine Hütte, kam mit einem Gewehr wieder heraus und schaute fragend zu Amg.

In diesem Moment stürmte Rami in Begleitung von Piet und einigen anderen Männern den Berg hinab. Sie liefen direkt auf uns zu, ängstlich rückten wir näher zusammen. Ramis Gesicht war wutverzerrt, die Venen an seinen Schläfen ragten hervor, die Zähne waren gefletscht – der blanke Hass stand ihm ins Gesicht geschrieben. Er hatte sich in ein Monster verwandelt. Zuerst schlug er mich am Kopf, danach stieß er Stefan heftig von der Bank, sodass er im Dreck lag, wobei seine Beine noch über der Bank hingen. Rami entsicherte seine Uzi und setzte sie Stefan auf die Brust.

«Wenn die meine Brüder töten, dann bring ich dich um!», brüllte er.

«Ich tue alles, was du sagst», erwiderte Stefan mühsam.

Er hatte mit seiner Antwort genau richtig gehandelt und Rami nicht weiter provoziert. Der Chef der Bande hatte sein Ventil gefunden; er verschwand wieder, vielleicht auch deswegen, weil die Schüsse noch längst nicht verstummt waren. Als er fort war, half ich Stefan hoch, der sich zitternd den Schweiß von der Stirn wischte.

«Rami wird immer unkalkulierbarer», sagte er kaum hörbar. «Eines Tages wird er uns aus blankem Hass erschießen. Der Mann ist eine tickende Zeitbombe.»

Ich war geschockt. Stefan hatte diese Wandlung von Rami kommen sehen, aber in dieser Vehemenz? Wir hielten uns umarmt, schweigend, wussten nicht, wohin mit uns und unseren Gefühlen.

«Ich vermisse das Meer», sagte Stefan plötzlich in die Stille hinein.

«Ja, dieser Wald ist so beengend, die Bäume stehen so dicht, ich kann keinen Horizont sehen, keinen Sonnenaufgang und auch keinen Sonnenuntergang. Ich möchte nach Hause.» Ohne dass ich es merkte, liefen mir Tränen die Wangen hinunter.

«Ach, Rike, Liebes.»

«Packt eure Sachen», rief plötzlich jemand.

Gerade als wir uns etwas gefasst hatten, erfolgte der uns schon bekannte Befehl. Dieses Mal steckten wir so viel ein, wie in den Rucksack passte, wir wollten nicht noch einmal bestohlen werden. Wie zuvor ging es den Berg hinauf, wenigstens war es hell, sodass wir den Pfad erkennen konnten. Nach wie vor ratterten die Maschinengewehre irgendwo im Wald, beantwortet vom Krachen der Granaten.

Vor einer Hütte stoppten wir. Rami ging kurz hinein und kam

mit einem Rucksack und einem Kanister Wasser wieder heraus. Wahrscheinlich war das seine Hütte; zum Glück hatte sich sein Gesichtsausdruck wieder normalisiert, lediglich das Zucken an seinem linken Auge verriet seine innere Anspannung. Mit dem Wasser wuschen sich die Männer Hände und Füße, danach beteten sie. Nach Allahs Segen zogen wir weiter, bis wir unter einem dichten Blätterdach pausierten.

Zehn Rebellen passten auf uns auf, darunter auch Opa. Frauen waren nicht zu sehen. Ich hatte das Gefühl, dass das Gefecht näher kam. Um meine Furcht zu bändigen, versuchte ich, die Entfernung zu schätzen. Vielleicht drei Kilometer?

Der Knoten im Magen wurde von Stunde zu Stunde größer. Das ist ein richtiger Krieg, dachte ich, und man hat uns da mitten hineingezerrt. Aber wollte man uns auch wirklich befreien? Ging es überhaupt um uns?

«Wir brauchen eine Deckung», raunte ich Stefan zu. «Die Granaten können auch uns treffen.»

Stefan nickte hinüber zu einem umgefallenen Baumstamm, nicht weit von uns entfernt. Ich nickte zurück.

Von Zeit zu Zeit sahen wir Rami vorbeilaufen, in Flip-Flops, ohne Kampfkleidung, aber «bewaffnet» mit einem Handy. Da es inzwischen dunkel geworden war, beleuchtete er mit dem Display den Weg – wenn er nicht gerade telefonierte. Feigling. Während seine «Brüder» unten am Berg dem Kugelhagel ausgeliefert waren, versteckte er sich hier oben hinter den Geiseln. Seinen «Brüdern» hatte er das sicher anders verkauft. Dabei durfte ihnen nichts geschehen, denn sonst würde Rami womöglich seine Drohung wahrmachen, die er uns gegenüber ausgestoßen hatte. Ich hatte das Gefühl zu ersticken.

Langsam ebbte das Feuergefecht ab. Aus Maschinengewehren kamen keine Salven mehr, nur noch die Explosionen vereinzelter

Granaten waren zu hören. Stefan und ich streckten uns auf der Plane aus, eingehüllt in dicke Sachen aus unserem Rucksack. Schließlich sagte jemand: *«Move! move!»* Wir wurden zurück in unsere Hütte gebracht.

Was an jenem Tag und in jener Nacht geschehen war, darüber berichteten die Zeitungen am 30. April: Philippinische Sicherheitskräfte hätten die Abu-Sayyaf-Milizen in einem Camp angegriffen, dabei seien vierzehn Rebellen ums Leben gekommen, ein Marinesoldat wurde getötet. In den Berichten hieß es, dass der Angriff neunhundertfünfzig Kilometer südlich von Manila erfolgt sei, in der Nähe der von Muslimen bewohnten kleinen Stadt Patikul. Das Camp sei ein Trainingslager für Abu-Sayyaf-Rekruten und eine Basis für Entführungsfälle. Auch war es tatsächlich nicht um uns gegangen, man vermutete, dass in dem Gebiet, in dem wir festsaßen, eine Chinesin sowie eine Philippinin, Angestellte eines Ferienresorts, gefangen gehalten wurden.

All das erfuhren wir aber erst nach unserer Befreiung. Vorerst blieb dieser Krieg für uns ein Rätsel. Rami verschonte uns, tat uns nichts an, obwohl vierzehn «Brüder» bei dem Einsatz gestorben waren. Anscheinend hatte es ihn – im Nachhinein betrachtet – aber beruhigt, dass wir in den Medien nicht erwähnt worden waren.

Trotzdem musste ich mich wieder ablenken, um nicht die Nerven zu verlieren, als ich allein vor der Hütte saß. Keine Blume wollte mir in den Blick fallen, nicht ein Vogel war zu hören, als wollten auch sie lieber nicht verraten, in welchem Baum sie saßen, um nicht von einer Kugel getroffen zu werden. Mein Blick fiel auf die umliegenden Hütten, und ich begann mich in Gedanken an unsere Reisen zu verlieren.

Nachdem wir im Jemen gewesen waren, segelten wir weiter nach Madagaskar, dem zweitgrößten Inselstaat der Welt. Nirgendwo sonst hatten wir ähnlich schlichte Verhältnisse vorgefunden. Als wir den Nordwesten der Republik, die einst unter französischer Kolonialherrschaft gestanden hatte, erkundeten, trafen wir auf Ethnien, die noch zu den Sammlern und Jägern zählten: den Sakalava. Bei einigen Stämmen, so wurde uns erzählt, durfte man den Häuptlingen nicht den Rücken zudrehen. Die Menschen lebten dort zumeist im Freien. Ähnlich wie hier bei den Abu Sayyaf gab es eine Hütte zum Schlafen, ein offenes Dach für die Feuerstelle und Hängematten. Überall wimmelte es von Hühnern, Katzen und Hunden. An einer zentralen Wasserstelle wurde geduscht und Wäsche gewaschen, und Erleichterung fanden die Bewohner am Strand, «um die Ecke» hinter einem kleinen Felsen. Dieser wurde bei jeder Flut wieder reingewaschen. Die Bekleidung der Leute bestand vornehmlich aus einem bunten Wickeltuch.

«Komm, lass uns an Land gehen und sehen, ob diese Leute uns etwas verkaufen wollen. Ich könnte gut ein paar Eier gebrauchen», schlug ich vor, als wir vor einem weiteren Ort der Insel geankert hatten.

«Nee, lass mal lieber», erhielt ich von Stefan zur Antwort. «Ich möchte nicht bei diesen Leuten durchs Wohnzimmer laufen.»

Stefan spielte auf den kleinen Pfad an, der sich durchs Dorf schlängelte und den wir von der *Catherine* aus sehen konnten.

An Land zu gehen, war an dieser Stelle der Insel aber gar nicht nötig. Schon am frühen Morgen kamen die ersten Neugierigen mit ihren Kanus angepaddelt. Manche hatten ein kleines Segel, bestehend aus alten aneinandergenähten Reissäcken, die sie zwischen zwei Stöcke spannten – auch die Abu Sayyaf hatten ja so vielerlei Verwendung für leere Reissäcke. Sie brachten ganze Bananenbüschel, Kokosnüsse und sehr ungewöhnliche Holzschnitzereien. Bezahlt werden wollten sie mit Zucker, T-Shirts oder Batterien für die Taschenlampe. Ein hagerer alter Mann deutete mit dem Zeigefinger in seinen weitaufgerissenen Mund, jammerte herzzerreißend und gab uns auf diese Weise zu verstehen, dass die wenigen noch vorhandenen Zähne ihm große Schmerzen bereiteten. Für eine Handvoll Aspirin erhielten wir die geschnitzte Figur eines Bullen, der auf unserem Boot als Buchständer gute Dienste leistete.

Im nächsten Dorf gingen wir doch wieder an Land. Wir hatten gehört, dass man hier, im Nordwesten von Madagaskar, Lemuren sehen könne, die ausschließlich in dieser Region lebten und nirgendwo anders auf der Welt. Lemuren gehören zu den Primaten, den Feuchtnasenaffen, und unbedingt wollten wir diese putzigen Tierchen sehen. «Maki, Maki, Maki», riefen die Bewohner in den Wald, und schon nach wenigen Augenblicken kamen die kleinen Affen mit den niedlichen Gesichtern, den großen Augen und buschig langen Schwänzen aus dem Dickicht. Eine Frau gab mir eine Banane, und schon kletterten zwei flauschige Tierchen an mir herum. Einige waren braun, andere schwarz mit weiß gestreiften Schwänzen. Mehrere Mütter trugen ihre Babys auf dem Rücken, oder die Kleinen klammerten sich am Bauch ihrer Mütter fest. Gönnten sich die Lemuren eine Pause, nahmen sie ihren Schwanz in ihre kleinen Pfoten und putzten ihn ausgiebig. War diese Arbeit beendet, suchten sie sich einen Freund, kuschelten sich eng aneinander und wickelten sich zum Abschluss gegenseitig mit ihren Schwänzen ein.

Stefan hatte gelacht und gesagt: «Genau wie wir.»

Doch hier, im Camp der Entführer, hatte er sich wieder einmal allein in die Hütte zurückgezogen. Auf Madagaskar hatten wir eine perfekte Dorfidylle erlebt, die schmusenden Äffchen, das Vogelgezwitscher, die grünen Palmen, fröhliche Menschen und die seichte Brandung. Würden wir je wieder ein solch paradiesisches Glück zusammen erleben?

«Henrika, kari ri na kau.» Der Taktiker rief nach mir, neben ihm stand Amg.

Was wollten die beiden Männer?

«Komm zu uns!»

Sie wirkten freundlich, es schien keine Bedrohung von ihnen auszugehen. Also machte ich mich auf, ging die wenigen Schritte hinüber zur Hütte des Taktikers. Als ich vor ihm stand, lächelte er und fischte mit hochgezogenen Augenbrauen etwas aus seiner Hosentasche. Erst konnte ich nicht erkennen, was es war, dafür war der Gegenstand zu klein. Doch dann öffnete er die Hand, und in ihr lag eine altmodische Rasierklinge. Er wedelte mit der Klinge vor meiner Nase herum.

«In English?», fragte der Taktiker und hielt die Klinge hoch.

«Razor», antwortete ich.

«Razor», wiederholte er, bevor er mir die Klinge und Amg mir den dazugehörigen Rasierer übergab.

Mit den Sachen lief ich hinüber zu unserer Hütte, um Stefan die Schätze zu zeigen.

«Du kannst dich jetzt rasieren», jubelte ich. «Du siehst schauderhaft aus. Es wird höchste Zeit, dass der Bart abkommt.»

Stefan schüttelte den Kopf. «Heute noch nicht. Morgen.»

Besorgt betrachtete ich ihn. Seine Geistesabwesenheit hatte sich noch verstärkt, von Tag zu Tag sprach er weniger. Er durfte auf gar keinen Fall in eine Depression fallen, doch ich wusste, dass ich kaum etwas ausrichten konnte, wenn er nicht selbst etwas dagegen unternahm.

«Gut, morgen», sagte ich. «Dann gibt es aber keinen weiteren Aufschub mehr.»

In der Mitte des Pfades durch die Hüttensiedlung verlief eine schmale Wasserleitung, die in ein altes Fass führte. Woher das Wasser kam, hatte ich nicht herausfinden können, dafür aber, dass es nicht permanent in diese Tonne lief. Um genügend Wasser für die Rasur zu haben, besorgte ich mir also am nächsten Tag von Amg einen leeren Kanister, in dem einst Sojasoße aufbewahrt worden war. Ein Blechteller diente als Waschschüssel, als Schaum musste unsere Kernseife herhalten. Sogar einen Spiegel hatten wir, den ich hielt, damit Stefan sich rasieren konnte.

Kaum hatte Stefan seinen Bart eingeseift, kamen die ersten Zuschauer. Dieses Ereignis wollte man sich nicht entgehen lassen, nicht unbedingt zu Stefans Freude. Er hasste es, von seinen Entführern beobachtet zu werden. Als einer der jungen Männer Stefans Beine inspizierte, zeigte er auf eine heraussstehende Vene und wollte wissen, was das denn sei. Brummig erklärte Stefan, er sei alt, und bei alten Menschen würden Beinvenen nun mal sichtbar werden. Ein anderer, der sich als Omar vorstellte, fragte, ob Stefan ihn auch mal rasieren könnte. Es war Stefan anzusehen, dass ihm fast der Kragen platzte, doch er zog die Rasur eisern durch. Anschließend wickelte er die kostbare Rasierklinge in Toilettenpapier. «Jetzt habe ich endlich eine verlässliche Klinge für den Fall der Fälle», sagte er, ließ das Selbstmordwerkzeug in seine Hosentasche gleiten und trug es von diesem Augenblick an immer bei sich.

Ermutigt von der erfolgreichen Rasur, machte ich mich gleich an die nächste Aktion: Wäsche waschen. Ich fand, dass es Zeit wurde, bislang hatte ich unsere Kleidung noch nicht ein einziges Mal gewaschen. Sechzehn Striche befanden sich bereits auf dem Türpfosten. Inzwischen war der 4. Mai, wir hatten keine sauberen Teile mehr. Mehrmals hatte ich gesehen, wie die Männer ihre Kleidung reinigten: Sie gingen zum Wasserfass, schütteten sich einige Kanister mit Wasser über den Kopf, in voller Montur, und seiften sich anschließend von oben bis unten ein. Danach wickelten sie ein großes Tuch um sich, das sie mit den Zähnen zusammenhielten, und zogen darunter die Klamotten aus. Nun wurde der nackte Körper mit Kernseife bearbeitet, und nach vielen Eimern Wasser war die Körperpflege abgeschlossen. Die nasse Wäsche wurde auf einem großen Stein neben dem Fass geschrubbt. Ich fand es ziemlich erstaunlich, wie viel Wasser so verschwendet wurde, zumal sich dieses Ritual Tag für Tag wiederholte.

Wir mussten den Camp-Bewohnern reichlich dreckig vorgekommen sein – das wollte ich nun ändern. Als Erstes ging ich mal wieder zur Hütte des Versorgungstaktikers und fragte nach Seife (den Rest unserer Kernseife wollte ich dafür nicht aufbrauchen), Bürste und Waschschüssel. Wieder zog er eine Augenbraue hoch, verschwand dann in seiner Hütte, kam kurz darauf wieder zum Vorschein und drückte mir das Gewünschte in die Hand. Die schmutzigen Sachen hatte ich gesammelt, jetzt wartete ich nur noch darauf, dass der Platz an der Tonne frei wurde. Das Letzte, was ich wollte, war, bei der Wäsche von halbnackten Männern umringt zu sein.

Das Waschen in der Schüssel war mühsam. Mehr als ein T-Shirt konnte man nicht in der Schüssel einweichen, und beim Schrubben auf dem Stein fiel mir jedes Kleidungsstück mindestens einmal in den Schlick, der sich um die Wassertonne gebildet hatte.

Endlich war ich fertig und trug die Teile zu unserer Hütte zurück, um sie dort aufzuhängen. Abends nahm ich sie aber lieber wieder von der Nylonleine ab, ich befürchtete, die Nachtwächter könnten sie klauen. Doch da die Wäsche nicht in der direkten Sonne trocknen konnte – das ganze Camp lag versteckt unter Bäumen –, war sie noch längst nicht trocken. Damit sie nicht müffelte, zog ich am nächsten Tag ein noch klammes T-Shirt an, um es am Körper zu trocknen. So machte ich es der Reihe nach mit allen Kleidungsstücken, auch mit denen von Stefan. Das nutzte aber nicht viel. Unsere Kleidung roch nach dem Waschen immer noch schlecht, nur anders als vorher. Die Camp-Bewohner hatten dieses Problem nicht. Ihre Wäsche trocknete binnen eines Tages, denn sie hängten sie auf eine kleine, sonnenbestrahlte Lichtung, zu der wir aber nicht durften.

Eines Abends, kurz nach Einbruch der Dunkelheit, wurde es abermals oben am Berg unruhig. Taschenlampen flackerten auf. Gerade konnte ich noch den Teller mit dünner Suppe abstellen, als ich Rami schon von weitem meinen Namen rufen hörte: «Mrs. Dielen!»

Als er näher kam, sahen wir, dass er ein großes Gewehr in der Hand hielt. Mit der anderen streckte er mir sein Handy entgegen, fünf Männer folgten ihm, alle ebenfalls bewaffnet. Während Stefan weiterhin im Eingang der Hütte verharrte, stand ich auf, um Rami entgegenzugehen. Augenblicklich umringten mich die Männer und richteten ihre Waffen auf mich. Taschenlampen blendeten mich, und außer Rami konnte ich niemanden erkennen. Bevor ich überhaupt begriff, was diese Umzingelung zu bedeuten hatte, schlug mir Rami mitten ins Gesicht. Ein brennender Schmerz. Tränen schossen mir in die Augen. Danach entsicherte er sein Gewehr und drückte mir den Lauf in den Rücken.

«Los, telefoniere», brüllte er.

Ich griff hektisch nach seinem Handy, doch als ich es an mein Ohr hielt, hörte ich nur eine fremde Stimme. Ich verstand nichts. Mühsam riss ich mich zusammen, ich sollte doch telefonieren, Rami hatte es befohlen. Doch ich kam gar nicht dazu, nachzufragen, wer denn am anderen Ende der Leitung sei, da Rami auf einmal völlig ausrastete. Das Handy war wieder in seinem Besitz, wild fuchtelte er mit seinem Gewehr herum. Wollte er mich erschießen? Mein Herz hämmerte. Nein! Ein weiterer brutaler Schlag. Ich ging in die Hocke und hielt mir die Arme vors Gesicht, es brannte höllisch und fühlte sich an, als habe man meinen Kopf ins Feuer gehalten.

Rami schrie: «Ihr habt ein Privatflugzeug! Und nicht nur das, ihr habt auch einen Mercedes!»

«Nein», rief ich. «Wir haben kein Privatflugzeug, und wir haben auch keinen Mercedes, alles, was wir besitzen, das ist das Boot, die *Catherine*!»

Rami antwortete nicht. Schnurstracks marschierte er auf Stefan zu. Er durfte ihm nichts antun! Bitte nicht! Doch der Rebellenanführer ließ sich nicht aufhalten. Vor Stefan blieb er stehen, flankiert von seinen Vasallen, dann drehte er sein Gewehr um und schlug mit dem Kolben auf ihn ein. Einmal, zweimal, immer wieder. Schreie hallten durch die Nacht. Stefans Schmerzensschreie. Ich konnte sehen, wie hilflos er den Hieben ausgesetzt war, nach hinten kippte, auf den Rücken fiel. Weiter und weiter schlug Rami auf ihn ein. Ein grauenhafter Anblick. Nichts kann ich machen, dachte ich, ich kann Stefan nicht helfen. Ohnmächtig blieb ich am Boden hocken.

Endlich hielt Rami inne. Was hatte ihn so aggressiv gemacht? Doch darauf bekam ich keine Antwort. So schnell, wie Rami und seine Krieger aufgetaucht waren, so schnell waren sie verschwunden. Schockiert blieb ich noch einen Moment am Boden sitzen, dann rannte ich zu Stefan.

«Zum Glück konnte ich mich zurückfallen lassen.» Stefan atmete schwer. «Mein Kopf hat nichts abbekommen, dafür aber mein linkes Schienbein.»

«Es blutet ziemlich stark», stellte ich fest.

«Nimm Toilettenpapier und versuche, die Blutung zu stoppen.»

Wir brauchten lange, bis wir uns beruhigt hatten.

«Wie kommt Rami auf die Idee, wir hätten ein Privatflugzeug?», fragte Stefan schließlich.

«Hattest du ihm nicht auf der Fahrt im Boot erzählt, du hättest einmal eine Privatklinik besessen? *Private clinic* und *private plane*, kann er das vielleicht missverstanden haben?»

«Könnte sein.»

«Du hast noch eine andere Erklärung?»

Stefan drückte neues Toilettenpapier ans Schienbein, schon bald war es wieder rot durchtränkt. «Sie haben Fotos auf dem Laptop gefunden, Fotos, auf denen ich neben einem Privatflugzeug stehe.»

«Aber das war doch reiner Zufall, das Flugzeug gehörte irgendeinem Fremden!»

Ich kannte die Aufnahmen. Stefan steht auf dem Rollfeld eines Flughafens und strahlt glücklich in die Kamera, als hätte er gleich Charles Lindbergh zum ersten Mal den Atlantik überquert.

«Doch wie soll Rami das wissen?», warf Stefan berechtigt ein. «Und es gibt auch ein Foto im Computer, auf dem ich vor einem Mercedes stehe.»

«Der aber einem Bekannten gehört.» Ich betastete mein geschwollenes Gesicht. Einen Blick in den Spiegel wollte ich lieber nicht riskieren. Es war auch nicht nötig, Stefans traurige Augen sagten genug.

«So ist es. Männer und ihre Statussymbole.»

Kalt lief es uns den Rücken hinunter, als wir daran dachten, was Rami für Rückschlüsse aus diesen Fotos ziehen konnte. Er musste eine völlig verzerrte Vorstellung von unseren Vermögensverhältnissen haben. Vielleicht dachte er aber auch nur, dass alle Menschen im Westen Multimillionäre seien.

«Und wenn es nicht die Bilder waren», fuhr Stefan fort, «sondern eine Verwechslung von englischen Vokalen und Konsonanten, sollten wir aufpassen. Solche Missverständnisse könnten verheerend für uns enden.»

«Was heißt, dass wir die Gespräche mit den Terroristen auf das Nötigste reduzieren sollten.»

Stefan bejahte.

«Auch müssen wir versuchen, immer nebeneinanderzusitzen, wenn Rami wiederauftaucht. Bei seinem Hang zur Gewalt kann er jederzeit wieder zuschlagen. Wenn ich in deiner Nähe bin, kann ich mich wenigstens schützend vor dich stellen», überlegte ich weiter.

«Rike, das ist lieb von dir gemeint, aber du bringst dich nur selbst in Gefahr. Rami schlägt nicht weniger brutal auf mich ein, wenn du in der Nähe bist. Frauen sind ihm egal. Bislang habe ich noch nicht beobachten können, dass er respektvoll mit ihnen umgegangen wäre.»

«Ist er eigentlich verheiratet?»

«Gute Frage. Da fast alle hier eine Frau haben, kann ich mir nicht vorstellen, dass es bei ihm nicht so ist. Vielleicht darf sie sich nur im Inneren der Hütte aufhalten.»

«Klingt einleuchtend.»

Nach dem Ausraster von Rami hatte ich jeden Abend Angst, wenn jemand mit einer Taschenlampe den Hang hinunterstieg. Meist aber waren es nur unsere bewaffneten Wachen, wobei sie nach dem letzten Vorfall begonnen hatten, ihre Automatikgewehre so auf der Bank abzulegen, dass die Mündung direkt auf uns zielte. Erst überlegten wir, ob wir uns darüber beschweren sollten, sagten aber schließlich nichts. Sie taten es, um uns zu provozieren, und den Gefallen wollten wir ihnen nicht tun.

Häufig setzte sich Rami zu den Wächtern, um zu telefonieren. Wir nahmen an, dass er mit seinen «Leadern» sprach, denn zu Beginn jedes Gesprächs erzählte er viel, wahrscheinlich darüber, was sich tagsüber im Lager ereignet hatte, danach hörte er zu. Vielleicht erhielt er Anweisungen, was er als Nächstes zu tun hatte? Manchmal hatte er das Handy auch auf laut gestellt, sodass jeder mithören konnte. Ich vernahm Worte wie *«parliament»*, *«upper house»*, *«lower house»* oder *«German Embassy»*, und einmal sagte jemand: *«Tarad.»* Diesen Ausdruck verstand ich, er bedeutet: «Abwarten».

Dann hatte Rami einen neuen perfiden Einfall. Eines Vormittags nahm er uns das sichtschützende Innenzelt weg und ersetzte es durch ein grünes Fliegennetz, das reichlich durchlöchert war.

«Keine Privatsphäre mehr», erklärte er.

Die Ansage war klar, dennoch, Privatsphäre hin oder her, mussten wir uns vor den malariaübertragenden Moskitos schützen. Abermals begab ich mich hinüber zum Taktiker und lieh mir Nadel und Faden, um die vielen Löcher zu stopfen. Nun erfüllte das neue alte Netz zwar seinen Zweck, war aber, wie wir in den folgenden Nächten feststellten, wenig geeignet, die Wärme des Tages zu speichern. Wir froren entsetzlich, zogen alles an Kleidung an, was wir besaßen, und wärmten uns gegenseitig.

Die nächste Demütigung ließ nicht lange auf sich warten und betraf das Toilettenpapier. Als wir bei der letzten Rolle angelangt waren, hieß es, dass wir in Zukunft keines mehr bekommen würden. Von da ab benutzte ich, wie die Rebellen, Blätter von Sträuchern und Wasser. Nein, von ihnen würde ich mich nicht unterkriegen lassen. Stefan hatte größere Schwierigkeiten, sich anzupassen.

Die Männer im Camp langweilten sich und suchten nach einer Beschäftigung – diese fanden sie, indem sie auf Vögel schossen. Sie benutzten ein Luftgewehr, das sie sich selbst gebaut hatten. Der Kolben war handgeschnitzt, der Lauf bestand aus einem blauen Plastikrohr, darunter war eine alte Spraydose montiert. Als Munition verwendeten sie Glasmurmeln mit wundervollen, farbigen Spiralmustern. In die Spraydosenkammer gaben die Männer so etwas wie Benzin oder Ethanol, jedenfalls eine entzündliche Flüssigkeit, und dann war das Gewehr schussbereit. Die Köpfe wurden in den Nacken gelegt, um irgendwo einen Vogel in den Baumwipfeln auszumachen.

Bei jedem «Peng» zuckten Stefan und ich vor Schreck zusammen. Es war ziemlich laut, und ich hoffte nur, dass die Vögel sich rechtzeitig aus dem Laub davongemacht hatten.

Hin und wieder brachen die Männer in Freudengeheul aus und stürmten begeistert in die Büsche, um nach ihrer Beute zu suchen. Manchmal hatten sie leider Erfolg. Meist waren es Vögel, kleiner als Spatzen. Nach dem Rupfen blieb kaum noch etwas von ihnen übrig. Die Kinder spielten noch eine Weile mit den toten Tieren, bevor sie endgültig im Suppentopf landeten. Trafen die Männer lange Zeit nichts, wurde in Bananenstauden geschossen, nur, um zu sehen, wie tief die Murmel eindrang.

Eines Tages war besonders großer Jubel zu hören – jemand hatte einen Papagei getroffen, einen bildschönen Vogel in einem kräftigen Grün und mit knallrotem Schnabel. Er lebte noch, denn die Murmel-Kugel hatte «nur» einen seiner Flügel erwischt und gebrochen. Die Männer banden eine Schnur um den Fuß des taubengroßen Papageis und ließen ihn dann eine Bananenstaude hinaufhumpeln. Immer wenn er die Blätter erreichte, zogen sie das Tier wieder herunter, und es musste wie Sisyphos die Tortur von vorne beginnen. Danach wurde der Papagei tagelang herumgereicht, bis ich ihn irgendwann nicht mehr sah.

Wie gern hätte ich diese ganze Schießerei unterbunden. Später las ich einmal ein Zitat von dem Humanisten Albert Schweitzer: «Für jeden, der sich einmal daran gewöhnt hat, das Leben irgendeines Lebewesens als lebensunwürdig anzusehen, besteht die Gefahr, dass er eines Tages auch zu dem Schluss kommt, menschliches Leben sei wertlos.» Ein amerikanischer Kriminologe, Robert K. Ressler, der Profile über Serienmörder für das FBI erstellte, formulierte es so: «Mörder … beginnen ihre zweifelhafte Karriere oft damit, als Kinder Tiere zu töten oder zu quälen.» Dabei waren diese Tierquäler hier keine Kinder mehr, sondern junge Männer. Und vielleicht waren einige von ihnen auch Mörder. Davon mussten wir ausgehen.

Viel brutaler als die Tiere sind die Menschen, hatte Stefan gesagt. Je öfter der Satz in meinen Gedanken auftauchte, umso weniger war ich in der Lage, mich abzulenken.

Die ungehemmte Spuckerei der Männer nervte. Ständig kauten die Camp-Bewohner rote Betelnüsse, und durch den dadurch vermehrten Speichelfluss wurde unentwegt gespuckt. Der Blutdruckmann schien mir der «Dealer» zu sein, ganz offensichtlich hatte er die Aufgabe übernommen, diese milde Aufputschdroge zu beschaffen – er trug seine Ware in einer Gürteltasche stets mit sich herum.

Diese kleine Nuss war in den Wäldern ringsum zu finden, eingewickelt in ein Tabakpflanzenblatt (auch frisch im Urwald geerntet) und zusammen mit einer rötlichen Paste und der Hälfte einer Limonenscheibe wurde sie in die Backentasche geschoben. Mindestens eine halbe Stunde wurde auf diesem Päckchen herumgekaut, immer wieder unterbrochen vom fröhlichen Ausrotzen des Speichels. Der Boden unter unserer Bank war schon vollkommen rot eingefärbt. Jedes Mal, wenn es regnete, freute ich mich, dass er wenigstens etwas sauber wurde. Es war einfach nur ekelhaft, zwischen all dieser Rotze zu sitzen. Und nicht weniger abstoßend war der Anblick der roten Zähne beim Öffnen des Mundes. Als hätten die Kauer gerade eine blutige Mahlzeit verspeist. Unweigerlich musste ich an Kannibalen denken. Der Horror, der uns umgab, wurde durch dieses helle Rot nicht gerade weniger erträglich.

«Warum kaut ihr dieses Zeug?», fragte Stefan den Blutdruckmann.

«Macht uns stark.» Eine gewisse Selbstzufriedenheit war seinen Worten zu entnehmen. Dazu beugte er wie ein Bodybuilder seinen Arm und spannte die Muskeln an, als würde er sich dadurch in einen muslimischen Superman verwandeln. «Du versuchen?», fragte er und hielt Stefan ein fertig gewickeltes Päckchen entgegen.

«Danke, nein.»

Unhygienisch war für mich auch die Art und Weise, wie die Camp-Bewohner ihren Müll entsorgten. Hinter jeder Hütte befand sich ein großer Haufen – Obstschalen, Plastik, Bonbonpapier, alles stapelte sich da; oft machten sie sich nicht einmal die Mühe, es dort hinzuschmeißen, sondern sie ließen ihren Dreck einfach an Ort und Stelle fallen. Binnen kurzer Zeit lebten sie mitten in ihrem eigenen Müll. Das lockte wiederum unzählige Fliegen an, deren Brummen täglich zunahm und sich zur sonstigen Geräuschkulisse addierte. Erreichte es eine gewisse Lautstärke, wurde der Müll verbrannt. Das passierte aber nur sehr selten. Das Feuer hielt man auch nur sehr klein, vielleicht war die Angst zu stark, ein größeres Feuer könnte ihren Unterschlupf verraten. Einmal angezündet, kümmerte sich niemand darum, dass es auch in Gang blieb. Der Großteil des Müllhaufens blieb auf diese Weise unversehrt.

Die Konzentration auf die alltäglichen Dinge hatte ich mir als Methode in den Kopf gerufen, um nicht an Rami und seine Zweigesichtigkeit zu denken – zudem fiel es mir immer schwerer, mir die schönen Dinge, die Stefan und ich auf unseren Törns erlebt hatten, in Erinnerung zu rufen. Bevor mir die Furcht den Atem nahm, verfolgte ich lieber interessiert das seltsame Gebaren der Hühner. Jeden Abend kletterten sie in die uns umgebenden Kaffeebäume. Fasziniert sah ich zu, wie schwer es ihnen fiel, die im Weg stehenden Äste zu umgehen. Wenn sie das nicht schafften, flatterten sie zum benachbarten Baum hinüber, sodass sie wieder ein Stück an Höhe gewannen. Irgendwann erreichten sie schließlich die Baumkrone; dort waren sie geschützt vor den wilden Bodentieren der Nacht. Allerdings hatten die Männer einen unbändigen Spaß daran, die Hühner mit Hilfe eines langen Bambusrohrs von ihrem sicheren Schlafplatz hinunterzuschubsen.

Einmal beobachtete ich, wie Amg ein Huhn einfing und es auf seinem Schoß hielt. Liebevoll streichelte er das Tier, gab ihm ein paar Reiskörner zum Picken. Noch ein weiteres Mal strich er sanft über das Federkleid, und dann – knack – brach er ihm das Genick.

Auch die Hunde waren Opfer der Tierquälerei. Mit dicken Holzknüppeln wurden sie beworfen, wenn sie auf den Müllhaufen nach Futter suchten. Ich erschrak jedes Mal, wenn sie mit Gejaule wegliefen. Sie taten mir leid – sie sahen nicht nur hässlich aus, sie hatten zudem offene Wunden, ein sehr dünnes Fell und waren extrem mager. Die Katzen hatten es da deutlich besser, denn sie gelten als rein, während die bellenden Vierbeiner in vielen islamischen Schriften als unrein betrachtet werden. Aber ob rein oder unrein, Tiere hat man anständig zu behandeln.

Immer wieder versuchte ich Stefan zu Spaziergängen zu animieren, doch letztlich blieben sie die Ausnahme. Es drängte ihn nicht, sich zu bewegen, auch deshalb, weil eine Stelle an seiner rechten Wade eiterte. Zuerst hatte es wie ein Mückenstich ausgesehen, aber als die Stelle von Tag zu Tag größer wurde, zeigte sich, dass es eine bakterielle Infektion war, die sich zu einem Geschwür mit knallrotem «Hof» entwickelte. Was würde passieren, wenn es weiter wuchs? Ohne eine antibiotische Salbe oder Jod konnten wir es nur mit Wasser und dem restlichen Toilettenpapier sauber halten. Mehrmals zeigten wir die Stelle Rami, Amg oder dem Taktiker, aber Medikamente bekamen wir deshalb trotzdem nicht. Und kaum verließ Stefan das Moskitonetz, setzten sich Fliegen auf das Geschwür, was dazu führte, dass er sich noch weniger bewegte.

Wahrscheinlich besorgte uns niemand ein Antibiotikum, weil sie so etwas wie ein Furunkel wohl für Kinkerlitzchen hielten.

Ich wollte im Gegensatz zu Stefan fit bleiben, schon allein deshalb, um mich gegenüber unseren Entführern weniger machtlos zu fühlen. Mehrfach am Tag lief ich die zwanzig Schritte zu einem kleinen Baum, machte unter seinem Blätterdach einige Übungen, ließ die Arme kreisen, dehnte einzelne Körperteile, ich hatte damit schon auf dem Schiff angefangen, um meine Muskulatur zu stärken. Einmal beobachtete mich dabei die vierjährige Tochter des Taktikers, seine Zweitälteste. Offensichtlich hatte sie noch nie eine Frau gesehen, die sich derart verrenkte, denn sie schaute mich mit großen Augen an, wies mit dem Finger auf mich und drehte sich um, wohl mit dem Ziel, die Mutter zu fragen, was es mit meinem Gebaren auf sich habe. Die Mutter war aber nicht da, wo das Kind sie vermutet hatte (sie war fort, um Wäsche zu waschen). Unbeirrt setzte ich meine Übungen fort, und es dauerte nicht lange, da fing das kleine Mädchen an, meine Bewegungen nachzumachen. Uns beiden brachte das viel Spaß, wir lachten. Auch den Vater des Mädchens amüsierte dieses Spiel.

Ich ging näher zu dem Mädchen und fragte: «Wie heißt du denn?»

Das Kind sagte nichts, wirkte verlegen.

Stattdessen antwortete der Vater: «Heiria.»

Aus einem spontanen Übermut heraus lief ich ein paar Schritte auf das Mädchen zu, als würde ich es fangen wollen, doch das war zu viel. Die Kleine bekam Angst, fing an zu weinen und rannte zu ihrem Vater, um sich hinter ihm zu verstecken. Mir war das eine Lehre. Dieses Mal hatte ich Glück gehabt, da der Taktiker unser Spiel verfolgt hatte und genau wusste, dass ich dem Kind nichts getan hatte. Ich malte mir aber aus, wie der Vater reagieren könnte, hätte er mich im Verdacht, seiner Tochter Leid zugefügt zu haben.

Heiria hätte lügen können, denn es war davon auszugehen, dass man ihr nicht das Allernetteste über mich erzählt hatte. Sie konnte mir etwas Böses anhängen, obwohl ich nichts getan hatte.

Bei dieser Vorstellung bekam ich im ersten Moment kaum Luft: Selbst ein vierjähriges Kind besaß Macht über mich. Und je länger ich sie beobachtete, desto deutlicher glaubte ich zu erkennen, dass sie wusste, wie mächtig ihr Vater in diesem Camp war. Denn immer, wenn sie an uns vorbeilief, zeigte sie seit unserem Spiel mit dem Finger auf uns – eine Geste, die bei Asiaten im Allgemeinen nicht üblich ist und mir deshalb zu verstehen gab, vorsichtig ihr gegenüber zu sein. Seitdem vermied ich jeglichen Blickkontakt, in dem Wunsch, dass sie mir nicht zu nahe kam. Ich hatte tatsächlich Angst vor diesem kleinen Mädchen.

Mitte Mai setzte die Regenzeit ein. Regelmäßig regnete es jetzt nachmittags, nicht nur ein paar Tropfen, es war jedes Mal ein heftiger Platzregen, bei dem in relativ kurzer Zeit Unmengen von dicken Tropfen vom Himmel auf das Camp niederprasselten. Alle verkrochen sich in ihre Hütten, und der Pfad, der sich durch das Lager schlängelte, mutierte zu einer Schlickrutsche. Da man uns nicht mehr das Essen brachte, sondern erwartete, dass ich es mir beim Taktiker abholte, musste ich höllisch aufpassen, dass ich nicht mitsamt den Tellern im Dreck landete. Um meinen Balanceakt etwas stilvoller zu gestalten, verfiel der Taktiker immerhin auf die Idee, mit einer Axt «Stufen» in den Pfad zu schlagen, sodass ich wenigstens für einige Tage mehr Halt fand und nicht ausrutschte – bis der Regen dann wieder alles in einen ewigen Sumpf verwandelt hatte.

Mit der Ankunft der Regenzeit intensivierten sich auch unsere Fluchtgedanken – meine Fluchtgedanken.

«Wir können nach hinten hinausflüchten», sagte ich. «Die

Rückwand unserer Hütte ist ja nur eine Plastikplane. Der Taktiker kann uns so nicht sehen. Bleiben nur noch die Bewohner weiter unten am Berg, aber die sind ja nicht direkt für unsere Sicherheit zuständig und werden deswegen hoffentlich auch nicht ständig zu uns herüberschauen.»

«Aber was ist mit meinem Bein?», warf Stefan ein. «Ich kann nicht gut laufen.»

«Vielleicht wird es bald besser.» Skeptisch blickte ich auf seine große, pochende Wunde.

Da die Wände und das Dach unserer Hütte nur aus Plastikplanen bestanden, war sie nicht sehr stabil. Dies ließ Rami jetzt ändern. Vier Männer, darunter Amg, tauchten mit Armen voller Bambusrohre auf. Diese wurden mit dem Buschmesser zerdrückt, dann einmal längs aufgeschlitzt und auseinandergerollt. Als der nachmittägliche Schauer begann, arbeiteten die Männer unbeeindruckt weiter. Sie zogen ihre T-Shirts aus, ihre muskulösen Körper glänzten im Regennass. Amg schaute zu mir herüber, nach Komplimenten heischend. Die konnte er vergessen.

Als der Regen nachließ, installierten sie die Wände. Allerdings nur drei, die vierte Seite blieb offen.

«*Bahay maganda*», sagten sie, als sie ihre Arbeit bewunderten. «Schöne Hütte.»

«*Prison maganda*», antworteten wir. «Schönes Gefängnis.»

Die Wände waren tatsächlich hübsch, von innen noch ganz grün vom frischen Bambus. Auch duftete es herrlich, nach gerade gemähtem Gras. Endlich konnten wir uns anlehnen, und durch die Ritzen war es möglich, nach draußen zu spähen, doch keiner konnte hineinschauen, nur dann, wenn derjenige dicht herankam. Der Plan mit der Flucht über die rückwärtige Plane war damit aber buchstäblich ins Wasser gefallen.

Am nächsten Vormittag hörten wir das Knattern eines Hubschraubers. Ich stürzte mit unserem Spiegel in der Hosentasche aus der Hütte, sollte sich der Helikopter nähern, wollte ich ihn anblinken. Da gerade die Sonne schien, stand die Chance dazu gut. Das Donnern kam näher, und es war nicht nur ein Hubschrauber, es waren zwei. Die Männer auf dem Platz sahen besorgt nach oben, während ich zu einem Bäumchen rannte, wo die Sonnenstrahlen bis auf den Waldboden drangen. Für einen kurzen Moment konnte ich einen der Hubschrauber genau über mir sehen, und es gelang mir, einen Blinker in den Himmel zu senden. Puh, niemand hatte mich bemerkt, alle hatten ihre Augen nach oben gerichtet. Ob der Pilot des Helikopters dieses Zeichen wahrgenommen hatte, konnte ich nicht sagen, doch ich machte mir nichts vor: Die Wahrscheinlichkeit, dass er es gesehen hatte, war gering. Traurig kehrte ich zu Stefan zurück.

Später am Abend, wir hatten uns schon hingelegt, drang wieder ein «Mrs. Diälen» in unsere Hütte. Rami. Mit ungutem Gefühl begab ich mich nach draußen, am Berg entdeckte ich herumirrende Lichter von Taschenlampen. «Mrs. Diälen.»

«Komm, Stefan, schnell, dieses Mal müssen wir zusammenbleiben», rief ich in die Hütte.

Schwer erhob er sich, doch als Rami mit seinen Kämpfern bei uns angekommen war, saßen wir nebeneinander im Eingang der Hütte. Ramis wutverzerrtes Gesicht, sein eigentliches Gesicht, kannte ich langsam. Auch dieses Mal hatte er es aufgesetzt, auch dieses Mal hielt er sein Mobiltelefon in der Hand. Sofort schob ich mich ein wenig vor Stefan und hielt mir die Arme vor den Kopf. Im nächsten Moment erwartete ich Schläge von Rami, Hiebe, die er mit seiner Uzi ausführte.

Doch nichts geschah. Erst einmal. Plötzlich zog er seine Uzi an sich, entsicherte sie und feuerte zwei Schüsse in den Boden ab, zehn Zentimeter neben meine Füße. In meinen Ohren piepte es, einen Augenblick konnte ich nichts hören. Ich blickte Stefan von der Seite an, auch ihm war nichts passiert. Ein Zittern durchlief meinen Körper, Rami hätte uns treffen können. So zornig, wie er war, könnte er vergessen, dass wir für ihn und die Abu-Sayyaf-Truppe womöglich eine fette Beute waren.

Noch immer bebte ich, als Rami mir sein Telefon in die Hand drückte. Alles, was ich wahrnahm, waren dieses ohrenbetäubende Fiepsen und das Geflackere der Taschenlampen. In meiner Verwirrung und weil ich immer noch nichts hören konnte, sagte ich nichts weiter als: *«I can't hear you.»* Gleich darauf nahm mir der Rebellenführer das Handy wieder weg und verschwand in der Dunkelheit. Seine Leute blieben zurück und sahen sich mit großer Begeisterung die Löcher im Erdboden an, bis auch sie genug davon hatten. Mit wem hatte Rami am Telefon gesprochen?, überlegte ich. Und worüber? Immer weniger begriff ich, um was es eigentlich noch ging. Warum hatte ich nicht mehr mit meinem Bruder sprechen können oder mit der Deutschen Botschaft? Und sollte ich etwas ins Handy sagen, als ein Zeichen, dass wir noch am Leben waren? Aber wer wollte das wissen?

Dieses Nichtwissen war zermürbend. Noch schlimmer aber war auf die Dauer, dass wir Tag und Nacht beobachtet wurden. Jede Bewegung, die wir taten, wurde registriert. Bei jeder Mahlzeit stand jemand neben uns und stierte uns das Essen vom Teller. Selbst wenn ich mich im Schlaf umdrehte, leuchteten die Wächter mit einer Taschenlampe in die Hütte hinein. Mussten wir uns nachts erleichtern, was bei Stefan aufgrund seines Alters mehrfach vorkam, wurde ungeniert der Strahl der Taschenlampe auf uns gerichtet. Um den Blicken der Männer nicht völlig schutzlos ausgeliefert zu sein, wickelte ich eine Decke um mich und hielt sie mit den

Zähnen, wie ich es den Männern beim Duschen abgeguckt hatte. Alles im Rampenlicht der Wächter. Es war entwürdigend.

In mir erhärtete sich der Wunsch, von diesem Ort zu fliehen. Rami wurde von Mal zu Mal unberechenbarer. Seine Wutausbrüche häuften sich. Nicht mehr lange, und er würde komplett durchdrehen. Auch waren die Regenschauer am Nachmittag zu verführerisch, um nicht Fluchtgedanken nachzuhängen. Alle verkrochen sich dann in ihre Hütten. Bald würde die Regenzeit vorbei sein, und wir würden wieder lückenlos unter der Kontrolle der Rebellen stehen – eine Zelle im Todestrakt einer Haftanstalt stellte ich mir ähnlich schaurig vor. Das Warten darauf, ob man begnadigt wird oder nicht.

«Eine Flucht ist lebensgefährlich», sagte Stefan.

«Aber wollen wir hier so lange ausharren, bis wir wie Lämmer zur Schlachtbank geführt werden?», hielt ich dagegen.

Ich war so aufgebracht, dass ich mehrmals vor unserer Hütte auf und ab lief, um wieder Ruhe zu finden. Stefan hatte sich wie üblich in sein Schneckenhaus zurückgezogen, mit ihm konnte ich nicht länger über meine Fluchtgedanken reden. Ich verstand ihn ja – alles, was Rami ihm bisher angetan hatte, konnte nur darauf hinauslaufen, dass er immer schwächer wurde. Und er letztlich zur Glasscherbe oder zur Rasierklinge griff. Es war zum Verzweifeln.

Denk an Schönes, denk an Schönes, wie ein Mantra sagte ich mir diese drei Worte wieder und wieder auf. Endlich, als ich mich auf die Bank setzte, die später am Tag von unseren Wächtern eingenommen werden würde, kam ich langsam wieder auf andere Gedanken.

Jemen, Malediven, Madagaskar – und irgendwann erreichten wir auf unserer Tour durch den Indischen Ozean den Inselstaat Sri Lanka. Der Hafen von Galle, am Südzipfel, war ein einziges

Gewimmel von ankommenden und abfahrenden Schiffen. Die Straßen quollen über vor Menschen, lief man am Rand des Bürgersteigs entlang, war das eine lebensgefährliche Angelegenheit, da die lärmenden Tuk-Tuks, kleine motorisierte Dreiräder, mit einer menschenverachtenden Geschwindigkeit rücksichtslos an uns vorbeirasten.

Um mehr Ruhe zu haben, gingen wir in einem kleinen Yachtclub vor Anker, der von einem schlitzohrigen Patriarchen namens Don Windsor geführt wurde. Unter Seglern genoss er eine gewisse Berühmtheit, denn ihm wurde nachgesagt, dass er alles besorgen oder reparieren lassen könne. Sein Spitzname war «Mr. 20 Prozent» – die nahm er als Provision für seine Dienste. Seine Frau war nicht weniger geschäftstüchtig, sie vermochte alles zu nähen, was an Bord gebraucht wurde: Polsterbezüge, Flaggen, Sonnensegel etc.

Die beiden Söhne mussten die eigentliche Arbeit des Vaters verrichten, während Don Windsor in seinem Sessel auf der Veranda saß und uns Segler, seine Gäste, unterhielt. Er organisierte uns auch eine Sightseeingtour ins Landesinnere, und mit einer Eisenbahn wie aus dem Museum fuhren wir mit 20 Stundenkilometern in das zentrale Hochland. Bisher hatten wir nur Wüstenländer und mit Palmen bewachsene Koralleninseln gesehen. Hier erlebten wir zum ersten Mal üppigste saftig grüne Tropenvegetation. So viele verschiedene Grüntöne! Als wir das Hochland erreichten, wechselte die Landschaft, und wir passierten riesige Teeplantagen, die mit farbenfroh gekleideten Pflückerinnen gesprenkelt waren.

Schließlich erreichten wir Kandy, die alte Hauptstadt des singalesischen Königreichs, mit ihren vielen Tempeln. Diese waren beeindruckend, aber am besten gefiel uns der kleine Ort Nuwara Eliya, die «Stadt des Lichts», ein ehemaliger Kurort für gestresste britische Kolonialherren und -damen. Das einstige dekadente Flair war an jeder Ecke zu spüren, so war zum Beispiel der Schirmständer in unserem Hotel aus einem echten Elefantenfuß gefertigt. Lebende Elefanten bekamen wir auf unserem Rückweg zu Gesicht, wir durften ihnen beim Baden in einem Fluss zusehen.

Diese Zugfahrt hatte uns so gut gefallen, dass wir in den nächsten Jahren, die wir im Indischen Ozean unterwegs waren, auch in anderen Ländern immer nach einer derartigen Reisemöglichkeit Ausschau hielten. So fuhren wir in Tansania mit dem Bummelzug quer durchs Land. 24 Stunden hin und die gleiche Strecke wieder zurück. Wir bezahlten für vier Plätze in der sehr preiswerten ersten Klasse. Auf diese Weise hatten wir ein Abteil für uns allein. Ich hatte einen großen Picknickkoffer dabei, und so ließen wir uns durch Dörfer und Nationalparks schaukeln, wobei wir vom Zug aus Antilopen, Giraffen und sogar Löwen beobachten konnten. Wir fanden die Fenstererlebnisse viel spannender als eine übliche gebuchte Safaritour.

Stefan, dachte ich im Stillen, halt mich ganz fest, dass wir das alles hier durchstehen.

«*Happy birthday to you, happy birthday to you, happy birthday, liebe Rike, happy birthday to you*», sang mir Stefan an diesem Morgen flüsternd ins Ohr, es war der 24. Mai, mein Geburtstag. Dankbar drehte ich mich zu ihm herum und schenkte ihm ein Lächeln. Was für ein Geburtstag – seit fast sechs Wochen waren wir Geiseln von Abu Sayyaf, seit fast sechs Wochen warteten wir. Mit allen Zweifeln, Ängsten und düsteren Szenarien im Kopf, die man nur beim Warten haben kann.

Meine Geburtstage waren Stefan immer wichtig geblieben, nie hatte er einen vergessen. Nicht nur der erste gemeinsame Geburtstag war ein besonderer Tag auf der *Catherine* gewesen, auch alle weiteren wurden liebevoll arrangiert. Es war pures Glück, mit einem Mann zusammen zu sein, den man liebte und der einen liebte, pures Glück, so eng miteinander zu leben, ohne sich zu langweilen, immer frisches Essen, Sonne, Wasser um einen herum. Anderen Menschen von unserem großen Glück zu erzählen, das trauten wir uns kaum. Bei diesen paradiesischen Zuständen brauchte es im Grunde keine Ausnahmetage, die den Alltag unterbrachen, denn jeder Tag auf dem Boot war ein besonderer Tag. Dennoch genoss ich Stefans Geburtstagsüberraschungen, die dieses Jahr aber ausfallen mussten. Stattdessen kämpften wir ums Überleben.

Mein Körper hatte sich darauf eingestellt, er hatte auf die Gefangenschaft reagiert, indem meine Menstruation ausblieb. Offensichtlich hatte er eher als mein Verstand gespürt, dass die Situation bedrohlich für uns war, und auf Ausnahmezustand umgeschaltet, obwohl ich Schlaf, obwohl ich zu essen bekam. Er hatte sofort begriffen, dass es keine gute Zeit war, um sich fortzupflanzen. Ich selbst hatte mir schon seit Tagen überlegt, wie ich meine Regel ohne Toilettenpapier managen sollte, aber das Problem wurde mir abgenommen. Erst einen Monat nach unserer Befreiung sollte sie pünktlich wieder einsetzen. Eine vergleichbare Reaktion war, dass ich mich anfangs immer wieder übergeben musste. Nicht weil das Essen so grauselig war, sicher war dies eher ein Ausdruck meiner Angst.

Der Geburtstagsvormittag verlief sehr ruhig, ich beobachtete die Frau des Taktikers, Norgia hieß sie. Jedes Mal, wenn ich versuchte, ihren Blick aufzufangen, schaute sie zu Boden. Beschämt? Verschüchtert? Am Nachmittag suchte ich mein Bäumchen auf, um dort wie üblich meine Übungen zu machen. Dabei sah ich, wie Stefan unsere Hütte verließ und sich zur Behausung des Versorgungstaktikers begab, der vor ihr saß. Da die Entfernung gering war, konnte ich hören, wie Stefan mit ihm sprach: «Mrs. Dielen hat heute Geburtstag, ich möchte ihr gern etwas schenken, einen Keks oder eine Apfelsine. Habt ihr nicht so etwas übrig?» Ich konnte sehen, wie der Angesprochene reagierte: gar nicht. Mit offenem Mund schaute er einzig und allein zu mir herüber. Stefan hakte nach, ließ sich nicht so einfach abspeisen. Ich dachte: Lass doch, was kümmert es die, dass ich Geburtstag habe. Da der Taktiker weiterhin keine Regung zeigte, wandte Stefan sich an Norgia, die in der Hütte am Feuer hockte. Aber auch sie gab keine Antwort, sie wandte ihm bloß den Rücken zu.

Stefan gab auf.

Am Nachmittag fiel der übliche Regenschauer, an diesem Tag

besonders kräftig. Wie gemacht für einen Fluchtversuch, ein perfektes Geschenk für meinen Geburtstag. Doch ich nahm dieses Geschenk nicht an. Stefan sagte nämlich: «Es ist noch zu früh.» Was hieß: *noch zu früh*? Konnte es im nächsten Moment nicht zu spät sein?

Der Tag ging dahin wie jeder andere Tag, bis nach dem Gebet und dem Abendessen ein weiteres Mal das passierte, was ich als so bedrohlich empfand: Viele Männer mit Taschenlampen stiegen in der Finsternis den Berg hinab, zweifellos war unsere Hütte ihr Ziel. Stefan und ich rückten eng zusammen. Als sie sich aufgestellt hatten, schlug Rami mit einem baseballschlägergroßen Knüppel die Plane vor dem Eingang weg. Die Scheinwerfer blendeten. Nur Ramis Gesicht – das Monstergesicht – war zu erkennen. Seine Lippen waren fest aufeinandergepresst, mit seinem sichtbar verengten Blick fixierte er mich. Plötzlich schrie er los, ich verstand nur einzelne Wörter wie «Mein Bruder», «Frau», «Wie kannst du es nur wagen?».

Mit Riesenschritten drang er in die Hütte ein und hämmerte in seiner Wut mit der flachen Hand gegen die neue Bambuswand. Ich schob mich vor Stefan. Deutlich konnte ich dann hören, wie Rami seinen Männern Anweisungen gab, mich aus der Hütte zu bringen. Vier Männer packten mich an Armen und Beinen, jeder Widerstand war zwecklos. Ich konnte mich noch so sehr wehren und mit den Beinen strampeln, sie waren stärker. Die Männer zerrten mich nach draußen, schmissen mich in den Dreck vor der Hütte, der noch schlickig vom Regen war, hielten mich umklammert.

Rami begann auf Stefan einzuschlagen. Mit dem Knüppel. So laut ich konnte rief ich: «Was soll das? Warum macht ihr das? Was ist der Grund dafür? Hört auf damit!» Unbeirrt setzte Rami sein fürchterliches Tun fort. Er schlug und schlug und schlug. Da die Plane abgerissen war, konnte ich das ganze Grauen sehen, musste hilflos zuschauen, wie Stefan vergeblich versuchte, sein Gesicht mit den Armen zu schützen. Ich hörte, wie Stefan verzweifelt flehte: «Nein! Aufhören! Stopp! Ich blute.» Nach einer gefühlten Unendlichkeit ließ Rami von Stefan ab. Er trat aus der Hütte, bäumte sich vor mir auf und brüllte: «Du! Bring ihm das bei!» Wieder verstand ich nicht, was er damit meinte. Um was ging es hier überhaupt? Wieso konnte Rami nicht erklären, was ihn so wütend gemacht hatte? Denn dass er eine ungeheure Wut auf Stefan hatte, schien angesichts seines unkontrollierten Verhaltens keine Frage zu sein. Was war bloß los?

So unverhofft, wie er gekommen war, war Rami wieder in den Wald abgetaucht, nur eine Wolke seines billigen Parfüms hing noch in der Luft. Seine Paladine standen aber immer noch schaulustig um die Hütte herum. Warteten sie darauf, was ich tat? Natürlich kannten sie den nächsten Akt. Ich wollte zu Stefan, und man ließ mich zum Glück auch zu ihm. Sein Gesicht war voller Blut. Rami hatte seinen Kopf treffen wollen, dort, wo ein Mensch am verletzlichsten ist. Aber auch die Beine hatten ihren Teil abbekommen, dieses Mal war es das rechte Schienbein. Im Schein einer Taschenlampe tupfte ich vorsichtig die offenen Wunden mit Resten unseres Toilettenpapiers ab. Dabei zeigte sich, dass an der rechten Augenbraue eine zwei Zentimeter lange Platzwunde besonders stark blutete. Am linken Auge entwickelte sich auch schon ein dicker Bluterguss.

Die Männer rührten sich nicht von der Stelle, ein etwa fünfjähriger Junge wurde in die erste Reihe geschoben, damit er genau mitverfolgen konnte, was hier geschah. Als Vorbereitung für sein zukünftiges Leben als Kidnapper? Den Jungen hatte ich schon mehrmals beim Taktiker gesehen, Kalawan hieß er. Bestimmt hatte er sich als geeignet erwiesen, uns im Blick zu behalten. Oder er war von seinen Eltern von Anfang an dazu gedrillt worden.

Die neugierige Meute löste sich erst auf, als ich Stefan notdürftig versorgt und die Plane vor dem Eingang wieder angebracht hatte. Hätten wir doch am Nachmittag nur versucht zu fliehen. Mit diesem Gedanken schlief ich ein, bevor mein Geburtstag zu Ende war.

Rami bekam von uns einen neuen Namen. Seit diesem Ausfall hieß er nur noch «der Kotzbrocken».

«Aber warum wurde er so brutal? Warum diese massive Gewalteinwirkung?», fragte ich am nächsten Tag. «Was meinte er damit, bring ihm das bei?» Stefan sah schrecklich aus, das ganze Gesicht war aufgequollen, kaum konnte ich seine Augen erkennen, sie waren eingebettet in starke Schwellungen.

Das Sprechen fiel ihm schwer, mühsam sagte er: «Das mit dem Beibringen habe ich auch nicht kapiert, aber ich denke, dass ich Norgia nicht hätte ansprechen dürfen.»

Der islamische Code, was den gesellschaftlichen Umgang betraf, war verletzt worden. «Hardcore»-Muslime wittern allein beim Anreden einer Frau eine Sünde, gar eine Vorstufe zum sexuellen Kontakt, zum Geschlechtsakt. Da spielte es auch keine Rolle, dass Norgia völlig verschleiert in der Hütte das Feuer geschürt hatte, es war einfach ein Tabu für einen fremden Mann, sie anzusprechen.

«Vielleicht ist es besser, wenn möglichst nur ich mit den Leuten hier spreche», sagte ich. «Wir kennen ihre Gebote und Verbote, ihre Traditionen und Regeln nicht. Und bei mir haben sie sich bislang weniger aggressiv gezeigt.» Stefan nickte. «Und noch etwas … ich will fliehen. Seit gestern hat sich mein Wunsch nur noch verstärkt.»

«Du hast recht, Rike, wir sollten es wagen.»

Allerdings hockte jetzt ständig Kalawan bei dem Taktiker und hatte uns im Visier. Das war mehr als lästig für unser Vorhaben.

Doch zwei Tage nach meinem Geburtstag goss es so stark, dass sich auch der nervige Junge nicht blicken ließ.

«Der Zeitpunkt ist günstig», sagte ich zu Stefan.

«Ich bin bei dir», gab er zur Antwort.

Sofort packte ich unseren Rucksack: eine Flasche Orangenlimonade verdünnt mit Wasser, vier Päckchen Kräcker, ein paar Bonbons, Medikamente, unsere Decken und zwei T-Shirts. Als ich fertig war, hielt uns seltsamerweise etwas zurück, die Hütte zu verlassen. Ein eigentümliches Gefühl, eine innere Stimme, was auch immer. In dieser befremdlichen Stimmung legten wir uns wieder auf unsere Schlafstatt. Die fehlende Courage hatte uns plötzlich irritiert. Der Rucksack blieb aber gepackt.

Am folgenden Nachmittag gab es eine ähnlich günstige Gelegenheit, sodass wir erneut unsere Regenjacken über die T-Shirts zogen.

«Jetzt los!», sagte Stefan, der auf einmal viel mutiger war als ich.

«Ich habe Angst.»

«Ich auch.»

Stefan kam auf mich zu, nahm mich in die Arme und sagte das, was ich mir so sehnlichst gewünscht hatte: «Ich halte dich ganz fest. Wir schaffen das schon.»

Wir schlichen durch den Eingang, der Pulsschlag ging hoch. Ein rascher Blick hinüber zum Taktiker: niemand zu sehen, auch nicht Kalawan, diese Zecke. Schnell verschwanden wir hinter unserer rückwärtigen Bambuswand. Die ersten hundert Meter, die wir, um nicht bemerkt zu werden, im Schutz der Hütte entlanglaufen mussten, hatte ich in den Tagen zuvor erkundet. Anscheinend hatte ich die richtige Strecke gewählt, denn es klappte: Wir kamen fort, ohne dass wir entdeckt wurden.

Für Stefan lief ich viel zu schnell, immer wieder musste ich warten, bis er mich eingeholt hatte. Stück für Stück kamen wir so den Berg hinunter, durch dichte Buschfelder. Dann überquerten wir einen Weg, der benutzt wurde, wenn Frauen das Camp verließen, um zu irgendeinem Dorf zu gelangen, stets begleitet von ihren Männern. Diesen Pfad mussten wir meiden – die Gefahr, Rebellen zu begegnen, war dort viel zu groß.

Weiter ging es quer durch den Wald. Wir passierten ein Dickicht – wunderbar, denn es versperrte die Sicht. Einmal blieb Stefan im Bodengestrüpp hängen und fiel der Länge nach hin. Zum Glück war der Untergrund sehr weich, sodass er sich nicht weh tat. Ich half ihm auf, danach setzten wir unsere Flucht fort.

Schließlich lichtete sich der Wald, viele freigeschlagene Bananenstauden standen hier. Ich atmete auf. Wir hatten, durchnässt, wie wir waren, schon ein gutes Stück geschafft. Doch dann, auf dem Kamm des Berges, konnte ich einen Wachposten auf einer Bank erkennen. Er hatte uns den Rücken zugekehrt, von hinten erwartete er offensichtlich keine Gefahr. Seinen Kopf schützte er mit einer Plane, da es immer noch in Strömen goss. Wohin sollten wir ausweichen? Der Wächter durfte nicht aufmerksam auf uns werden. Jede Minute rechnete ich damit, dass man unsere Flucht bemerken und Alarm schlagen würde. Dann würde der Mann sich umdrehen und uns sofort sehen. Vielleicht nach rechts? Dazu mussten wir aber wieder ein Stück zurückgehen. Oder nach links? Dort waren Bambusrohrwasserleitungen auf provisorische Gestelle montiert. Mein Blick folgte ihrem Verlauf. Weiter unten entdeckte ich einige Hütten, offenbar ein Vorposten. Was war gefährlicher? Verlockend war keine Alternative. Doch zurück wollte ich auf keinen Fall, also nach links.

Leicht geduckt ging ich weiter, in der Hoffnung, so nicht gesehen zu werden. Für Stefan war das keine Option. Wir waren in etwa so gut zu erkennen wie Kinder, die vor Erwachsenen stehen, mit Händen vor dem Gesicht, und sagen: «Hallo, wir sind unsichtbar.»

Stefan verlor eine Sandale, und ich kniete mich nieder, um

sie ihm anzuziehen. In diesem Moment hörte ich Geschrei. Verdammt. Man hatte uns entdeckt. Eine Salve von Schüssen wurde in unsere Richtung abgeschossen, dann stürmten vier Männer auf uns zu, die automatischen Gewehre im Anschlag, wie angriffslustige Panther sprangen sie durch das Gebüsch, wild entschlossen, zu kämpfen. Einer von ihnen wirkte besonders furchterregend, mit langen krausen Haaren bis zur Hüfte, ihn kannte ich nicht. Noch ein anderer war dabei, der mir fast genauso fremd war, erst vor ein paar Tagen war er zu der Rebellentruppe gestoßen, arabisch aussehend, mit einem hässlichen, dünnen Vollbart. Der Blutdruckmann war der Einzige, den wir wirklich kannten.

«Nicht schießen!», riefen wir. Unsere Träume einer gelungenen Flucht waren augenblicklich zerplatzt.

Erst jetzt schienen die Männer zu kapieren, dass sie nicht Fremde aufgegriffen hatten, sondern ihre Gefangenen, die sich hatten davonstehlen wollen. Sofort hörten sie auf zu schießen.

Sie packten uns an den Handgelenken und zerrten uns mit viel Gebrüll den Berg hinauf. Unterwegs verlor ich einen Flip-Flop, aber keinen interessierte das, dafür wurde nicht gestoppt, die Siegesbeute musste sofort präsentiert werden.

Mehr und mehr Männer schlossen sich unserer Gruppe an, boxten uns auf die Oberarme, auf den Brustkorb. Wahrscheinlich hätten sie uns am liebsten zusammengeschlagen, aber das war wohl das Vorrecht ihres Chefs. Um die Aggressivität einzudämmen, sagte ich: «Das mit dem Weglaufen war meine Idee, Stefan trifft keine Schuld. Wenn ihr schlagen wollt, dann mich, nicht Stefan.» Bei den meisten Männern zeigte das Wirkung, sie ließen Stefan in Ruhe, und die Boxhiebe, die nun nur mich trafen, waren gerade noch zu ertragen.

Nach ungefähr einer halben Stunde waren wir wieder an unserem Ausgangspunkt angelangt. Das ganze Lager war in Aufruhr.

Wir wurden, durchnässt und dreckig, wie wir waren, in unsere Hütte geschubst, der verloren geglaubte Flip-Flop flog hinterher.

«Wir lassen uns nicht einschüchtern», raunte mir Stefan zu. «Wir verziehen uns nicht in die Hütte, wir setzen uns demonstrativ auf die Schwelle zum Eingang.»

Ich stimmte zu: «Klein beigeben kommt nicht in Frage.»

Was auch immer uns erwartete, wir waren noch aufmüpfig von dem in unseren Adern fließenden Adrenalin. Wir hatten fliehen wollen, und uns war stets bewusst gewesen, dass eine solche Unternehmung nicht unbedingt gelingen konnte. Aber wir hatten aktiv etwas unternommen, uns nicht einfach den Terroristen untertan gemacht.

«O weh, da kommt der Kotzbrocken», sagte ich, als ich Rami den Berg hinunterstapfen sah.

Kaum stand er vor mir, setzte es eine Ohrfeige, dass mir Hören und Sehen verging. Als er sich Stefan zuwenden wollte, wiederholte ich, dass die Flucht meine Idee gewesen sei, er solle mich weiterschlagen. Bei diesen Worten ballte Piet, der sich an Ramis Seite befand, die Hand zur Faust und holte aus. Es war ihm anzusehen, dass er sich kaum beherrschen konnte, mich zu verprügeln, so verzerrt war das Gesicht, das ich einstmals sympathisch gefunden hatte. Nun ganz und gar nicht mehr.

«Wie konntet ihr mir das antun?», fragte jetzt der Kotzbrocken.

Was für eine dumme Frage, dachte ich, antwortete aber: «Wir haben Angst vor dir.»

Ausdruckslos starrte er mich an. Sein Blick wanderte zu Stefan hinüber, der noch von der Geburtstagsprügel grün und blau war. Dann stieß er mich zur Seite, sodass ich zu Boden fiel, und nahm sich Stefan vor. Für Piet war das die Gelegenheit, mir auf den Hals zu treten. Der Kotzbrocken stieß Stefans Kopf gegen die Hüttenwand; Piet, der von mir abließ, unterstützte ihn dabei. Nun war ich

Freiwild für die anderen im Camp, jeder der Männer versetzte mir einen mehr oder weniger heftigen Schlag. Schließlich teilte sich die Menge, um den Taktiker durchzulassen. Er ließ es sich nicht nehmen, mir eine Ohrfeige zu verpassen. Nur Amg hielt sich im Hintergrund, beteiligte sich nicht an der Gruppenschlägerei, auch die Frauen konnte ich nirgends ausmachen.

Nach einigen Minuten hatten sich alle ausgetobt.

«*Who is your guide?* Wer ist euer Führer?», fragte Rami schnaufend.

«No guide.»

«Who is your guide?»

«No guide.»

«Who is your guide?»

«No guide!»

Immer wieder gaben wir die gleiche Antwort, auch Stefan, der vor Schmerzen kaum sprechen konnte, erklärte, dass wir allein losgezogen seien, ohne Anführer. Um Rami zu beschwichtigen, fügte ich hinzu: «Keiner hat bei dem Regen aufgepasst. Wir sind einfach losgelaufen.»

Am Ende schien der Kotzbrocken uns zu glauben. «Wenn sich herausstellt», sagte er, «dass ihr gelogen habt, lasse ich euch köpfen.» Mit diesen dramatischen Worten hatte er vor seinen Untergebenen einen Abgang, der eines Rebellenführers würdig war. Aufrecht schritt er davon. Die anderen Männer folgten ihm.

Kurz nach Ramis Verschwinden erschien der Blutdruckmann und durchsuchte unsere Hütte sowie unseren Rucksack unter den Augen einer Gruppe von jungen Männern.

«*Tracking Device* – Ortungsgerät», erklärte er.

Offensichtlich wollte er herausfinden, ob nicht doch irgendein Helfer uns ein solches Gerät zugesteckt hatte.

Zum Glück fand er nicht unsere Rasierklingen (der Taktiker

hatte uns noch eine zweite gegeben), die wir in unseren Hosentaschen versteckt hielten. Wir mussten zwar die Taschen leeren, ihm auch das Toilettenpapier zeigen, aber anscheinend fand er es so eklig, dass er nicht von uns forderte, es abzuwickeln. Meine Unterhose holte er mit einem Stöckchen aus dem Rucksack.

Rami kehrte auch noch einmal zurück, wir vermuteten, dass er in der Zwischenzeit mit seinen *leadern* gesprochen hatte, denn er sagte bestimmt und mit größerer Klugheit als zuvor: «Solltet ihr wieder abhauen, werden wir einen von euch köpfen.» Mit der Handkante fuhr er von rechts nach links über seine Kehle und ließ uns mit dieser eindeutigen Geste allein.

«Ich zweifele nicht daran, dass er das wahrmacht», sagte Stefan, der die Rasierklinge in seiner Hosentasche umklammert hielt.

«Die Rebellen zeigen mehr und mehr ihr wahres Gesicht», pflichtete ich ihm bei. «Eigentlich können wir froh sein, dass er nicht schon nach dem Fluchtversuch eine solche Maßnahme ergriffen hat, bei seinem Temperament und Charakter wäre ihm das zuzutrauen gewesen.»

«Gut, dass wir über eine solche Konsequenz nicht nachgedacht haben.»

«Ja», sagte ich. «Wir haben auch nicht darüber nachdenken wollen.»

Als Nächster erschien der Taktiker auf der Bildfläche und entfernte die Plastikplane, die unseren Eingang verschlossen und fast eine ganze Wand gebildet hatte. Jeder konnte nun wieder ungehindert in unsere Hütte sehen. Tag und Nacht.

Die schlimmste Bestrafung hatte aber Stefan erfahren. Beide Augen waren blau, auch das rechte Ohr. Dazu die Wunde über der Augenbraue, die man hätte nähen müssen. Die zerschundenen Schienbeine. Das Geschwür an der Wade. All die inneren, die nicht sichtbaren Prellungen. Stefan war schrecklich zugerichtet.

Verzweiflung packte mich, ich fror vor Nässe, räumte in meiner inneren Not unsere wenigen Habseligkeiten von einer Ecke in die nächste.

«Danke, dass du gesagt hast, die Flucht sei deine Idee gewesen», flüsterte Stefan erschöpft.

Notdürftig machten wir unser Bett.

Vermeintliche und echte Schüsse

Lautes Klopfen und Hämmern vor unserer Hütte. In unmittelbarer Nähe wurde gebaut. Etwa ein Gefängnis? Konnte es sein, dass die Entführer uns nach dem Fluchtversuch einsperren wollten? Ich befürchtete das Schlimmste. Sollte unser unbequemes Leben noch unbequemer werden?

Seit dem misslungenen Ausbruch und den Schlägen hatten wir noch weiter an Kraft verloren. Den Fluchtgedanken legte ich ad acta, ich hatte nicht vor, noch einmal ein Davonlaufen zu wagen. Es würde auch nicht funktionieren, das hatte sich gezeigt. Dennoch war ich froh, es wenigstens versucht zu haben. Es hatte mir eine innere Ruhe gegeben, und ganz tief in mir war ich auch ein wenig stolz auf mich. Ich hatte meine Angst überwunden, ich hatte den Schritt getan. Das war ein gutes Gefühl, selbst wenn damit ein Scheitern verbunden gewesen war.

«Bereust du die Flucht?», fragte ich Stefan.

Er schüttelte den Kopf. «Sie war wichtig für meine Selbstachtung.»

Den ganzen Tag guckte ich den Männern angestrengt bei ihren Bautätigkeiten zu. Doch als ich das Ergebnis der Arbeit von sechs Männern betrachtete, machte sich Erleichterung in mir breit. Hinter unserer Hütte, direkt dort, von wo aus wir unsere Flucht unternommen hatten, gab es jetzt einen Zaun. Als mächtig konnte man ihn nicht gerade bezeichnen, eher als instabil, es wäre sicher ein

Leichtes gewesen, darüber hinwegzuklettern oder ihn umzustoßen. Es kam mir vor, als hätte er eher symbolischen Charakter.

Aber das emsige Klopfen und Hämmern hatte noch etwas hervorgebracht: eine Toilette, in diesem Fall sehr stabil, circa fünf Meter oberhalb unserer Hütte, mit einer Schale aus einem aufgeschnittenen Sojasoßenkanister und einem Abfluss aus einem Bambusrohr, das in eine Grube führte. Immerhin, sie funktionierte. Der Sinn dieser Mühen: Sie wollten nicht, dass wir in die Büsche verschwanden und dies als Fluchtmöglichkeit wahrnahmen. Es war allerdings nicht unsere persönliche Toilette, sie durfte von den ungefähr fünfzig Männern des Camps genutzt werden.

Mit dem Zaun veränderte sich aber noch etwas, und das war viel unerträglicher. Es hatte mit der Stimmung im Lager nach unserem Fluchtversuch zu tun. Viele der Männer machten Gesten, die ein Köpfen imitierten. Der Blutdruckmann hatte eine besonders große Freude daran, uns mit solchen Kopf-ab-Drohungen zu quälen.

Wesentlich grausamer aber waren die Scheinerschießungen, die in dieser Zeit begannen. Derjenige, der damit anfing, war Piet. Er nahm es anscheinend persönlich, dass wir ihm fast entwischt waren. Als er auf uns zukam, mit einer Pistole in der Hand, da wusste ich, der meinte es ernst. Einen Meter von Stefan entfernt, stoppte er, ich stand direkt daneben. Er hob die Waffe und zielte auf Stefans Gesicht. Im nächsten Moment drückte er ab. Es war so schnell gegangen, dass ich kaum fassen konnte, was da geschah. Schreckensbleich waren Stefan und ich geworden, dachten, nun ist es aus. Vor lauter Angst blieb mir die Luft weg. Aber es war keine Kugel im Lauf der Pistole gewesen. Stefan passierte nichts, doch es war Piet anzusehen, dass er nur zu gern mit Munition geschossen hätte. Er hätte es sicher getan, wenn er nur gedurft hätte.

Als sich nach diesen Schrecksekunden mein Verstand wieder einschaltete und ich begriff, was eben geschehen war, stieß ich im ersten Reflex Piets Arm mit der Pistole zur Seite, damit die Waffe nicht weiter auf Stefan gerichtet war. Unsere Blicke trafen sich – ein kurzer visueller Machtkampf: Ich war genauso sauer auf ihn wie er auf mich. Unentschieden! Piet warf seinen Kopf in den Nacken, drehte noch eine Runde um mich herum und stapfte davon.

Wieder und wieder spielten sie dieses sadistische Spiel mit uns, immer war Stefan das Opfer. Es zehrte an den Nerven. Auch wenn es jedes Mal gut ausging, so hieß das noch lange nicht, dass dieses russische Roulette nicht doch einmal potenziell tödlich sein konnte. Ich erinnerte mich an den Film *Die durch die Hölle gehen.* Darin zwingen Soldaten des Vietcong gefangen genommene amerikanische Soldaten, dieses Spiel zu spielen. Die Überlebenswahrscheinlichkeit wird dadurch gesenkt, dass sich mehrere Kugeln in der Revolvertrommel befinden und nicht nur eine.

Waren die Scheinhinrichtungen für die Abu-Sayyaf-Leute eine Form, um Aggressionen abzubauen?

Stefan fragte sich das auch: «Was wollen sie damit bezwecken? Sie haben nichts davon, wenn es uns schlechtgeht. Wollen sie uns zermürben? Das ist ihnen jedenfalls gelungen. Aber wir sind doch nicht diejenigen, mit denen sie verhandeln!»

Im Nachhinein würde ich sagen, es hatte einen großen Unterhaltungswert für sie. Es hat ihnen vielleicht einfach viel Spaß gemacht.

Eines Abends, es war inzwischen der 8. Juni, saßen Piet und Rami beim Taktiker herum. Plötzlich rief Piet: «Henrika, komm rüber.» Ich folgte der Aufforderung nur sehr zögernd, doch ich wusste, dass ich keine Wahl hatte, wollte ich nicht wieder die Wut des Führungstrios auf mich ziehen.

Als ich vor der Hütte des Taktikers stand, schnellte mein Puls sofort in die Höhe. Rami hatte meinen Computer auf dem Schoß.

«Du musst ihn einschalten», kommandierte er.

Offensichtlich hatten sie bei dem eleganten Design nicht gesehen, wo der Einschaltknopf des Laptops war. Also betätigte ich ihn, wie es mir befohlen worden war. Wenig später tauchte auf dem Bildschirm ein Fragezeichen auf. Ich sagte ihnen, dass ich ein solches noch nie zuvor auf meinem Computer gesehen hätte, was auch stimmte. Dann erklärte ich: «Ich kann euch nicht weiterhelfen.» Vielleicht hätte ich doch etwas machen können, aber keinesfalls wollte ich, dass dieses Dreiergespann sich möglicherweise wieder Fotos von mir ansah. Oder sonstige E-Mail-Korrespondenz las, aus der sie womöglich falsche Schlüsse zogen. Zum Glück hatte meine Antwort keine Zornausbrüche zur Folge. Ich durfte vielmehr zurück zu unserer Hütte.

Stefan hatte sich wieder in seine Welt zurückgezogen, ich in meine, eigentlich unsere gemeinsame. Erneut versuchte ich, durch meine Gedankenreisen die Brutalität der Terroristen für Momente zu vergessen. Der Gedanke an die Fotos auf meinem Laptop ließ mich Jahre überspringen, ich musste an unser letztes Revier denken, an die Nordspitze von Borneo mit Kudat und Palawan. Inzwischen hatten wir uns zu gesetzteren Seglern entwickelt, die Abenteuerlust hatte ein wenig nachgelassen, wir waren zu der Erkenntnis gekommen, dass es wenig Sinn machte, viele Meilen zur nächsten schönen Insel über das offene Meer zu segeln, wenn wir uns bereits auf einer wunderschönen Insel befanden. So waren wir zufrieden, wenn das Wasser klar genug zum Schwimmen und die Versorgungsmöglichkeiten gut waren.

Unmittelbar nördlich von Kudat – eine Tagesetappe entfernt – liegen die Geschwisterinseln Banggi und Balambangan. Hier machten wir jedes Mal Station auf unserem Weg nach Puerto Princesa, wo wir mit den Badjao in Kontakt kamen, den «Menschen des Meeres». Sie lebten auf ihren hölzernen Schiffen, manchmal ließen sie sich für ein paar Monate an einem unbesiedelten Küstenstreifen nieder. Sie sammelten Seegurken, Muscheln und Schnecken, von denen sie sich hauptsächlich ernährten. Obwohl sie «Menschen des Meeres» waren, erwiesen sie sich beim Fischfang als nicht besonders erfolgreich, was zur Folge hatte, dass sie bitterarm waren. Ganze Großfamilien, Vater, Mutter, unzählige Kinder und die Großeltern, wohnten auf den einfachen Booten, die deutlich kleiner als unsere *Catherine* waren. Viele hatten nicht einmal ein festes Dach, sondern nur eine Plane gegen den Regen und die pralle Sonne.

Kaum hatten wir unseren Anker fallen lassen, setzte sich vom Mutterschiff einer solchen Familie ein kleines Kanu ab und steuerte auf uns zu. Sie boten uns meist nur sehr kleine Fische zum Verkauf an, im Grunde war es ein verschleiertes Betteln. Sie waren mit allem zufrieden, was wir hergeben konnten: Zucker, Reis, Shampoo, Nadel und Faden, leere Aufbewahrungsdosen, Benzin, alte T-Shirts – alles wurde mit Freude angenommen. Nachdem ich wusste, dass diese Leute kommen würden, wenn wir wieder in der Nähe waren, nahm ich immer Extraportionen Reis und Zucker mit, sammelte alte T-Shirts und füllte im Voraus kleine Portionen mit Shampoo und Waschpulver ab. Für die «Meeresmenschen» war es jedes Mal ein Fest, wenn wir aufkreuzten, und wir fanden es interessant, sie zu beobachten. Die Frauen bemalten ihre Gesichter mit einer weißen Kalkmasse, zum Teil als Schmuck, wahrscheinlich aber auch als Schutz gegen die Sonne. Einmal schenkte ich einem Mädchen ein neues T-Shirt, es befand sich noch in der Verpackung (ich hatte aus Versehen eine falsche Größe für mich gekauft), vor Freude gab es sehr bizarre Geräusche von sich, ähnlich einem quiekenden Ferkel.

Ein anderes Mal kamen vier hübsche Mädchen angepaddelt.

Stefan machte Fotos von ihnen, die wir sofort ausdruckten und ihnen schenkten. Die Freude hierüber war allerdings nur kurz. Jedes der Mädchen erhielt ein Foto von sich, aber auf einem Foto waren zwei von ihnen abgebildet. Sofort entwickelte sich unter den beiden Mädchen ein heftiger Streit. Wie Wildkatzen gingen die beiden aufeinander los, bis das Foto völlig zerknittert war.

Ihre Welt war noch weit mehr abgeschottet als die der Menschen hier in unserem Camp.

Eine gute Woche später kam abermals Unruhe im Lager auf, die Männer liefen wie aufgescheuchte Hühner umher und redeten in gedämpftem Ton miteinander. Plastikplanen, die als Dächer für die Hütten gedient hatten, wurden zusammengerollt. Frauen und Kinder waren wie vom Erdboden verschluckt. Wahrscheinlich hatte man sie aus dem Lager geschleust und zu Verwandten in umliegende Dörfer gebracht. In den letzten Tagen hatten wir häufiger Aufklärungsflugzeuge vernommen, manchmal auch Hubschrauber ganz in der Nähe. War das der Grund für dieses nervöse Herumflitzen?

«Ihr! Packen!» Amg tauchte vor unserem Hütteneingang auf, sein Gewehr im Anschlag.

«Was packen?», wollte ich wissen.

Amg schwenkte den Lauf seines Gewehrs einmal im Kreis.

«*All*», lautete seine kurze Antwort.

«Was ist los?» Stefan mischte sich ein.

«Militär!» Im nächsten Moment war Amg wieder fort.

Militär – bedeutete das etwas Gutes oder etwas Schlechtes?

Ich war nervös. Endlich schien Bewegung in die Sache zu kommen, doch mir war bewusst, dass es lebensgefährlich werden könnte. Eilig stopfte ich das Wichtigste in unseren Rucksack.

«Du brauchst nicht zu hetzen», beruhigte mich Stefan. «Sie werden nicht ohne uns aufbrechen.»

Wir hatten alles doppelt angezogen. Zwei T-Shirts, zwei Hosen, zweifach Unterwäsche. Auf diese Weise mussten wir weniger tragen.

Kurz darauf erschien Rami. «Seid ihr fertig?», keuchte er und erklärte: «Das Militär will unser Camp attackieren, deshalb können wir nicht hierbleiben.» Als so etwas wie Hoffnung in mir aufkeimte, machte sie der Kotzbrocken gleich wieder zunichte: «Ich bringe euch auf der Stelle um, wenn meinen Jungs etwas passiert. Ich liebe meine Jungs!» Diese Ansage hatten wir schon einmal gehört.

Bei Sonnenuntergang versammelten sich die Rebellen – jetzt in Tarnkleidung, derben Stiefeln, mit Munitionsgürteln schwer behangen und automatischem Gewehr im Arm – vor unserer Hütte. Sie verteilten Solarpaneele, Kochtöpfe und Verpflegung, auch ein Granatwerfer war dabei. Erst hatte ich geglaubt, wir würden sofort aufbrechen, doch dem war nicht so. Die Männer spannten ihre Hängematten auf, wir durften zurück in unsere Hütte, die nun von unseren Bewachern mit beansprucht wurde. Zwei Kämpfer setzten sich in den Eingang, und ein dritter legte sich neben mich, nur ein Bündel Granaten trennte uns. Derart eingezwängt, versuchten wir noch etwas dringend benötigten Schlaf zu finden, doch mir war übel, mein Magen revoltierte, und mein Kopf dröhnte vor Schmerz.

Gegen fünf Uhr morgens wurden wir wach. Sofort fiel mir ins Auge, dass mehrere Entführer ihre Köpfe kahlgeschoren hatten, darunter Rami, Piet und der Blutdruckmann. Furchteinflößend sah das aus. Hatten sie das getan, um möglicherweise mit den Militärs verwechselt zu werden? Oder war es ein Ritual?

Plötzlich fielen erste Schüsse in unmittelbarer Nähe. Ein Höllenkrach. Rami wies uns an, zum unteren Sammelplatz zu gehen, zusammen mit Opa und den Jüngsten; insgesamt waren wir vierzehn Personen. Weitere Schüsse fielen. Eine Granate flog über unsere Köpfe hinweg, sodass wir uns hinter einem riesigen Baum verschanzten. Sie landete hundert Meter hinter uns im Gebüsch, Blätter wirbelten auf.

Als die Granaten mehr wurden, führte man uns zu einer kleinen Müllgrube hinter einer Hütte, in der wir uns verstecken sollten. In ihr stank es nach Urin, gebrauchten Windeln und sonstigem Unrat. Stefan und ich hatten den Plan gehabt, uns bei einem Militärangriff von der Rebellentruppe zu entfernen, um nicht dem Feuergefecht ausgesetzt zu sein, doch es ergab sich nicht die geringste Gelegenheit, sich davonzustehlen. Erst recht nicht, nachdem Rami und einer seiner Männer zu uns gestoßen waren. Der Vasall hatte die Kopfhörer seines Handys im Ohr und telefonierte ununterbrochen, zwischendurch informierte er den Kotzbrocken über das Gesprochene. Dann wandte er sich an mich: «Amerikanische Soldaten, schlecht für uns.»

Woher wussten die, dass es amerikanische Soldaten waren und nicht philippinische? Und überhaupt: Was machten Amerikaner hier? Hatten die Terroristen schon Wahnvorstellungen?

Wenig später wurde ein verletzter junger Mann gebracht, sein Daumen hing nur noch an einem Hautfetzen. Da ich einen sauberen Verband in unserem Rucksack hatte, holte ich ihn heraus, damit Stefan ihn fachgerecht um den Daumen wickeln konnte. Der Junge zitterte am ganzen Leib, sodass wir ihm noch eine von unseren Schmerztabletten gaben und etwas von unserem Wasser. Der junge Mann war unser Feind, dennoch war es uns unmöglich, ihm in der Not nicht zu helfen.

Ohne Unterlass ging die Schießerei weiter. Das Knattern der Maschinengewehre hallte mit ohrenbetäubender Stärke durch den Wald. Ein zweiter Kämpfer wurde gebracht, Blut lief aus seinem Stiefel. Rami, der mich immer noch für eine Krankenschwester hielt, ordnete an, dass ich mich um ihn kümmern sollte. Vorsichtig begannen Stefan und ich damit, dem Verwundeten den Schuh auszuziehen und die Wunde zu säubern. Zeitgleich tauchte eine Gruppe von fünfzehn Männern auf, nicht einen einzigen kannte ich.

«*Salam Aleikum.*»

Rami sprang freudig aus der Grube. «*Inschallah* – Gott sei Dank.»

Viele Umarmungen folgten, die Männer besprachen kurz die Lage (das nahm ich jedenfalls an), danach zog die Gruppe weiter, dorthin, woher die Schüsse kamen. Ich ging davon aus, dass es sich bei diesen Männern um Verstärkung handelte. Wieder einmal hielt ich Rami für einen Feigling. Wie ein Weichei hatte er sich sogar Stöpsel in die Ohren gesteckt, um die Schüsse nicht unmittelbar zu hören. Sich hier bei uns zu verschanzen und seine «Brüder» ins Gefecht zu schicken – pah!

Kurz danach befahl Rami: «Aufbrechen!»

Den verletzten Rebell mussten wir zurücklassen, man sagte uns, es würde sich schon jemand um ihn kümmern. Uns trieb man einen steilen Abhang hinunter, rechts von uns blickte man in eine tiefe Schlucht. Es war derselbe Weg, auf dem wir vor zwei Monaten gekommen waren. Die Geräusche der Maschinengewehre wurden leiser, hoch über uns kreisten laut knatternd zwei Überwachungshubschrauber.

«Ich denke, dass sie genau sehen, wo wir sind», flüsterte ich Stefan zu.

Er nickte.

Wieder begegneten wir einer Gruppe fremder Männer. Sie trugen einen Schwerverletzten in einer aus Tüchern und Bambusrohren improvisierten Hängematte. Als sie anhielten, scharten sich alle um den Verletzten. Wir hielten uns fern, aus Angst, sie würden beim Anblick des Verwundeten aggressiv reagieren und ihre Wut wieder an uns auslassen. Aber niemand wurde zornig. Erstaunlicherweise und zum Glück. Rami, anstatt sich um den Schwerverletzten zu kümmern, zückte nur sein Handy, um den jungen Menschen auf der Trage zu filmen. Ich näherte mich der Gruppe, ohne den Grund dafür angeben zu können. Helfen konnten wir bestimmt nicht. Der Versehrte war mit blutgetränkten Tüchern bedeckt, einzig sein Gesicht war zu erkennen. Er atmete ganz flach, es sah nicht so aus, als hätte er eine Chance zu überleben.

Rami sah das anscheinend ähnlich, denn er verlangte nicht, dass Stefan sich den Mann ansah, sondern ordnete vielmehr an, den Weg fortzusetzen. Es ging quer durch den Wald, bis wir einen anderen Pfad erreichten und schließlich das Camp einer weiteren Abu-Sayyaf-Truppe. Meiner Einschätzung nach war dieses Lager besser auf einen Angriff vorbereitet, denn hinter jeder Hütte hatte man eine Art Schützengraben ausgehoben.

«Da hinein», sagte Rami und wies zu einem Graben, in dem schon zwei asiatisch aussehende Frauen hockten, eine jüngere und eine ältere. Sie trugen Jeans und T-Shirts und kein Kopftuch.

«Wie lange seid ihr schon Gefangene?», fragte mich nach einer Weile des genauen Betrachtens die jüngere der beiden Asiatinnen.

Auf einmal verstand ich: Auch sie waren Geiseln.

«Fast zwei Monate», sagte ich.

«Wir sind seit einem Monat hier», erklärte die ältere Frau.

«Aber ihr seid keine Filipinas», stellte Stefan fest.

«Stimmt, wir sind Mutter und Tochter und stammen aus China. Wir leben aber seit zehn Jahren auf den Philippinen, denn wir haben hier Arbeit gefunden.»

«Und weshalb hat man euch entführt?»

«Die Terroristen brauchen Geld. Sie bekommen zwar von euch weißen Ausländern mehr Geld, aber es lohnt sich auch, Menschen wie uns zu entführen. Das ist einfacher, denn ihr Weißen seid oft abgeschirmt. Und die Menge macht's, da kommt auch einiges zusammen.»

«Habt ihr Hunger?», fragte die Tochter.

«Ja, immer», sagte ich.

Sie gab uns einen Kräcker mit Erdbeerfüllung, den sie aus einem Beutel hervorholte.

Die Rast dauerte eine Viertelstunde, dann ging es weiter. Als wir uns von den beiden Chinesinnen verabschiedeten, wünschten wir ihnen viel Glück.

«Hoffentlich seid ihr bald wieder frei.»

«Das können wir euch auch nur von ganzem Herzen wünschen.»

Unterwegs dachte ich, dass das Kidnapping-Business tatsächlich ein einträgliches Geschäft sein musste. Heute weiß ich, dass der «Islamische Staat» neben dem Verkauf von Erdöl und Kunstschätzen eine dritte Säule hat: das Kidnapping. Nach einem UN-Bericht vom November 2014 hatte die arabische Al-Qaida-Gruppe in den vorausgegangenen drei Jahren 20 Millionen Dollar Lösegeld erpresst, die Al-Qaida-Terroristen im Maghreb in vier Jahren 75 Millionen Dollar und die Terrorgruppe IS innerhalb eines Jahres fast 45 Millionen Dollar.

Ich erinnerte mich daran, dass nach der Entführung und Ermordung des Arbeitgeberpräsidenten Hanns Martin Schleyer 1977 durch die RAF der damalige Bundeskanzler Helmut Schmidt eine Erklärung abgegeben hatte, dass er im Fall seiner Entführung auf keinen Fall gegen Terroristen ausgetauscht werden wolle. «Kompromisslose Härte des Staates gegen seine Feinde!», das war seine Maxime gewesen, auf Kosten des eigenen Lebens. Aber konnte eine Regierung diese unbedingte Haltung auch durchhalten, wenn es um das Leben von einfachen Staatsbürgern wie das unsere ging? Und dass die Bundesregierung eingeschaltet war, davon ging ich inzwischen aus. So wie bei den Chinesinnen sicher die chinesische Regierung involviert war. Nicht umsonst dauerte unsere Geiselhaft nun schon so lange, nicht umsonst gab es diese Aufklärungsflugzeuge. Aber was war mit der Null-Lösegeld-Politik?

Am späten Nachmittag erreichten wir ein Waldgebiet abseits eines Weges, Opa und die älteren Youngsters fingen an, mit ihren Buschmessern eine Stelle freizuschlagen, sodass auf dem Boden Palmenwedel ausgelegt werden konnten und darüber eine Plastikplane. Das war unsere Schlafstätte, eine weitere Plane diente als Dach. Die Männer bevorzugten es, in ihren Hängematten zu liegen. Ein kleines Feuer wurde noch angezündet und mit der Milch von Kokosnüssen Reis gekocht.

Wie wir später erfuhren, wurde auch von diesem militärischen Einsatz in philippinischen Zeitungen berichtet. Es hieß dort, dass es bei dem Gefecht zwischen Abu-Sayyaf-Milizen und Regierungstruppen mehrere Tote gegeben habe, darunter sieben Soldaten sowie dreizehn Verwundete. Weitere sechs Soldaten der philippinischen Armee seien bei einem zweiten Angriff nach Abschuss eines 81-mm-Granatwerfers ums Leben gekommen. Neun Rebellen hätte man getötet. Begründet wurden die militärischen Operationen damit, dass die Zivilbevölkerung sich in den betroffenen Regionen um Barangay Kagay sicher fühlen sollte. Von US-Truppen war natürlich nicht die Rede.

Stunde um Stunde vergingen mit Nichtstun, nachdem wir am nächsten Morgen unseren Reis mit Zucker gefrühstückt hatten. Inzwischen waren auch Piet, Amg, der Taktiker und viele andere aus dem Camp aufgetaucht. Von «unseren» Entführern war keiner verletzt oder gar getötet worden. Irgendwie war ich darüber erleichtert. Nicht dass ich mit diesen Verbrechern sympathisierte, vom Stockholm-Syndrom war ich weit entfernt. Doch Ramis Reaktion auf den Verlust eines seiner geliebten Jungs mochte ich mir nicht vorstellen.

Während wir auf was auch immer warteten, überfiel mich plötzlich eine tiefe Enttäuschung. Die gestrige Attacke hätte eine Chance sein können, nicht mehr länger Gefangene zu sein. Doch es schien, als hätten die Abu Sayyaf sich gegenüber dem Militär behaupten können. Rami und seine Vasallen wirkten nicht im Geringsten nervös, oft genug hatten sie telefoniert, um herauszufinden, wie es an der Frontlinie aussah. Wir waren nicht frei – und das sagte eigentlich alles. Und so schnell würde man sicher auch keine weitere Operation durchführen. Womöglich würde die nächste Gelegenheit erst in Monaten kommen. Traurig saß ich auf der Plane. Es stand schlecht um uns, da gab es nichts zu beschönigen. Zuerst war unsere Flucht gescheitert und nun ein militärischer Befreiungsversuch. Ich mochte nicht einmal Stefan ansehen, er hätte sofort meine Gedanken erraten.

«Es ist kein Wunder, dass der Militärangriff so ausgegangen ist», sagte Stefan. Er schien doch meine Gedanken gelesen zu haben. «Abu-Sayyaf-Kämpfer sind hochmotiviert und furchtlos. Erinnere dich nur, wie sie bei unserem Fluchtversuch ohne Deckung auf uns zugesprungen sind, ohne zu wissen, wer da in den Büschen hockte. Ein Soldat des Militärs denkt nur an sein nächstes Monatsgehalt und daran, seine eigene Haut zu retten.»

Am späten Nachmittag brachen wir wieder auf, die beiden Planen wurden sorgfältig zusammengerollt. Anfangs hielt sich Stefan an meiner rechten Schulter fest, um nicht zu fallen, doch auf Dauer wurde das zu anstrengend. Ich fragte Rami, ob nicht einer der jüngeren Männer diese Aufgabe übernehmen könne. Er stellte uns Jamil zur Seite. Da wir auch nachts weiterliefen, kam Stefan mehrmals an seine Grenzen, doch Jamil half ihm in den kurzen Pausen, die uns gegönnt wurden, sich hinzusetzen und wieder aufzustehen. So stolperten wir stundenlang durch den dunklen Wald. Ein Überwachungsflugzeug summte ständig über uns. Ein kleiner Trost in diesem Elend. Ein Hinweis, dass es nicht nur die Welt von Abu Sayyaf gab.

Auf unserem Weg passierten wir schließlich eine große Straße, uns wurde befohlen, leise zu sein.

«*Move, move*», trieb man uns an, und: «*Faster, faster* – schneller, schneller.»

Die Rebellen hatten es eilig. Hochkonzentriert schauten sie sich um, von niemandem sollten wir gesehen werden.

«*Government Territory!*», raunte uns ein Junge ins Ohr.

Jenseits der Straße, wieder mitten im Wald, wurden wir von einigen Menschen erwartet – Zivilisten, die die Rebellen unterstützten? Jedenfalls versorgten sie sie mit Proviant. Es folgte eine zweite große Straße, die wir ebenfalls gehetzt überquerten. Links und rechts konnte ich Häuser erkennen, in einigen von ihnen brannte sogar Licht. Aber wenn ihre Bewohner die Extremisten versorgten oder auch nur (zwangsweise) duldeten, machte es wenig Sinn, davon zu träumen, in ihnen Zuflucht zu finden.

Die Rebellen entspannten sich erst, als sie sich wieder im hochgelegenen Urwald befanden. Das war Abu-Sayyaf-Gebiet, ihr Territorium.

Mit Beginn der Morgendämmerung erreichten wir eine kleine Siedlung, augenblicklich spannten die Männer ihre Hängematten auf. Stefan und ich blieben stehen, wussten nicht, was wir tun sollten. Jamil zeigte auf eine Holzhütte, die auf hohen Stelzen stand. Wir konnten eine kleine «Terrasse» erkennen, zu der man über eine Leiter – ein dickes Bambusrohr, in das man Stufen geschlagen hatte – gelangte. Mühsam kletterten wir hinauf. Der Bewohner der Hütte lag unter einem Fliegennetz auf dem Boden, wir richteten uns in der gegenüberliegenden Ecke ein. Gerade konnten wir noch unser schweißnasses T-Shirt aus- und ein trockenes anziehen, da waren wir auch schon eingeschlafen.

Als ich aufwachte, war der Mann, der die Hütte bewohnte, nicht mehr zu sehen. Beim Hinausschauen entdeckte ich mehrere Feuer, um die in Gruppen das Frühstück eingenommen wurde. Schon früher war mir aufgefallen, dass die Rebellen nicht alle zusammenhockten, sondern stets kleinere Trupps bildeten. Das Muster ihrer genauen Zusammensetzung hatte ich bislang nicht durchschaut. Stefan und ich gesellten uns zu einer, in der auch Jamil war, die meisten von ihnen waren kaum älter als siebzehn. Von ihnen erhielten wir eine Portion Reis mit Knoblauch.

Danach durften wir duschen und den uringetränkten Schlamm aus unserer Kleidung waschen. Als das erledigt war, zogen wir uns in die Hütte zurück, in der ich einen Kamm entdeckte und ihn auch gleich stibitzte. Weiterhin fand ich ein Schulbuch mit dem Titel: *Islamic values – Islamische Werte.* Es war eine Ausgabe für Kinder mit vielen Bildern in englischer Sprache. Schnell hatte ich es durchgelesen und war erstaunt: Auch für Muslime galten Gebote, die sich nicht sehr von Moses' zehn Geboten unterschieden. «Und ihr sollt niemanden töten, dessen Leben Allah unverletzlich gemacht hat.» Ich konnte nur hoffen, dass Allah auch unser Leben unverletzlich gemacht hatte. Darüber hinaus war viel von Reinlichkeit und dem Entfernen von Müll die Rede. Was die Reinlichkeit betraf, so waren die «islamischen Werte» auf jeden Fall bei den Menschen hier angekommen, bei der Beseitigung des Drecks allerdings gab es definitiv große Lücken. Ich dachte: Die legen sich ihren Glauben auch so aus, wie es ihnen gerade passt.

Tags darauf sollten wir erneut unsere Sachen packen. Einer der Jüngeren hatte für Stefan einen Stock geschnitzt, auf den er sich stützen konnte.

«Gehen wir in unser altes Camp zurück?», fragte ich Rami.

«Nein. Das existiert nicht mehr.»

Nach einem halbstündigen Fußmarsch waren wir am Ziel, ganz in der Nähe befand sich ein Bananenhain. Abermals wurde ein Stückchen Erde mit den Butaks bearbeitet, und unser Zelt aus den beiden Plastikplanen wurde in der Mitte des provisorischen Camps errichtet; auf diese Weise konnten wir von allen Seiten beobachtet werden.

Die Männer beteten auf frischausgelegten Bananenblättern, danach zogen einige von ihnen los, wahrscheinlich, um Lebensmittel zu organisieren. Der Taktiker kam dann auch nach einiger Zeit mit Fisch und Reis wieder, und Rami warf uns zwei Paar Schuhe zu, für Stefan Nike-Turnschuhe mit Spikes in Größe 48, für mich Gummistiefel in Größe 44. Zwei Paar Socken flogen hinterher. Tags zuvor hatte er nach unseren Schuhgrößen gefragt, ich hatte 44 für Stefan angegeben, für mich 40. Warum kaufte dieser Idiot Schuhe in der falschen Größe? Und Spikes im Urwald? Wofür sollte das gut sein? Um damit Blätter aufzuspießen? Stefan versuchte in die Gummistiefel zu steigen, die für mich bestimmt waren. Das klappte sogar, und zu Rami sagte ich: «Wir brauchen noch ein Paar Gummistiefel in Größe 40.»

Wenn wir weiter mit ihnen leben sollten, dann wenigstens mit richtigem Schuhwerk. Und Rami sorgte dafür, dass wir es auch bekamen.

Eine Frau! Einer der Männer bekam Besuch von seiner Frau. Zu zweit saßen sie in einer Hängematte und hielten verliebt Händchen. Eigenartig, dieses Nebeneinander von derart unterschiedlichen Gefühlslagen so nah mitzuerleben – auf der einen Seite die immense Brutalität, dann wieder die Innigkeit einer Liebe, bei der man dachte, ein Mensch, der so liebt und empfindet, kann nicht im nächsten Moment kidnappen, Scheinhinrichtungen durchführen oder sogar töten. Unvorstellbar und doch so real.

Die Männer, die frauenlos blieben, widmeten sich stattdessen Tätigkeiten wie dem Kochen oder dem Flicken der Planen. Viel Zeit verbrachten sie auch damit, ihre Gewehre zu ölen. Opa fing an, eine Hütte zu bauen. Bedeutete das, dass wir länger bleiben würden? Anscheinend. Die Hütte war aber nicht für uns gedacht, sondern für seine Frau, die wir bereits bei unserer Ankunft im ersten Camp gesehen hatten. Oma, wie sie sogleich für uns hieß, kümmerte sich fortan um das Feuer und um die Verpflegung aller.

Nach einiger Zeit verließen wir auch dieses provisorische Lager. Sollte das jetzt ständig so weitergehen, alle paar Tage woanders? Ein ewiges Versteckspiel? Nächtliche Märsche, die Stefan kaum bewältigen konnte? Als wenn Rami meine Gedanken erahnt hätte, sagte er: «Ich habe für Stefan ein Pferd besorgt.» Stefan schüttelte den Kopf, meinte, das sei zu gefährlich, er sei früher geritten, deshalb wisse er, wie schwer ein fremdes Pferd zu handhaben sei, besonders bei diesem unebenen Gelände. Rami zuckte mit den Schultern und meinte, es sei nur ein Angebot, wir wüssten wohl selbst, was wir uns zumuten könnten.

Wieder marschierten wir durch unwegsamen, dunklen Wald. Stefan stöhnte mehrmals vor Schmerzen auf, die anderen zischten ihn an, er solle gefälligst leise sein. Einer der Männer stieß ihm sogar sein Gewehr in die Rippen, damit er keinen Ton mehr von sich gab.

In der Nähe einer Straße konnte ich einen Jeepney hören, einen der Willys Jeeps, die die US-Amerikaner nach dem Zweiten Weltkrieg auf den Philippinen zurückgelassen hatten. Sie waren zu Kleinbussen umgebaut oder sogar nachgebaut worden. Dann sah ich die Lichtkegel der Scheinwerfer. Der Jeepney stoppte. Wir wurden zur Straße gezerrt und in das Gefährt hineingeschubst. Opa, Rami und ein paar andere folgten. Einer der Männer spielte mit einem Blaulicht und einem Megaphon herum, sagte leise: *«Don't worry, we are the police.»* Eine Übung für den Fall, dass jemand fragen sollte, was hier los sei?

Der Jeepney startete. Ein Großteil der Männer, die zu Fuß weitergehen sollten, warf noch schnell einen Rucksack in unser rostiges Gefährt, dann verschwanden sie rasch im Wald. Der Bus raste durch die Nacht. Die Straße war gesäumt von armseligen Holzhäusern, rechts konnte ich einen kleinen Markt erkennen, die einzelnen Stände geschlossen. Nach ungefähr zehn Minuten wurde die Straße immer schlechter, es rumpelte nur noch, die Reifen kämpften mit einer unendlichen Folge von Schlaglöchern, jeder Stoß ging bis ins Mark.

Eine Moschee tauchte vor uns auf, weiß mit blauen Ornamenten, von ihr bogen wir nach rechts ab und stoppten nach ungefähr zweihundert Metern vor einem Privathaus. Ein Mann öffnete die Tür, und wir folgten ihm in einen Raum, wo seine Familie auf dem Boden schlief. Wir bekamen Wasser und ein paar Kräcker, dann mussten wir auch schon wieder aufbrechen und zu Fuß den nächsten Berg erklimmen.

Mit Beginn der Morgendämmerung konnten wir ein paar offene Berghütten ausmachen. In einer von ihnen durften wir uns hinlegen. Stefan und ich waren völlig erschöpft, es fehlte uns sogar die Kraft zum Reden. Schlaf finden und alles vergessen, das war unser einziger Wunsch.

Vormittags trudelten die Fußgänger ein, der Jeepney war also für Stefan organisiert worden, damit er es weniger schwer hatte. Es nützte ihnen nichts, wenn wir, ihre Geiseln, die langen Märsche nicht überlebten. Wir marschierten noch eine halbe Stunde weiter, bis ins nächste Tal. Und wieder fingen die Männer an, Hütten zu bauen.

Niemand kümmerte sich um uns, alle waren beschäftigt. Wir saßen noch immer reichlich abgekämpft auf unserer Bodenplane und vertrieben uns die Zeit damit, große, bernsteinfarbene Ameisen von ihr wegzuwischen. Sie gehörten zu der übelsten Sorte, denn das Gift, das sie verspritzten, wenn sie sich bedroht fühlten, war extrem schmerzhaft. Da wir kein Moskitonetz mehr hatten, attackierten uns auch die Mücken, besonders heftig war das bei Sonnenaufgang und bei Sonnenuntergang. Bald waren wir am ganzen Körper voller Mückenstiche und hatten Angst vor einer Malaria. Wir fragten die Männer, ob sie denn keine Malaria fürchteten. Ihre einhellige Antwort: «Malaria? Was ist das?» Sorge bereitete uns weiterhin das Geschwür an Stefans Bein, es verschlimmerte sich, erneute Nachfragen nach einer antibiotischen Salbe blieben ungehört. Antibiotika bekamen wir erst, als ich unter einer Blasenentzündung litt und dauernd in die Büsche musste. Das war unseren

Aufpassern zu mühsam, deshalb brachten sie mir entsprechende Tabletten mit.

Eines Nachmittags erschien Rami in Begleitung eines fremden Mannes. Er schien in der Hierarchie der Entführer einen vergleichbaren Rang wie unser Kotzbrocken zu haben. Das war schon an seinem Handy zu erkennen, einem Samsung Galaxy Smartphone. Er war kleiner als Rami, trug einen hässlichen dünnen Vollbart, eine traditionelle malaysische Mütze und ein blütenweißes bodenlanges Hemd. Mit seinem Smartphone machte er ein Foto von Stefan und mir.

«Wofür ist das?», fragte ich.

«Sie befinden sich jetzt auf malaysischem Territorium», sagte der Mann in einem gepflegten Englisch. In seiner Stimme lag eine unangenehme Verschlagenheit. Hoffentlich sollte dieser Typ nicht über unser Schicksal entscheiden. «Das Foto ist für die Deutsche Botschaft in Kuala Lumpur. Wir werden neu verhandeln.»

«Ich verstehe nicht.»

«Sie verstehen kein Englisch?»

Natürlich hatte ich den Mann gut verstanden, aber ich kannte keine Insel, die zur Hälfte philippinisch war und zur anderen Hälfte malaysisch. Doch es musste eine solche geben, denn wir hatten die Insel ja nicht verlassen. Oder wollte er mich in die Irre führen? Aber er hatte ganz selbstverständlich davon gesprochen, schien also nicht irgendetwas fingieren zu wollen.

Im Gras hatte ich eine alte Plastiktüte mit der Aufschrift eines Geschäfts und einer Adresse in Jolo gefunden.

«Jolo ist doch kein malaysisches Territorium», sagte ich zu Stefan, als der Bartträger sich anderen Dingen zugewandt hatte. «Das passt doch alles nicht.»

Stefan zuckte nur mit den Schultern, er schien sich kaum noch für das zu interessieren, was um ihn herum geschah.

Mein Magen knurrte. Warum hatte es heute kein Mittagessen gegeben? Ich ging zum Taktiker und fragte mit vorwurfsvollem Gesicht: «*Lunch?!*»

«*No lunch, Ramadan!*»

Fastenzeit – auch das noch! Als wenn wir nicht bereits hungrig genug gewesen wären. Damit wir genug tranken, bekamen wir eine Packung mit losem Tee und Zucker. Amg baute aus kleinen Ästen ein Gestell, an dem man einen Teekessel aufhängen konnte. Danach wollte er mir zeigen, wie ich ein Feuer anzuzünden hatte.

«Lass dich nicht darauf ein», warnte Stefan, der auf einmal aus seinem Dämmerzustand erwachte. «So fängt es an, und am Ende darfst du für alle Essen kochen.»

Augenblicklich stellte ich mich gegenüber Amg dämlich: «Ich kann das nicht, ich bin so ungeschickt, da besteht die Gefahr, dass ich die Hütte in Brand stecke. Und ein solch großes Feuer könnte die Aufmerksamkeit von Leuten erregen, die nicht aufmerksam werden sollten.»

Amg seufzte und kochte für uns das Teewasser.

Trotz nicht entfachten Brandes flog mehrmals ein Hubschrauber über uns hinweg, besorgt schauten die Männer hoch. Ich freute mich insgeheim – man wusste also wieder, wo wir waren.

Erst nach mehreren Tagen gab es für uns eine neue Hütte, gerade breit genug, um darin nebeneinanderzuliegen. Sie war nicht sehr hoch, wir konnten uns in ihr nur hinknien. Die Dachplane hatte zudem viele Löcher, beim geringsten Regen tropfte es überall herein. Mit Kaugummi und Plastiktüten, die ich im umherliegenden Müll fand, stopfte ich notdürftig das eine oder andere Loch. Natürlich durfte auch die Bank für unsere Nachtwächter nicht fehlen. Schnell war sie zusammengezimmert, und sie wurde auch viel näher an unsere Hütte gestellt als im ersten Camp.

Nach und nach kehrten die Frauen mit den Kindern zu ihren Männern zurück, und mit ihnen stellte sich auch eine gewisse Normalität ein – anscheinend hatte sich in den vergangenen Monaten unsere Vorstellung von Normalität auf ein völlig anderes Niveau begeben. Immerhin waren die Männer im Beisein ihrer Frauen weniger aggressiv, da sie von diesen auf Trab gehalten wurden: Dies musste gemacht werden, jenes war zu erledigen. Sogar eine Extra-Kochhütte stand auf dem Programm, die die Männer in Angriff zu nehmen hatten.

Das neue Camp lag viel offener da und war nicht so hoch gelegen wie das alte, es befand sich in einem weitläufigen Tal. Dadurch konnten wir mehr über unsere Entführer in Erfahrung bringen. Insgesamt waren es siebzig Männer, die mit ihren Familien in zehn Untergruppen lebten. Jede Gruppe schien von einem Vorsteher angeführt zu werden und hatte ihre Hütten um eine Feuerstelle gruppiert – man kochte also nur für die eigenen Mitglieder.

Wurde Feuerholz benötigt, zogen die Männer einer Gruppe jedes Mal geschlossen los, wobei sie manchmal ganze Baumstämme ins Lager schleppten. Gemeinsam wurde auch das gesammelte Holz zerhackt. Wer keine Lust mehr hatte, klinkte sich einfach aus. Erstaunlich war, dass es deshalb nie Streitereien gab. Überhaupt habe ich die Männer nie untereinander streiten sehen. Es gab viele Regeln, geknüpft an klare Hierarchien, die ohne Widerworte eingehalten wurden. Ihr soziales Gefüge war streng und daher sehr stabil.

Der Taktiker und seine Frau Norgia wohnten wieder in unserer unmittelbaren Nähe, aber sie waren nicht mehr diejenigen, die für uns kochten. Die Gruppe, zu der wir jetzt gehörten, umfasste Opa und Oma, Amg und weitere fünf junge Männer zwischen sechzehn und achtzehn. Einer dieser Youngster erhielt von uns den Namen «Der junge Amg», er sah Amg aber auch so was von ähnlich, nur eben jünger, sogar noch hübscher, mit besonders dicken Lippen und krausen, schulterlangen Haaren, die er sich seitlich zu einem Zopf gebunden hatte. Zum Abschluss seines Stylings zog er sich noch ein paar Haare über sein Ohr. Da war jemand verdammt eitel.

Die anderen Jungs waren nicht so hübsch. Einer von ihnen, ein bulliger, muskulöser Typ, hatte ein einprägsames, auffällig blödes Lachen. Und er lachte dauernd – wie es schien, ohne erkennbaren Grund, da seine Kumpel nicht mitlachten. Und so grundlos, wie er lachte, schlug er auch einfach aus Spaß gegen die Wände unserer Hütte. Opa war immer durchgestylt, das Kopftuch, das er trug, passte jeweils zum T-Shirt. Er war vielleicht fünfundsechzig und ständig mit etwas beschäftigt, mal schnitzte er Griffe für Butaks, mal verbrannte er Müll (er war einer der wenigen, die das taten). Ging er duschen, nahm er stets seine Waffe mit.

Oma war ungefähr im selben Alter und hatte etwas Unverwüstliches an sich. Sie, die sich ja nicht verschleiern musste, war klein und gedrungen. Sie trug Hosen und Oberteile, deren Farben so kombiniert wurden, dass man nicht hinschauen konnte. Kochte sie, gab es immerhin eine Soße zum Reis. Manchmal bündelte sie getrocknete Palmenblätter und zündete sie an, um damit in den Hütten das Ungeziefer zu vertreiben. Anfangs blickte sie mich streng an und verzog keine Miene, wenn ich unser Essen bei ihr abholte, doch mit der Zeit konnte ich sie mit ein paar freundlichen Worten auf Tagalog zu einem Lächeln bewegen.

Oma und Opa hatten einen Sohn, der von uns den Namen Franz erhielt (auch Franz hatte eine gewisse Ähnlichkeit mit einem Verwandten aus meiner Familie). Er war Ende zwanzig, hatte eine Frau, die ungefähr im fünften Monat schwanger war, dazu einen sechsjährigen Sohn sowie eine dreijährige Tochter. Er kam uns eher schüchtern vor, auch verhielt er sich uns gegenüber eher neutral, auf jeden Fall nicht so gewalttätig wie viele andere. Seine Frau war total verhüllt, ich konnte sie anfangs nur an den Kindern erkennen, die bei ihr waren, später an ihrer Stimme. Sie sprach relativ gut Englisch – überhaupt konnten die Frauen zum Teil viel besser in dieser Sprache kommunizieren als ihre Männer. Manchmal fragte ich mich, wie die Kinder ihre Gespenster-Mütter erkannten. Sicher an den Augen.

«Wir müssen uns etwas einfallen lassen, um meine Hüften zu entlasten», sagte Stefan eines Tages.

Seit zwei Wochen schliefen wir auf dem harten Boden, die Haut auf Höhe der Beckenknochen war aufgeschürft und begann sich zu entzünden.

«Ich könnte ein ringförmiges Kissen basteln», schlug ich vor.

«Woraus willst du so eins herstellen?» Eine berechtigte Frage.

Um eine Idee zu bekommen, lief ich im Camp umher. In der Nähe einer Hütte fand ich einen leeren Reissack, der eine brauchbare Kissenhülle abgab. Nachdem ich ihn gewaschen hatte, ging ich zu dem Hain mit den Bananenstauden und riss trockene Bananenblätter ab.

«Was machst du da?», fragten die Männer, die mich bei meinem Treiben genau im Blick hatten.

«Ein Kissen», antwortete ich und hielt den Reissack an meine Wange, so, als würde ich schlafen wollen.

Einer der Junggesellen zeigte mir nun sogar noch einige weiter entfernt stehende Bananenstauden, damit ich mir noch mehr getrocknete Blätter holen konnte.

Den Nachmittag verbrachte ich damit, aus dem Reissack einen Ring zu nähen, um ihn dann mit Bananenblättern zu füllen. Zufrieden überreichte ich Stefan mein «Geschenk».

«Danke», sagte er.

Es schmerzte, ihn so verzweifelt zu sehen, so wenig konnte ich für ihn tun. Immerhin half der Ring, zwar waren die Blätter im Nu plattgedrückt, doch es reichte, um die wunden Stellen beim Liegen zu entlasten.

«Wie wird es weitergehen?», fragte Stefan. «Wir sind seit fast drei Monaten gefangen und dann noch diese Sache mit der Deutschen Botschaft in Kuala Lumpur. Das klang, als würden wir wieder bei null anfangen.»

Ich umarmte Stefan vorsichtig, noch immer war sein Körper zerschunden. «Es muss irgendwann einmal etwas passieren, das diese Qual hier beendet.»

Doch was nur?

Der Kotzbrocken hatte sich lange Zeit nicht blicken lassen, doch Mitte Juli war er plötzlich wieder da. Unheil drohte, als er mit wutverzerrtem Gesicht auf unsere Hütte zulief.

«Sie kommt mit mir!» Rami herrschte Stefan an. «Allein.»

Stefan protestierte so vehement, wie er in seinem geschwächten Zustand nur konnte: «Ich will nicht, dass Henrike mit dir geht.»

«Ich will es aber.»

Und weil Rami es wollte, ging ich mit ihm. Er sagte unterwegs, in der Nähe unserer Hütte gäbe es kein Handysignal und dass ich mit Deutschland telefonieren solle, aber nicht im Beisein von Stefan.

Warum nicht im Beisein von Stefan?

Wir liefen durchs Camp, an Hütten vorbei, die ich noch nicht gesehen hatte, zu einem Platz mit einer wunderschönen Aussicht über endlose Wälder. Ganz in der Ferne meinte ich das Meer zu erkennen. Rami begab sich zu einem Baum und hängte sein Handy an einen Zweig, um das Funksignal nicht durch seine Hand zu verschlechtern. Er wählte eine Nummer, doch niemand meldete sich, was aber an der schlechten Verbindung lag. Mehrere Baumpositionen wurden von seinen Vasallen ausprobiert, bis der Empfang besser war.

«Wie viel Vermögen habt ihr eigentlich?», fragte der Kotzbrocken unvermittelt, eine Frage, die ich schon lange erwartet hatte.

Eisern blieb ich bei der Angabe, die wir ihm vor einigen Wochen gegeben hatten: «Alles, was wir besitzen, ist das Boot.»

«Und wie viel ist das Boot wert?»

Ich überlegte kurz, welche Mindestsumme gerade noch glaubhaft erschien: «Um die 30 000 Euro.»

«Das ist eine Lüge! Halte uns nicht für blöd, wir haben Internet und können herausfinden, in welcher Preisklasse sich ein Boot wie eures bewegt. So ein Speedboot, wie wir es haben, dafür kriegt man 30 000 Euro, eure Yacht ist bestimmt nicht unter 300 000 Euro zu haben.»

So ganz falsch lag Rami damit nicht, das war ungefähr der Neuwert unserer Yacht, aber ich wollte keineswegs, dass er sich ein falsches Bild von unseren Vermögensverhältnissen machte, das hatte er schon einmal getan. Deshalb widersprach ich: «Die *Catherine* ist dreißig Jahre alt, da hat sie viel an Wert verloren.»

Rami wiegte den Kopf hin und her. «Wer einen Mercedes besitzt, braucht eine Menge Geld, um ihn am Laufen zu halten. Das ist bei einem Boot kaum anders.»

«Gut», gab ich zu. «Stefan bekommt noch eine kleine Rente.» Und nach einer kleineren Pause fügte ich hinzu: «Nicht umsonst leben wir seit vielen Jahren auf den Philippinen, das Leben ist hier viel preiswerter als in Deutschland.»

Rami lief unruhig auf und ab, sein linkes Auge zuckte wild. Sein Gesicht begann sich wieder vor Wut zu verzerren, schnell ging ich in die Hocke, da ich fürchtete, er könnte mich schlagen. Außerdem hielt ich das noch aus einem weiteren Grund für vorteilhaft: Stand er vor mir, musste er aufgrund meiner Körpergröße zu mir heraufschauen. Trotz dieses Kleinmachens griffen seine Vasallen zu ihren Gewehren, zwei weitere waren noch hinzugekommen. Es war erstaunlich. Nicht zum ersten Mal erlebte ich, dass sie genau wussten, wann sie Rami mit bedrohlichen Gesten Rückendeckung geben mussten, ohne dass der auch nur ein Wort sagte.

In diesem Moment klappte die erhoffte Verbindung, und meine kleine Unterredung mit dem Kotzbrocken war beendet.

Mit leiser Stimme sprach er auf Englisch ins Telefon, dann reichte er mir das Handy. Eine mir fremde Stimme fragte, wie es uns gehe, danach schnell auf Deutsch: «Hört Rami mit?» Ich bejahte, doch damit war das Gespräch für mich auch schon beendet, denn Rami, der seinen Namen wohl gehört hatte, riss mir das Telefon aus der Hand. Seine letzten, drohend ausgestoßenen Worte zu der mir fremden Stimme lauteten: «Unsere Geduld neigt sich dem Ende zu.»

Wieder zurück in der Hütte, spiegelte sich Erleichterung auf Stefans Gesicht, zugleich reagierte er ungehalten: «Wieso bist du einfach so mitgegangen, völlig widerstandslos? Ich bin fast gestorben vor Angst.» Wir beschlossen, so etwas wie diese Situation nie wieder zuzulassen, wobei ich nicht wusste, wie wir das anstellen sollten.

Am nächsten Tag kündigte sich Jamil, der sich bisher von seiner freundlichen Seite gezeigt hatte, mit einem kräftigen Schlag gegen unsere Hüttenwand an. Finster blickte er uns an und befahl uns, nach draußen zu kommen. Rami, der Unvermeidliche, stand dort, sein ebenso unvermeidliches Handy in der Hand. Dieses Mal forderte er Stefan auf, mit ihm zu gehen. Wir protestierten vehement, wurden immer lauter, und am Ende konnten wir tatsächlich durchsetzen, dass wir zusammenblieben. Ein kleiner Sieg über ihn und seine Getreuen, deren Hände fest ihre Maschinenpistolen umschlossen.

Dieses Mal funktionierte der Handyempfang schon nahe unserer Hütte, auf einer Wiese, auf der die Frauen ihre Wäsche wuschen.

«Was soll ich sagen?», fragte Stefan.

«Dass ihr okay seid und sie alles tun sollen, was ich will.» Ramis Stimme klang gereizt.

Stefan sagte sein Sprüchlein auf, danach übernahm der Kotzbrocken das Gespräch, sodass wir nicht mehr mitbekamen, worüber geredet wurde. Auch Stefan hatte keine Ahnung, mit wem er gesprochen hatte. «Nach einem Botschaftsmitarbeiter hat sich das nicht angehört», flüsterte er mir zu.

Einige Tage später folgte ein weiteres Telefonat.

«Ihr werdet mit jemandem aus der Deutschen Botschaft in Kuala Lumpur reden», sagte Rami und schubste uns zum Platz mit der schönen Aussicht, da der Wäscheplatz empfangstechnisch an diesem Tag ungünstig war. Der Kotzbrocken wählte eine Nummer, und eine Frauenstimme meldete sich, er reichte mir sein Handy.

Ich nannte Stefans und meinen Namen.

«Ach, Sie sind der Abu-Sayyaf-Fall», sagte die Frau. «Der zuständige Mitarbeiter ist gerade beim Lunch. Können Sie nicht in einer halben Stunde noch mal anrufen?»

So ging das ein zweites, dann ein drittes Mal. Na, die haben Nerven, dachte ich, wir zittern hier um unser Leben, und die Mitarbeiter der Botschaft darf man nicht beim Mittagessen stören.

Endlich. Doch die Reaktion des zuständigen Mitarbeiters war ernüchternd: «Ich weiß gar nicht, was Sache ist, aber ich werde mich erkundigen.»

Beamte. Mehr fiel mir dazu nicht ein.

Tags darauf hörte ich Rami in der Nähe unserer Hütte am Telefon seinen uns schon bekannten Satz sagen: «Unsere Geduld neigt sich dem Ende zu.» Wie oft hatte er das schon gesagt, wie oft würde er es noch tun? Angst beschlich mich.

Nachdem er zu Ende telefoniert hatte, stieß er laut in unsere Richtung hervor: «Ich werde euch alle Medikamente wegnehmen!» Als er fort war, teilte ich schnell unsere Arzneimittel auf, eine Hälfte kam in unseren Rucksack, die zweite versteckte ich in der Dachkonstruktion. Rami würde kaum auf die Idee kommen, danach zu suchen.

Kurze Zeit später kehrte er zurück. Er murmelte vor sich hin, dennoch waren seine Worte deutlich zu verstehen: «Ich werde die beiden voneinander trennen.»

Erschrocken fuhr ich zusammen: «Das sagt er nicht nur, das meint er ernst.» Ich fing nun doch an zu weinen.

Stefan versuchte, mich zu trösten, so gut er konnte. «Nicht weinen, Rike. Wenn die uns wirklich trennen, dann werden wir auch das schaffen. Denk immer an die vielen schönen Jahre, die wir beide gemeinsam verbracht haben.»

Ja, dachte ich, ich kann das schaffen, aber kann Stefan das? Ich wusste, er würde sich nicht mehr bewegen, sich nicht mehr waschen, niemand würde ihn nachts warm einwickeln. Er war inzwischen zu schwach und unsicher auf den Beinen, um allein in die Büsche zu gehen. Die letzten Wochen hatte er gebraucht, um sich von den Strapazen des Lagerwechsels zu erholen. Würde er überhaupt etwas essen? Und dann war noch ganz hinten in meinem Kopf ein Satz, den er vor ein paar Tagen geäußert hatte: «Wenn du nicht wärst, dann wären meine Selbstmordgedanken wahrscheinlich noch viel stärker, ich halte das alles hier nur aus, weil du an meiner Seite bist.» Die Verzweiflung – sie konnte tatsächlich immer noch größer werden.

Trennung – für immer?

«In den vielen Wochen, die vergangen sind, muss doch über uns verhandelt worden sein», sagte ich, als ich mich vor dem Einschlafen dicht an Stefan schmiegte.

«Aber in welcher Form?», fragte Stefan. «Nie wieder haben wir etwas von deinem Bruder gehört. Und ich habe nicht das kleinste Anzeichen bemerkt, dass sich da etwas tut.»

«Aber so kann es doch nicht weitergehen – was, wenn Rami tatsächlich die Geduld verliert?»

Stefan streichelte über meine Haare. «Wir müssen darauf gefasst sein. Ich kann mir kaum vorstellen, dass jemand Lösegeld für uns zahlt. Und welche Alternative bleibt dann? Wir dürfen nicht vergessen, dass Abu-Sayyaf-Kämpfer bereits Geiseln getötet haben.»

«Meinst du, dass sie uns einfach töten?»

«Möglich ist alles.»

«Und wird der Kotzbrocken es dann selbst erledigen? Ist er so kaltblütig?»

Stefan seufzte. «Keine Ahnung.»

«Da ich ihn ja für einen Feigling halte, glaube ich eher, dass er uns an die Leader abgibt, wer auch immer das ist.»

«Nun sieh mal nicht ganz so schwarz.» Stefan versuchte, mich zu beruhigen. «Letztlich wollen sie doch Geld, da macht es wenig Sinn, wenn sie uns umbringen.»

«Aber sie können auch Geld kriegen, wenn sie nur einen von

uns am Leben lassen. Was hat der Kotzbrocken damit gemeint, dass er uns trennen will?» Meine Stimme hatte einen hysterischen Ton angenommen, ich konnte es selbst hören.

«Bitte, Rike, denk so etwas nicht. Es hat keinen Zweck, sich noch weiter fertigzumachen.»

Lange schlief ich nicht ein, auch Stefan lag wach. Jeder von uns hing seinen eigenen Gedanken nach, versuchte, die aufsteigende Furcht niederzukämpfen und in Schach zu halten.

Wenige Tage später beobachtete ich, wie sich alle Führer der jeweiligen Untergruppen um ein Feuer versammelten. Sie schienen etwas zu beratschlagen, wobei sie häufig zu uns hinüberschauten. Nach einer Weile erhoben sie sich, um in einiger Entfernung auf ausgebreiteten Bananenblättern zu beten. Die Männer wirkten so, als ob sie einen Entschluss gefasst hätten und diesen nur noch absegnen lassen müssten. Die Szenerie war unheimlich – ich spürte, dass ich auf das, was da vor sich ging, nicht den geringsten Einfluss haben würde.

Dann kamen sie zu uns, einige von ihnen lächelten, als sie sich der Hütte näherten. War es ein freundliches, ein fieses, hinterhältiges oder gar ein sadistisches Lächeln? So oft hatte ich in diese Gesichter geschaut und versucht, in ihnen zu lesen, so oft hatte ich mich getäuscht. Diese Männer verband etwas. Etwas, das nicht zu dem Leben von Stefan und mir gehörte: Gewissenlosigkeit und Fanatismus, kombiniert mit was auch immer.

Rami baute sich vor mir auf, als er uns erreicht hatte. Sein linkes Auge zuckte heftig. Barsch sagte er: «Wir bringen dich woanders hin. Ihr werdet jetzt getrennt.»

«Und warum?», fragte ich heiser, meine Kehle schnürte sich zu.

«Wir wollen nicht, dass du siehst, was wir ihm antun werden.» Sein Kopf wies in Richtung Stefan.

Nein. Am liebsten hätte ich aufgeschrien, wäre eigenhändig auf den Kotzbrocken losgegangen – doch ich fühlte mich nur völlig ausgeliefert und ohnmächtig. Nicht nur wegen der vielen Männer, die um ihn gruppiert waren. Auch deshalb, weil Rami es angekündigt und ich letztlich damit gerechnet hatte. Innerlich hatte ich mich seit Tagen auf eine solche Möglichkeit eingestellt. Nun war sie da. Schlimmeres konnte ich mir in diesem Moment nicht vorstellen. Was hatten sie mit Stefan vor? Würden sie ihn wie an meinem Geburtstag foltern? Foltern ohne jegliches Ziel, einfach nur, um den anderen zu zeigen, wie wertlos er in ihren Augen als Mensch war? Und diesmal würden sie ihn vielleicht nicht einfach wieder grün und blau schlagen, sondern ihn sogar töten.

Stefan protestierte mit letzter Kraft: «Ich kann ohne Henrike nicht leben. Nur sie weiß, welche Medikamente ich zu nehmen habe.» Das stimmte sogar. In den letzten Wochen hatte er selbst gegenüber der Einnahme seiner Tabletten eine Gleichgültigkeit entwickelt. An manchen Tagen hatte ich gar den Eindruck gehabt, dass er nicht mehr wusste, wie und warum er in dieses neue Camp geraten war und was die Extremisten eigentlich von uns wollten. Dann musste ich ihm von den nächtlichen Wanderungen nach dem Überfall des philippinischen Militärs erzählen, um ihm all diese Tatsachen ins Gedächtnis zurückzurufen.

«Wir passen schon auf, dass du deine Medizin nimmst», entgegnete Rami unbeirrt.

Stefan zuckte hilflos mit den Schultern. Er wusste nicht, was er darauf sagen sollte. Es gab auch nichts zu sagen.

Wir nahmen uns ganz fest in die Arme. Von außen sah es vielleicht so aus, als wäre es nur ein kurzer, schmerzloser Abschied, innerlich zerriss es mich fast. Ich dachte: Jetzt wird es so richtig böse. Die vorangegangenen Telefonate mit der Botschaft hatten anscheinend nichts gebracht, nun war Rami offenbar zum Äußersten bereit.

«Jetzt bloß nicht weinen», wisperte Stefan mir zu. «Diesen Triumph gönnen wir ihnen nicht.»

Beide weinten wir nicht, obwohl auch Stefan den Tränen nah war. Heftig mussten wir schlucken. Dann drückte ich Stefan noch einmal an mich.

«Wir sehen uns bald wieder. Es dauert bestimmt nicht lange», sagte ich, obwohl ich selbst nicht daran glaubte. Mit aller Macht versuchte ich, meine Gedanken niederzudrücken: Werden wir uns jemals wieder in die Arme schließen? Was werden sie ihm in meiner Abwesenheit antun? Eine große Leere machte sich in mir breit.

Ich folgte Piet, Amg und einigen anderen eine Böschung hinab, wir gingen an einem Bach vorbei, auch an einer weiteren Ansammlung von Hütten. Ich trottete den Männern hinterher, mir war alles egal, nichts fühlte ich mehr.

Nach wenigen hundert Metern machten wir bei einigen mir unbekannten Hütten halt.

«*Welcome to my kingdom*», sagte Piet mit schneidender Stimme.

Das war also sein Königreich, seine Gruppe, und dass er hier der Herrscher war, daran ließ er keinen Zweifel: von Freundlichkeit keine Spur. Auch alle anderen aus seiner Truppe mieden meine Blicke. War es ihnen unangenehm, dass sie Stefan etwas antun wollten und ich davon wusste? Diese Furcht um ihn, sie ließ mich fast wahnsinnig werden.

Um nicht völlig verrückt zu werden, versuchte ich das zu tun, was mir auch in den letzten Monaten meist geholfen hatte, mit der aussichtslosen Situation irgendwie umzugehen: Ich beobachtete, was um mich herum geschah. Am Rand der Hütten wurde ein kleines Stück Böschung gerodet. Amg wühlte in meinem Rucksack, holte meine Decke daraus hervor und befestigte sie als Hängematte zwischen zwei Bäumen. In ihr sollte ich von nun an schlafen. Ich setzte mich hinein, und erwartungsgemäß riss sie an der Aufhängung durch, und ich landete auf dem Boden. Amg und Piet sahen ein, dass es wenig Sinn machte, es noch einmal zu versuchen, und so bauten sie wenig lustvoll eine Pritsche aus Bambus. Die stellten sie direkt neben ein Bäumchen, um das Piet Handschellen legte. Wollten sie mich anketten? Mir wurde angst und bange. Eine Dachplane wurde gespannt, doch es gab keine Wände, keinen Sichtschutz. Ich befand mich hier wie auf einem Präsentierteller. Das war also meine neue Unterkunft.

Nachdem die Männer verschwunden waren, legte ich mich auf die Pritsche, immerhin war sie lang genug, dass meine Füße nicht im Freien baumelten. Meine Decke zog ich über den Kopf, alles in mir war stumpf und leer. Stundenlang lag ich so da, rührte mich nicht, wusste nicht, was ich denken oder tun sollte. Glücklicherweise hatte man mich nicht gefesselt. Aber das konnte noch kommen.

Am Abend schob man mir wortlos eine Portion Reis zu, er blieb mir im Hals stecken. Ich blickte in die Richtung, in der ich Stefans Hütte vermutete, und wünschte ihm einen guten Appetit. Unentwegt kämpfte ich gegen meine Tränen an. Wenigstens hatten sie mich nicht in ein anderes Lager gebracht oder sogar auf eine Nachbarinsel verfrachtet. «Gute Nacht, Stefan, warum kann ich nicht bei dir sein?» Irgendwann war ich doch eingeschlafen.

Früh wachte ich am ersten Tag meiner Einzelgefangenschaft auf und schaute mich um. Neben Piet bestand meine neue Nachbarschaft aus dem Mann, der von seiner Frau Besuch erhalten hatte – weil er so ein langer Lulatsch war, nannte ich ihn den Langen –, sowie Jamil. Dazu kamen einige weitere Männer mit ihren Frauen, die ich bislang nur von weitem gesehen hatte. Einen der Männer, einen hübschen Typ, der mit einem anderen Mann zusammenwohnte (waren die beiden vielleicht sogar ein Liebespaar?), fragte ich, wie es Stefan ginge. Er machte einen Schmollmund und drückte seine Lippen mit Daumen und Zeigefinger zusammen. Auch die anderen schwiegen eisern. Fragte man mich im Folgenden: *«Are you okay?»*, reagierte ich aggressiv und fragte zurück: *«Is Stefan okay?»* Doch da meine Nachfragen zwecklos waren und nur die Stimmung in der «Nachbarschaft» verschlechterten, hörte ich bald damit auf.

Am Nachmittag stürmte der Taktiker zu meiner Pritsche, er explodierte fast.

«Wir werden deinen Mann töten», brüllte er mehrmals, dann rannte er wieder davon.

Die fürchterliche Angst war augenblicklich da, die Angst um Stefan. Sie durften ihm nichts antun. Diese finsteren Typen, was waren das für Menschen? Dabei waren sie nicht einmal verirrte Einzelkämpfer, sondern Familienväter, die liebevoll mit ihren Töchtern und Söhnen spielten. Solche Momente waren kaum auszuhalten. Schon gar nicht allein. In meiner großen Not betete ich sogar zu Gott, dass Stefan nichts geschehen dürfe. Das Beten war meine einzige Hoffnung, etwas, an das ich mich klammern konnte. Alle sagten doch, Gott ist gnädig. Auch wenn ich nicht so richtig daran glaubte und ihn in den letzten Jahren sehr vernachlässigt hatte, würde er mir das schon verzeihen. In diesen Tagen waren meine Gebete wirklich aufrichtig und ernst gemeint.

Sobald jemand an mir vorbeilief, wandte ich mein Gesicht ab, niemand sollte meinen Kummer sehen. In diesem entsetzlichen Camp dahinzuvegetieren – das durfte nicht unser Ende sein. Dennoch war es wahrscheinlich.

Um mich abzulenken, sammelte ich kleine Stöckchen, sie sollten mir helfen, die Tage zu zählen. Das erste steckte ich in ein kleines Bambusrohr. Am Abend zwang ich mich, den Reis hinunterzuwürgen. Beim Essen fehlte mir Stefan besonders, im zweiten Camp hatten wir immer von einem Teller gegessen. Aber mir fehlten auch die Streicheleinheiten, ich war ja so verwöhnt von einem Mann, der all die Jahre über den ganzen Tag Zeit für mich gehabt hatte. Ich vermisste den Kuss vor dem Einschlafen und den Kuss beim Aufwachen, die Frage: «Rike, guten Morgen, wie hast du geschlafen?» Ein dicker Kloß saß in meinem Hals. Ich war allein, und allein musste ich mich gegen diese Männer hier behaupten. Was, wenn sie mich vergewaltigen wollten? Auch wenn Stefan letztlich nichts hätte ausrichten können, so war er eine Art Schutzschild, man hätte ihn festhalten müssen, hätte man mir etwas antun wollen. Und dieser Schutzschild war nun nicht mehr da. Laut sagte ich: «Du hast niemanden mehr. Du kannst dich mit keinem Menschen beraten. Du musst alles selbst entscheiden. Du musst dir eine noch dickere Haut zulegen.»

An diesem Abend bewachten mich zwei Männer, doch da es keine Bank gab, setzten sie sich in einem Meter Abstand von mir ins Gras. Um nicht von ihnen angestarrt zu werden, zog ich mir die Decke über den Kopf, die ich aus der Hütte mitgenommen hatte. Unter der Decke – das war mein einziges Refugium. Da konnte ich ein wenig träumen und der nicht sehr angenehmen Wirklichkeit entfliehen.

Ein Rauschen in den Baumkronen kündigte Wind an. Meine Dachplane flatterte ein wenig. In meinem halbwachen Zustand hörte ich die Segel der *Catherine* schlagen. Wir waren auf hoher See. Schnell holte ich die Schot für das Vorsegel etwas dichter, nun beklagte es sich nicht mehr, verhielt sich ruhig und zog brav unser Schiff über das Meer. *Catherine* war zufrieden, dann waren Stefan und ich es auch. Wir lauschten dem Gurgeln des Wassers an der Bordwand, dem tiefen Pfeifton aus der Takelage und dem kräftigen Brausen der Bugwelle.

Stundenlang konnte ich so sitzen, mich an Stefan anlehnen und die Wellen beobachten. Jede Welle ist anders. Sie kommen meist in Dreiergruppen, und danach gibt es eine winzige Pause. Was würden die nächsten Wellen mit unserem Schiff machen? Bei Flaute bestanden sie aus einem leichten Kräuseln, bei schönem Wind waren sie mit weißen Schaumkronen bedeckt, und bei Starkwind würden ihre grünen Kämme mit einem mächtigen Getöse brechen. Vor der Insel Mauritius hatten wir solche enorm hohen Wellen erlebt. Zu Beginn befürchteten wir, derartige Wellen würden die *Catherine* umstoßen und unter sich begraben. Doch schnell stellten wir fest, dass unser Schiff sehr gut mit dem Seegang umgehen konnte und einfach nur auf den Wellen tanzte. Es ging auf und ab wie auf einer Achterbahn, nur langsamer. Hier erfuhren wir, wie sehr wir der Yacht vertrauen konnten.

«Was gibt's zum Abendessen?», fragte Stefan. «Hat am Haken schon was angebissen?» Wie immer auf Hochseefahrten hatten wir eine Schleppangel ausgebracht.

«Noch nicht», wollte ich gerade antworten, als die Angelrolle losknatterte.

«Wow, da muss was Großes dran sein», keuchte Stefan, als er mühsam Stück für Stück die Angelschnur einholte. «Kannst du schon erkennen, was es ist?»

«Noch nicht, aber ich hole schon mal den Köcher.»

Dann traute ich meinen Augen kaum. «O nein! Ein Hai!», rief ich. «Was machen wir bloß?»

Stefan holte die Angelschnur weiter ein. Wild schlug der Hai um sich und schnappte mit seinem furchteinflößenden Gebiss in die Luft; bestimmt 1,50 Meter war er groß. Wir überlegten, was zu tun sei. So ungestüm, wie der Hai war, konnten wir ihn unmöglich an

Deck befördern. Würden wir die Angelleine jedoch abschneiden, hätte der Fisch den Haken im Maul und würde sehr leiden, womöglich sogar daran verenden. Wir konnten aber auch nicht einfach wie bei einem Karpfen in sein Maul greifen und den Haken entfernen – irgendwie mussten wir die Angelleine entlasten, dann würde sich der Haken vielleicht lösen. Also nahm ich ein dickes Seil, legte eine Schlaufe um die Angelleine und ließ diese über den Kopf und Körper des Hais bis zur Schwanzflosse hinuntergleiten. Erst jetzt zog ich die Schlaufe zusammen, und nun konnten wir den Hai kopfüber hochziehen, die Angelleine wurde locker, der Fisch schüttelte sich weiter, und tatsächlich, der Haken löste sich aus seinem Maul. Schnell entließen wir den Hai ins Wasser.

«Puh, das mit dem Lasso war eine gute Idee von dir», sagte Stefan. «Du bist ja wie Wonder Woman.»

Ja, ging es mir unter meiner Decke durch den Kopf, ich habe Stürme überstanden, bin mit Walen geschwommen, habe einen Hai mit dem Lasso gefangen – ich bin Wonder Woman! Mit diesen Verbrechern hier werde ich auch noch fertig.

Endlich konnte ich einschlafen.

Als ich mein nächstes Stöckchen ins Bambusrohr steckte, baute Jamil eine Bank für meine «Wachhunde». Kaum war er fertig, probierte er sie aus.

«*Lingkot kau!* Setz dich», lud er mich ein und klopfte neben sich auf die Bank.

Ich wollte nicht und blieb stur auf meiner Pritsche sitzen.

«Henrika, wie alt bist du eigentlich?», fragte er.

«Wie alt bist du?», fragte ich zurück, um die Frage nicht beantworten zu müssen.

«Zweiundzwanzig.»

«Und deine Kinder?»

«Fünf und zwei.»

Meine Güte, dachte ich, die fangen hier früh an, eine Familie zu gründen.

Auch die Frauen kamen tagsüber und setzten sich zu mir auf die Bank.

«Henrika, wie geht es dir?», fragten sie.

«Bitte, tut meinem Mann nicht weh.» Mir stiegen die Tränen in die Augen.

«Mach dir keine Sorgen.» Diese Antwort tröstete mich wenig.

Noch immer hatte ich keine Nachricht von Stefan. Seine Stimme hörte ich ständig in meinem Kopf, er musste noch am Leben sein, das konnte gar nicht anders sein. *Denk immer an die wundervollen Jahre, die wir gemeinsam verbracht haben. Das war mehr, als man sich in einem Leben wünschen kann.* Tapfer hielt ich mich an seine Worte.

Jeden Morgen sagte ich in Gedanken: «Guten Morgen, mein Liebster!», jeden Abend: «Gute Nacht, mein Liebster!» Ein wenig tat ich so, als wäre Stefan bei mir. Selbst wenn ich allein zwischen den Hütten umherging, erzählte ich ihm, was ich alles sah – «Guck mal, da ist eine besondere Blüte» –, und hoffte, dass er mich hörte. Ich musste an meine Mutter denken, die, als mein Vater starb, ein Bild von ihm aufgestellt hatte. Immer wenn sie nicht wusste, wie es weitergehen sollte, stellte sie sich davor und sagte: «Na, was würdest du jetzt machen?»

Eines Nachts weckte mich das Licht einer Taschenlampe, ein mir fremder Mann hatte mir die Decke vom Gesicht gezogen und blendete mich. Zu Tode erschrocken, fuhr ich hoch. «Für dich», sagte er mit einem Lächeln, drückte mir einige Langsat in die Hand und verschwand wieder in der Dunkelheit. Mein Herz raste, ich war sprachlos. Die gelblichen, eiförmigen Langsat-Früchte kannte ich von philippinischen Märkten, sie wachsen in Trauben an Lansibäumen. Ich entfernte von einigen Früchten die Schalen, das Fruchtfleisch war weiß und saftig. Könnte ich doch nur Stefan ein paar davon abgeben – mit diesem Gedanken schlief ich wieder ein.

Erst als ich zum Bach durfte, um Wäsche zu waschen, erfuhr ich etwas über Stefan – ich war seit sechs Tagen allein. Amg war gerade dabei, einen armdicken Stock nach mangoartigen Früchten zu schleudern, die an einem riesigen Baum hingen. Er war allein, und so nahm ich die Gelegenheit wahr, um nach Stefan zu fragen. «Stefan ist okay», flüsterte er und warf den nächsten Stock in den Baum. Ich war überglücklich, nicht eine Sekunde zweifelte ich daran, dass Amg die Wahrheit sagte. Warum hätte er mich auch anlügen sollen?

Nach mehreren Tagen mit weiteren Stöckchen, die ich ins Bambusrohr steckte, hatte ich eine Idee: Ich fragte Piet, dessen «Untertanin» ich ja nun war, ob ich nicht Stefans Wäsche waschen könnte, schließlich hatte ich mich ja auch vorher um sie gekümmert. Piet beratschlagte sich mit dem Taktiker, der erneut für Stefan die Verantwortung übernommen hatte. Beide kamen nach kurzer Überlegung überein, dass ich das tun durfte. Wenig später erschien Amg mit ein paar Kleidungsstücken. Ich war so froh über dieses Lebenszeichen, dass ich mir die verschmutzten Wäscheteile vors Gesicht hielt, um Stefan riechen zu können. Natürlich konnte auch das trügen, die Kleidung sagte nichts darüber aus, ob er noch lebte, aber ich hielt mich an ihr fest wie eine Ertrinkende an einem Strohhalm.

Am nächsten Morgen begann ich früh mit der Wäsche, damit sie am Abend trocken war. Die ganze Zeit dachte ich: Wie kann ich Stefan eine Nachricht zukommen lassen? Ich wollte ihm mitteilen, dass ich noch in der Nähe war. Papier und Stift, um ihm etwas auf einen Zettel zu schreiben und diesen zwischen die Wäsche zu legen, besaß ich nicht mehr. Also nahm ich ein Bananenblatt und ritzte mit dem Stiel meines Löffels eine Botschaft ein: «Bin nur zweihundert Meter entfernt, bleib tapfer!» Nach einiger Zeit färbten sich die eingeritzten Buchstaben braun, sodass man sie gut lesen konnte. Dann steckte ich das Bananenblatt in Stefans Hosentasche, hoffentlich fanden die Extremisten es nicht vor Stefan. Als die Wäsche trocken war, legte ich noch eine Langsat-Frucht hinzu und bat den «Hübschen», die Sachen zu Stefan zu bringen. So vermied ich eine Kontrolle durch Piet.

Rami tauchte erst einen Tag vor Ende des Ramadan auf, am 27. Juli, es war auch der Tag, an dem die Frauen und die Kinder das Camp verließen. Wichtigtuerisch baute er sich vor mir auf und sagte: «*Tonight Hari Raja* – heute Nacht feiern wir das Zuckerfest.» Nach einer kleinen Pause fuhr er grüblerisch fort: «Keine Wachen, und was dann?»

Ich verstand nur Bahnhof. Nach kurzem Überlegen erklärte er mir dann, dass man mich an die Handfesseln legen müsse.

Als der Kotzbrocken wieder fort war, sah ich mir die Handschellen genauer an. Vielleicht gab es ja einen Trick, um sie zu öffnen. Ich hatte mir vor Monaten ein YouTube-Video angeschaut, in dem gezeigt wurde, wie man Schlösser knacken konnte. Ernsthaftes Interesse war es nicht gewesen, eher Neugierde. Man wusste schließlich nie, wozu man so etwas einmal gebrauchen konnte. Nachdem ich die Fesseln inspiziert hatte, gelangte ich zu dem Ergebnis, dass der Verschluss recht simpel war. Ich versuchte es mit einem Streichholz, schob es von hinten in den Schnappmechanismus. Doch das Streichholz war zu dick und zu weich. Was kam sonst noch in Frage? Mit einem Mal fiel mir der Metallbügel meines BHs ein. Nach einigem Herumprobieren hatte ich den richtigen Kniff raus.

Die Nacht brach an. Anfangs setzten sich wie üblich zwei Männer auf die Bank, um Wache zu halten. Würden sie entgegen Ramis Anweisung auf ein Anketten verzichten? Erleichtert schlief ich ein.

Doch mitten in der Nacht blendete mich abermals eine Taschenlampe. Piet. Er hatte die Aufgabe, mir die Handfesseln anzulegen. Bevor er das tat, erlaubte er mir aber noch, einen Lappen um meine Handgelenke zu wickeln.

«Nicht so fest», protestierte ich.

Tatsächlich lockerte er die Schellen ein wenig.

Als er mit den Wächtern verschwand, fühlte ich mich elend. Doch dann nahm ich den Lappen weg – und die Fessel saß so locker, dass ich meine Hand aus ihr herauswinden konnte. Wunderbar. Ich hätte mich frei auf meiner Pritsche bewegen können, wenn ich gewollt hätte. Ich hätte auch weglaufen, zu Stefan laufen können, aber davon nahm ich Abstand, denn ich wollte nicht, dass die Situation eskalierte.

Das Fastenbrechen war nicht zu überhören. Sobald es hell wurde, rannten alle durcheinander, jeder durfte eine Salve aus seinem Gewehr abfeuern. Alle umarmten sich und schienen wirklich von Glück beseelt zu sein. Endlich nahm man mir die Handschellen wieder ab.

Zum Mittagessen gab es sogar Rindfleisch zum Reis, und am Abend bekam ich nochmals einen mit Fleisch gefüllten Teller. Nach und nach kehrten auch die Frauen mit ihren Kindern zurück, wahrscheinlich hatten sie den Feiertag bei Verwandten verbracht.

Mit der Zeit gewöhnte ich mich ans Alleinsein. Stefans Wäsche wurde mir gebracht, ohne dass ich danach fragen musste. Sie gab mir das Gefühl, dass es ihm den Umständen entsprechend gutging. Ich entspannte mich ein wenig und begann das erste Mal seit Jahren, mich nur um mich selbst zu kümmern, einzig an mich selbst zu denken. Es war ein seltsames Gefühl. Ich hatte die perfekte Ausrede, egoistisch sein zu dürfen. Man hatte mir jede Möglichkeit genommen, für Stefan da zu sein.

Der Lange flocht aus frischen Palmwedeln Matten, die als Hüttenwände dienten. Ich schaute mir seine Technik ab und stellte ebenfalls eine kleine Matte her, die ich am Kopfende meines Bambusbetts montierte, so hatte ich einen kleinen Sichtschutz, hinter dem ich mich verschanzen konnte, ähnlich unserer Cockpit-Abdeckung auf der *Catherine*, hinter die ich mich immer verkroch, wenn ich seekrank wurde. Das passierte jedes Mal, wenn wir zu einer längeren Reise aufs offene Meer aufbrachen.

«Du willst an Land zurück», sagte Stefan dann immer. «Du bist überhaupt keine Seglerin.»

«Natürlich bin ich eine Seglerin», widersprach ich vehement. «Eine leidenschaftliche sogar. Ich liebe das Segeln noch viel mehr als du.»

«Dafür liebe ich dich mehr als du mich.» Stefan lachte.

Zum Glück hörte mein Magen bald auf, sich umzudrehen. War alles wieder in Ordnung, wollte ich gar nicht mehr an unserem Ziel ankommen, am liebsten wäre ich immer weitergefahren. Was sollte ich in der Zivilisation, in den engen Yachthäfen? Da musste ich mir nur etwas anziehen, das ich dann wieder waschen musste, wofür ich wiederum Wasser holen musste – alles Dinge, die draußen auf dem Meer nicht nötig sind …

«Henrika.» Eine helle Frauenstimme riss mich aus meinen Gedankenfluchten.

Sie gehörte zu der Frau des Langen.

«Henrika, komm her», rief sie noch einmal. Da nur der Hübsche zu meiner Bewachung abgestellt war und dieser gerade in einer Hängematte döste, ging ich hinüber zu ihrer Hütte.

«Ich heiße Fatima», sagte sie in einem sehr guten Englisch und bot mir etwas an, das Ähnlichkeit mit einem Muffin hatte. Es war ihr anzusehen, dass ihr einige Fragen auf dem Herzen lagen. Und schon bald platzte sie mit ihrer ersten Frage heraus:

«In deinem Land, hat man da auch so etwas an?» Fatima zeigte auf den langen Ärmel ihres Gewands.

Ich nickte. «Ja, denn die meiste Zeit des Jahres ist es in Deutschland zu kalt, um kurze Ärmel zu tragen.»

«Und müsst ihr Frauen das hier haben?» Sie wedelte mit ihrem Gesichtstuch herum.

«Nein», sagte ich.

«Keine einzige Frau?»

«Keine einzige Frau», bestätigte ich.

Ermutigt durch Fatimas Fragen, wagte ich selbst eine zu stellen: «Warum tragen einige Frauen ein Gesichtstuch und andere nicht?»

Fatima sagte, das sei sehr kompliziert zu erklären, dafür würden ihre Englischkenntnisse nicht ausreichen.

Sie wechselte das Thema. «Glaubst du, dass es nur einen Gott gibt, der die Welt erschaffen hat?»

«Allah und unser Gott, alles hat ein und denselben Ursprung», erklärte ich.

Damit endete unser Gespräch. Als ich wieder zurück zu meiner «Hütte» ging, dachte ich, dass ich vielleicht nicht so freundlich zu ihr hätte sein sollen, schließlich war ihr Mann ein Terrorist wie jeder andere in diesem Camp, und auch die Frauen waren Mittäter. Aber es hatte mir gutgetan, einmal etwas länger mit einer Frau zu sprechen.

Das lange Warten

Ein helles Brummen in der Luft. Was konnte das nur sein? Seit einigen Tagen hörte ich es, konnte es aber nicht einordnen. Ich ging auf und ab, den Blick nach oben gerichtet, doch nichts entdeckte ich, was ich diesem Summen zuordnen konnte. Schließlich machte ich drei sehr große Vögel am Himmel aus. Das muss es sein, dachte ich, das helle Brummen muss von den Vögeln kommen. Vielleicht Adler. «Jetzt fängst du schon an zu spinnen», sagte ich zu mir selbst. «Adler brummen doch nicht!» Bis ich kapierte: Das, was ich am Himmel entdeckt hatte, waren keine Vögel, das waren Aufklärungsdrohnen, unbemannte kleine Flugzeuge. Man hatte also unsere Spur nicht verloren. Sofort rannte ich auf die Wiese, auf der die Frauen ihre gewaschene Wäsche ausbreiteten, vielleicht konnte man mich so erkennen.

Als sich das Brummen der Drohnen verzogen hatte, bastelte ich mir aus alten Palmwedeln einen Besen, zusammengehalten wurde er von Fasern aus Bananenstauden. Womöglich gelang es mir, mit diesem Besen beim nächsten Aufklärungsflug auf mich aufmerksam zu machen. Immerhin bündelte ich über fünfzig Blätterstiele, das musste doch, wenn ich damit in der Luft hin und her schwenkte, Wirkung zeigen.

Als ich gerade fertig war und stolz mein Werk betrachtete, erfolgte ein bekannter Befehl: «Du, packen!»

«Warum?», fragte ich.

«Militär kommt.»

Schnell waren meine wenigen Habseligkeiten im Rucksack verstaut und mein Schutzdach abgebaut. Plötzlich hielt ich inne: Stefan! Er war sicher auch von dem Umzug betroffen. Jemand musste ihm helfen. Er würde kaum allein in seine Gummischuhe kommen … Dann eine kleine Hoffnung: Vielleicht sehe ich ihn beim Aufbruch? Mein Herz klopfte schneller. Doch dann hieß es, ich solle mich wieder hinlegen und schlafen.

Am nächsten Morgen, es war der 4. August, gab man mir zu verstehen: «*No move.*» Ich war enttäuscht und erleichtert zugleich, es war also nur ein Fehlalarm gewesen.

Kurz darauf erschien eine Frau, die ich bislang noch nicht gesehen hatte. Sie gehörte zu dem Typ, der mit dem Hübschen bisher eine Hütte geteilt hatte. Beide Männer hatte ich deswegen für schwul gehalten, doch das war ein Irrtum, wie sich nun herausstellte – die Ehefrau war nur fort gewesen, um ihr Kind zur Welt zu bringen. Mit dem Neugeborenen und einer ungefähr zweijährigen Tochter war sie jetzt wieder aufgekreuzt. Der Hübsche musste augenblicklich die Hütte verlassen und sich eine andere Bleibe suchen.

Die Frau war extrem scheu. Das Erste, was sie tat, war, den Hütteneingang mit einem Tuch zu verhängen. So gut wie nie kam sie heraus. Ihr Mann wusch an der Wasserstelle die Windeln, brachte das Essen in die Hütte, tätigte den Abwasch und badete die zweijährige Tochter. Von seiner Frau sah ich immer nur die Hand, die den Vorhang zurechtzupfte. Hin und wieder erschienen Nachbarinnen, um sich das Baby anzuschauen und es zu bewundern, dann hörte ich sie stundenlang quatschen. Für die Frauen war ein Kind wahrscheinlich das Wichtigste in ihrem Leben. Je mehr Babys, umso höher das Ansehen. Fatima hatte mir einmal erzählt, dass sie ganz unglücklich sei, da sich noch immer kein Nachwuchs angekündigt habe, obwohl sie schon seit einem Jahr verheiratet sei.

«Ich will unbedingt ein Baby», sagte sie.

Als die Frauen hörten, dass ich keine Kinder hatte, riefen sie unisono aus: «Oh, arme Henrika!»

Ein paar Tage später kam eine weitere fremde Frau zu den Hütten, sehr selbstbewusst und unverschleiert steuerte sie direkt auf mich zu. Sie hatte keine auffallenden Gesichtszüge. Eine durchschnittliche Filipina, klein, schulterlanges glattes schwarzes Haar, etwas ungekämmt, braune Augen und eine Stupsnase. Sie trug westliche Kleidung: ein graues T-Shirt und eine weitgeschnittene Trainingshose. Das bunte Tuch, das sie sich beim Näherkommen vors Gesicht hielt, hatte sie zuvor locker über ihre linke Schulter drapiert gehabt. Als sie an der Bank angelangt war, setzte sie sich neben mich und reichte mir eine Dose mit Schokoladenkeksen.

«Hier!»

Da sagte ich nicht nein.

«Wie geht es dir?», fragte sie, als würden wir ein Plauderstündchen abhalten, als würde gleich der Tee zu den Keksen serviert werden. Sie sprach ein noch viel besseres Englisch als Fatima. Doch nur wenig später beendete sie ihren Smalltalk und begann mich auszufragen:

«Wieso ist dein Mann so viel älter als du?»

Ich erklärte, dass er schon einmal verheiratet war, ich seine zweite Frau wäre, wir aber nur in einem eheähnlichen Verhältnis leben würden.

«Ah, ich verstehe», rief sie aus. «Du bist die Mätresse – ich auch.»

Unweigerlich mussten wir beide lachen.

Zum Schluss ihres Besuchs sagte sie, alles werde gut, und das Beste, was ich tun könne, sei beten. Kaum war sie weg, öffnete ich gierig die Dose mit den Keksen. Ein Duft von Schokolade strömte mir entgegen. Genüsslich nahm ich einen Keks heraus und hielt ihn ewig unter die Nase, um den Geruch zu inhalieren. Erst dann biss ich hinein. Stefan steckte ich bei der nächsten Wäsche welche zu.

Mit jedem Tag wurden die Mahlzeiten karger. Hungrig verzog ich mich unter meine Decke. Es gelang mir nicht, gedanklich durch die Weltmeere zu reisen, und so versuchte ich, mich an eine Episode aus der amerikanischen Sitcom *Two and a Half Men* zu erinnern. Charlie Harper, noch gespielt von Charlie Sheen, ist darin pleite, was ihm aber keine Sorgen bereitet, er sagt nur lässig: «Irgendwas wird schon kommen.» Sein Bruder Alan übernimmt stattdessen jeden nur erdenklichen Job, um ein bisschen Geld zu verdienen. Am Ende wird Charlie ein lukrativer Job angeboten. Charlies Motto «Irgendwas wird schon kommen» versuchte ich mir zu eigen zu machen, denn wenn es so weiterging mit den Essensportionen, dann sah es ziemlich düster aus. Der Hunger war wirklich quälend.

Später in der Nacht hörte ich Ramis Stimme. Ich stellte mich schlafend, wagte aus Angst nicht, mich zu rühren. Was mich aber nicht daran hinderte, seinen Worten zu lauschen. Immer wieder vernahm ich das Wort «*improvise*». Ich vermutete, dass er den Männern die Anweisung gab, sie sollten angesichts mangelnden Geldes beim Essen improvisieren.

Plötzlich ein Rascheln unmittelbar neben mir. Schnell, ein Blick – und mein Atem stockte. Rami hatte seine Hängematte nahezu in Griffweite aufgehängt. Er war aber sofort eingeschlafen, als er sich hineingelegt hatte. Nur ein einziges Mal war der Kotzbrocken mein Nachtwächter – und ausgerechnet er vernachlässigte seine Pflichten. Nur zu gern hätte ich das den anderen Männern erzählt …

Allerdings nicht Piet, der mir, wie Rami, immer unheimlicher wurde. «Wenn du noch einmal versuchst wegzulaufen, schieße ich dir in den Rücken», hatte er mir gedroht. Ständig brüstete er sich vor den anderen, hackte mit seinem Butak auf dem Stamm einer Palme herum, spielte sich auf, mit recht lauter Stimme. Mir fiel es schwer, genau einzuordnen, ob er tatsachlich der zweite Mann hinter Rami war oder nicht vielleicht doch der Taktiker. Obwohl ich möglichst jeden Kontakt zu Piet vermied, so war auch für mich nicht zu übersehen, dass er vollkommen vernarrt in seine ungefähr vier Jahre alte Tochter war, ein ruhiges, kluges Kind. Häufig kuschelten die beiden miteinander in der Hängematte. Als sie das wieder einmal taten, bemerkte ich, dass das Mädchen ein T-Shirt mit dem Aufdruck «*Never detain someone against his will* – halte niemanden gegen seinen Willen gefangen» trug. Da konnte ich meine Zurückhaltung gegenüber Piet nicht länger aufrechterhalten.

«Ich mag das T-Shirt deiner Tochter», sagte ich.

«Warum?», fragte er.

«Weißt du denn nicht, was daraufsteht?»

Anscheinend nicht, obwohl er den Satz mehrfach mit den Augen verfolgte. «Was bedeutet das?»

Ich überlegte eine Weile, ob ich es ihm verraten sollte, dann sagte ich: «Letztlich meint es, dass man Leute nicht kidnappen darf.»

Noch einmal sah sich Piet den T-Shirt-Aufdruck an. In seinem Gesicht spiegelte sich, was sein Hirn nur langsam begriff. Fast verlegen stahl er sich davon. Später trug seine Tochter ein anderes Oberteil.

Inzwischen war der 14. August gekommen, genau achtundzwanzig Tage war ich ohne Stefan, achtundzwanzig Stöckchen hatten sich im Bambusrohr angesammelt.

Der 14. August war aber auch der Tag, an dem Stefans Mutter Geburtstag hatte. An Bord hatten wir das immer mit einer Flasche

Sekt gefeiert, hier, in der Gefangenschaft, war das keine Option. Doch ich konnte ihr auch hier ein ehrendes Andenken bewahren, indem ich an sie dachte – unter der Decke auf meiner Bambuspritsche.

Der 14. August war Stefan sehr wichtig. Er hatte mir einmal erzählt, dass seine Mutter ihn und seinen Bruder mit Ende zwanzig, geschieden und alleinerziehend, durch die Nachkriegszeit gebracht hatte. Damals eine ungewöhnliche Leistung. Nach der Scheidung war sie zu stolz gewesen, Unterhalt von ihrem Exmann einzufordern. So holte sie eine Ausbildung nach und schaffte es mit ihrem Verdienst, beiden Söhnen ein Studium zu ermöglichen.

Eine Geschichte berichtete Stefan immer wieder. Er war zehn gewesen, als er von seiner Mutter zu Weihnachten ein Fahrrad geschenkt bekam. Mühsam hatte sie es sich von ihrem Lohn abgerungen. Stefan hatte sich über das Fahrrad gefreut, aber am selben Abend erschien die Großmutter väterlicherseits und überreichte ihm eine Apfelsine – etwas absolut Besonderes in der Nachkriegszeit. «Mama, sieh mal! Eine Apfelsine!», hatte er überglücklich ausgerufen. «Ist das nicht toll!» Er hatte sich über die Apfelsine der Oma mehr gefreut als über das teure Fahrrad von seiner Mutter. «Das muss meinem Mütterchen in der Seele weh getan haben», sagte Stefan.

Auch meine eigene Mutter kam mir in den Sinn, während ich unter meiner Decke lag. Sie lebte noch, nicht aber mein Vater, er war 1992 gestorben, kurz nach meiner Abreise mit Stefan. Meine Mutter hatte sicher Angst um mich. Wie ich später erfuhr, wurde ihre Sorge in dieser Zeit noch dadurch verstärkt, dass die Abu Sayyaf Mitte August ein Video auf YouTube veröffentlichten, in welchem sie einen Treueschwur gegenüber dem radikalen IS leisteten. Was für Gedanken mussten meiner Mutter da durch den Kopf gegangen sein …

Drei Tage später durfte ich endlich zurück zu Stefan. Obwohl ich nur zweihundert Meter von ihm entfernt gewesen war, kam es mir vor, als wäre ich endlos weit weg gewesen. Ich konnte kaum atmen, als ich sah, wie schlimm es um ihn stand. Er war völlig geistesabwesend. Unsere Begrüßung fiel deshalb auch nicht so euphorisch aus, wie ich es mir ausgemalt hatte. Drücken. Umarmen. Jubilieren. Unzählige Küsse. Ich musste ihn regelrecht anstupsen, damit er überhaupt eine Reaktion zeigte.

Kaum sprach er etwas mit mir, er schien sich an fast nichts mehr zu erinnern, was in der Zwischenzeit geschehen war.

Um meine Enttäuschung und mein Entsetzen zu verbergen, räumte ich erst einmal unsere völlig verwahrloste Hütte auf, reinigte die verdreckte Bodenplane, besserte das undichte Dach aus, wusch Wäsche. Brachte auch Stefan zum Duschen. Ich hatte etwas zu tun, da konnte ich mein Erschrecken über Stefans Zustand erst einmal beiseiteschieben. Als wenigstens die äußere Ordnung wiederhergestellt war, setzten wir uns wie früher dicht aneinandergekuschelt auf unsere Bank.

«Hast du meine kleinen Notizen auf den Bananenblättern gefunden?», fragte ich. «Die, die ich in die Wäsche geschmuggelt habe?»

Einmal, als ich mich so unendlich allein gefühlt hatte, hatte ich gedacht, wie schön es wäre, im Gegenzug auch von Stefan Nachrichten zu erhalten, aber in derselben Sekunde war mir klargeworden, dass er zu schwach war, um mir welche zukommen zu lassen. Schon bevor man uns getrennt hatte, hatte er sich in einem sehr schlimmen Zustand befunden.

Stefan griff in seine Hosentasche und holte ein Bananenblatt nach dem anderen heraus. Mein Herz ging auf, lange hatte ich nicht so viel Liebe empfunden wie in diesem Moment, es war eine

Liebe, die sich von Gewalt und Drohungen nicht hatte unterkriegen lassen.

Noch etwas anderes lag mir auf der Seele. «Warum wollten sie uns trennen, sie haben dir ja nichts getan …?»

«Ich weiß es nicht», sagte Stefan, jedes Wort kostete ihn Mühe. «Vielleicht war Rami der Meinung, es gehe uns zu gut.»

«Du meinst, er wollte uns schwächen?»

«Vermutlich. Schwächen, damit wir Angst bekommen. Womöglich waren wir ihm in unserer Geschlossenheit zu stark. Und damit hätte er ja nicht ganz unrecht gehabt. Wenn man uns trennt, hat er wohl überlegt, würden wir mehr leiden. Wahrscheinlich ist Rami eine wimmernde Frau lieber als eine, die ihm den letzten Nerv tötet …»

«Das kann ich nachvollziehen, wenn ich mich in seine Lage versetze», sagte ich. «Wenn ich am Telefon mit flehender Stimme spreche, macht das bestimmt mehr Eindruck, als wenn ich selbstbewusst zu verstehen gebe: ‹*We are okay.*›»

«Das ist der Punkt. Opfer sollen für den Kotzbrocken schwach sein, damit er eine bessere Verhandlungsbasis hat. Und seine bisherigen Verhandlungen waren ja offenkundig nicht sehr erfolgreich.»

«Aber warum haben sie uns dann jetzt wieder zusammengeführt – das macht doch keinen Sinn?»

«Wenn ich das wüsste.» Stefan beugte seinen Oberkörper nach vorn, als hätte er Schmerzen. «Mag sein, dass sie zu dem Ergebnis gekommen sind, dass diese Trennung letztlich nichts bringt. Immerhin mussten für uns beide Wächter abgestellt werden.»

Oder sie hatten sich überlegt, dass es besser wäre, wenn ich mich wieder um Stefan kümmerte. Das sagte ich aber nicht laut.

Langsam fanden wir wieder in einen gemeinsamen Alltag hinein, auch wenn ich jetzt kaum noch dazu kam, meinen eigenen Gedanken nachzuhängen, zu sehr war ich damit beschäftigt, Stefan aus seiner Versunkenheit zu holen. Immerhin schaffte ich es, dass er nicht mehr ganz so gleichgültig war wie bei meiner Rückkehr. So störte ihn der herumliegende Müll plötzlich noch mehr als mich. Jeden Morgen machte er eine Runde um die Hütte und sammelte die Bonbonpapiere ein, die die Nachtwächter achtlos auf den Boden geworfen hatten.

Der Monat August verstrich, und nichts schien sich zu bewegen. Es war ein Verharren, ohne genau sagen zu können, was diese Ereignislosigkeit würde durchbrechen können. Manchmal konnten wir tagsüber nicht auf «unserer» Bank sitzen, weil sich vier oder fünf «Gespenster» mit ihren Kleinkindern darauf niedergelassen hatten. Wir waren empört, als hätte man uns etwas weggenommen, obwohl wir keinen Anspruch darauf hatten.

Um das Beste aus der Situation zu machen, setzte ich mich einmal etwas abseits von den Frauen auf den Boden, vor mir eine Lauge aus Kernseife. Mit einem elastischen Blätterstiel knotete ich eine kleine Schlaufe, die ich durch die Lauge zog. Dann pustete ich – und schon entwickelte sich eine wunderschöne Seifenblase. Die Aufmerksamkeit der Kinder war sofort auf mich gerichtet, besser gesagt, auf meine Seifenblasen. Aufgeregt versuchten sie die schillernden Blasen einzufangen, einige ermutigt von ihren Müttern, andere waren etwas zurückhaltender. Als aber eines der Mädchen seine Hände vor Begeisterung auf meine Knie legte, war es seiner Mutter zu viel des Guten. Sie kam zu mir herüber und trug das Kind fort.

Immer häufiger hungerten wir. Als ich an einem Morgen zum Frühstück nur zwei in Fett gebackene Mehlklumpen abholen konnte, nicht größer als ein Tischtennisball, brach ich fast in Tränen aus. Was hatte Charlie Harper gesagt: «Irgendwas wird schon kommen.» Nein, das konnte man nicht ewig vor sich hersagen.

Ich ging zur Hütte des Taktikers hinüber, hielt ihm den Teller hin, auf dem die beiden Minibällchen lagen, und sagte flehend: «Das ist nicht genug, wir brauchen mehr Essen.»

«Es gibt nicht mehr», erwiderte er mit ehrlicher Betroffenheit. «Kein Geld.»

Die kärglichen Mahlzeiten führten dazu, dass die Männer erneut Aggressionen ansammelten und loswerden mussten, all den Stress, der sich durch die unerwartete Länge unserer Geiselhaft in ihnen aufgebaut hatte. Und da wir in ihren Augen die Ursache für ihren Nahrungs- und Geldmangel waren, wurden wir abermals zu erklärten Opfern ihrer Gewaltlust. Ein Ausbruch nach dem anderen erfolgten. Anfangs machten sie sich einen Spaß daraus, uns zu erschrecken, indem sie mit allen möglichen Dingen nach uns warfen: harten Obstschalen, Dreckklumpen, Fischgräten, leeren Konservendosen. Besonders beliebte Wurfobjekte waren auch Würmer und Tausendfüßler, die bei der Berührung bloßer Haut Verätzungen hervorriefen.

Eines Morgens fanden wir im Eingang unserer Hütte einen ausgewachsenen, einige Zentimeter großen Skorpion. Es war purer Zufall, dass ich noch nicht auf ihn draufgetreten war. Schnell verließen wir die Hütte, liefen zu der von Opa, in der Hoffnung, er würde das giftige Spinnentier beseitigen. Nicht jeder Stich musste tödlich sein, aber er konnte es. Opa aber hatte, als ich ihm sagte, um was für ein Tier es sich handelte, genauso viel Angst wie wir. Er traute sich nicht einmal in die Nähe unserer Hütte.

Uns blieb nichts anderes übrig, als den Skorpion selbst zu entfernen. Die Blicke der Männer sagten nämlich alles: Man hatte ihn absichtlich bei uns deponiert, freiwillig würde ihn keiner einfangen. Ich fand eine aufgeschnittene Plastikflasche und ein Stück

Pappe, die Flasche stülpte ich über den Skorpion, dann schob ich die Pappe unter das Tier. Auf diese Weise konnte ich es in einigen Metern Entfernung in die Büsche schleudern.

Auch die Scheinerschießungen nahmen die Männer wieder auf. Meist kam Piet in Begleitung – die beiden Männer stellten sich vor uns auf, hoben ihre Gewehre und drückten ab. Ohne Munition. Eine Machtdemonstration, eine mörderische Provokation, entsetzlich fies. Sogar der Taktiker drohte auf einmal damit, er werde Stefan umbringen. Am liebsten hätte ich mich auf all diese Männer gestürzt und sonst was mit ihnen gemacht, nur damit sie schwiegen und mit diesen Schikanen aufhörten. Aber wir wagten es nicht, irgendetwas zu sagen oder auch nur die Miene zu verziehen. Wir wollten keine Angriffsfläche bieten, wollten ihnen auch nicht den Gefallen tun und sie in dem Glauben lassen, sie könnten uns ärgern.

Besonders übel spielte uns ein Mann mit, den wir das «Ekelpaket» nannten, ein kleiner Typ, agil und extrem muskulös. Mehrmals stellte er sich in den Eingang unserer Hütte und glotzte uns unentwegt an, aber nicht nur für eine Weile, sondern mindestens eine Viertelstunde. Glotzte er uns nicht an, ahmte er mit seinem wendigen Körper Schießereien nach, ballte die Hände zu Fäusten, imitierte Boxbewegungen, kam dabei mit seiner grimmigen, affenähnlichen Fratze ganz nah an unser Gesicht und schrie: «Stefaaaaaan! Henrikaaaa!» Auch bei ihm taten wir so, als würde uns sein Verhalten nicht stören.

Während sich diese Männer bedrohlich inszenierten, zeigte sich Rami nicht ein einziges Mal. Warum kam er nicht mehr mit seinem Telefon an, damit wir irgendetwas in den Hörer sagten, und wenn es nur ein Lebenszeichen war? Dieser Außenkontakt, so kurz er war, wir vermissten ihn. Er hatte uns das Gefühl vermittelt, dass man uns noch nicht aufgegeben hatte.

Durch die schlechte Ernährung verschlechterte sich auch unsere körperliche Verfassung. Selbst die wenigen Tätigkeiten, die ich zu verrichten hatte, fielen mir von Tag zu Tag schwerer. Lief ich die fünfzig Meter zur Waschstelle hinunter, war ich hinterher völlig aus der Puste. Duschte ich, vermied ich es, an mir hinunterzuschauen. Meine Brüste waren eingefallen, an Hüften und Hintern war nicht ein einziges Gramm Fett zu viel. Manchmal betrachtete ich Stefan, heimlich, wenn er es nicht bemerkte. Er hatte große Mühe, sich aufzurichten und ein paar Schritte zu gehen. Ich dachte: Rami hat ihn zerbrochen.

Wieder und wieder fragte er mich: «Warum sind wir hier? Was machen wir hier, und was wollen diese Männer überhaupt von uns?»

Geduldig erzählte ich ihm erneut vom Tag der Entführung, vom ersten Camp, von unserer Ankunft im zweiten Camp.

«Ach ja», antwortete er schließlich.

Das war nicht jeden Tag so, aber die Situationen, in denen er nicht mehr zu wissen schien, warum er in dieser Hütte gefangen gehalten wurde, häuften sich.

In guten Momenten lagen wir in unserer Hütte und träumten von Zeiten, in denen wir nicht mehr in der Gewalt der Abu Sayyaf sein würden.

Stefan sagte dann: «Werden wir freigelassen, dann verspreche ich dir, jeden Tag eine halbe Stunde Fitnesstraining zu machen.»

Ich sinnierte vor mich hin: «Das Erste, was ich essen möchte, ist überbackener Camembert mit Preiselbeeren.» Schon beim Aussprechen dieser Vorstellung lief mir das Wasser im Mund zusammen. Wieso war ich nur auf Camembert mit Preiselbeeren gekommen? Das war nichts, was wir oft gegessen hatten. Aber dieser schreckliche Hunger, er nagte an unseren Kräften und vielleicht auch an unserem Verstand.

Sicher, die Evolution hat uns Menschen als Hungerkünstler ausgestattet, wir können mehrere Monate ohne ausreichende Nahrung überleben, solange es genügend Wasser gibt. Das mag auf normale Bedingungen zutreffen, nicht aber auf die Situation, in der wir uns befanden. Ich erinnerte mich, über ein Experiment gelesen zu haben, das der amerikanische Forscher Ancel Keys in den 1940er Jahren durchgeführt hatte. Dabei ließ er Probanden mehrere Monate lang hungern. Heute würde man ein solches Experiment aus ethischen Gesichtspunkten nicht mehr akzeptieren, aber damals hatte man sich daran wohl noch nicht so gestört. In dem Experiment zeigte sich, dass insbesondere die teilnehmenden Männer unter ständigem Hunger apathisch wurden und sich zurückzogen. Einige dachten nur ans Essen, hatten sogar kannibalistische Anwandlungen. So weit waren wir noch nicht.

«Ich hätte gern in jeder Hand eine Flasche Rheingauer Weißwein», phantasierte Stefan weiter. Anschließend lachte er in sich hinein. «Und dazu rechts und links ein Mädchen.»

Ich kniff ihn zärtlich in die Seite. «Ich weiß nicht, ob ich das gutheißen kann.»

In den letzten Augusttagen hörten und sahen wir mehrere Motorräder, das Geräusch der Maschinen war ohrenbetäubend.

«Da kommt Rike zurück», sagte Stefan plötzlich.

«Was meinst du damit?», fragte ich erstaunt. «Ich stehe doch neben dir.» Ließ ihn das Gedächtnis nun völlig im Stich? Ich schluckte heftig, aber dann klärte sich auf, was er gemeint hatte.

«In der Zeit, als ich allein war», sagte Stefan, «habe ich öfter dieses Motorengeräusch gehört. In meiner Einsamkeit habe ich mir vorgestellt, man würde dich mit dem Motorrad zurückbringen.»

«Und dann kam ich doch wieder nur zu Fuß.» Aufatmend sah ich den Mann an, der mir alles bedeutete.

Aber die Sache mit den Motorrädern musste einen Grund haben. Insgesamt zählte ich drei Maschinen, die immer wieder von anderen Männern gefahren wurden. Man teilte sich anscheinend die Fahrzeuge, es lag also die Vermutung nahe, dass sie gestohlen waren. Die Fahrer brachten von ihren Spritztouren immer etwas mit, der Blutdruckmann etwa eine Tüte voller Fische. Auch eine der verschleierten Frauen setzte sich an einem Nachmittag zu ihrem Mann aufs Motorrad. Ganz selbstverständlich trug sie sein Maschinengewehr auf dem Rücken. War sie auch in der Lage, damit umzugehen und auf Menschen zu schießen?

Kurze Zeit darauf hörten wir erneut das Surren der Aufklärungsdrohnen. Jedes Mal versuchte ich, mich irgendwo hinzustellen, wo wenig Gebüsch war. Zugleich hatte ich Angst, dass man mich nicht erkennen würde, ich war ja so mager geworden. Womöglich hielt man mich für eine ganz andere Frau, nicht für die, die damals im April entführt worden war. Ewigkeiten war das her. Tränen schossen mir in die Augen. Würden wir jemals wieder jenseits der unsichtbaren Mauer sein, die die Extremisten um ihr Territorium gezogen hatten?

«Hast du noch die kleine Glasflasche?», fragte Stefan unvermittelt.

Bestürzt schaute ich ihn an. «Haben wir nicht die Rasierklingen?»

«Nein, meine Liebe, ich will mir nicht das Leben nehmen, keine Angst. Ich will nur noch eins: dieses scheiß-verfluchte Lager verlassen. Lebend und mit dir. Und da dachte ich, was wir so an Waffen haben …»

Es bewegt sich was

Wir hatten uns schon zum Schlafen hingelegt, als wir plötzlich von mehreren Taschenlampen geblendet wurden.

Rami.

Er wandte sich an Stefan.

«Lotteee – she can take care of you?»

«Ich verstehe nicht – was meinst du?»

Rami versuchte es noch einmal: *«Lo-tiiiii-eeee, she can take care of you?»*

Dann begriff ich, dass damit Stefans erste Frau gemeint war. Vielleicht wollten sie Stefan freilassen, schnell sagte ich: «Ja, sie kann sich um ihn kümmern.»

«Okay.» Rami verschwand mit seiner Truppe, den Lichtstrahl der Taschenlampen in eine andere Richtung gelenkt.

«Wieso deine Frau? Wieso nicht mehr mein Bruder?», fragte ich, als die Dunkelheit uns wieder eingehüllt hatte.

«Ja, das ist seltsam», sagte Stefan. «Rami hat was vor, das ist klar, nur was?»

«Und woher hat er den Vornamen?»

«Er hat mich offensichtlich gegoogelt.»

Das war eine mögliche Erklärung, schließlich hatten wir Rami erzählt, dass ich Stefans zweite Frau sei und er drei Kinder aus erster Ehe hätte. Den Vornamen seiner ersten Frau hatten wir aber nicht genannt.

Am nächsten Tag, es war der 11. September, kehrte Rami zu uns zurück.

«Wollt ihr hier raus?», fragte er mit auffällig entspannter, sehr ernster Miene.

Wir bejahten das. Was für eine Frage! Als wenn wir uns nichts anderes mehr vorstellen könnten, als dauerhaft mit unseren Entführern zu leben und ihren kriminellen und terroristischen Machenschaften ausgeliefert zu sein.

«Dann ist es besser, ihr kooperiert», sagte er und hielt uns mal wieder sein Handy hin. «Hier könnt ihr sehen, wozu wir imstande sind.»

Wir schauten auf den kleinen Bildschirm, und trotz der verwackelten und unscharfen Bilder konnten wir einen Mann ausmachen, der mit einem Sack über dem Kopf und an den Händen gefesselt von Rebellen durch einen Wald geführt wurde. Es war grausam. Ich wusste sofort, was nun kam und was man uns präsentieren wollte, Ramis Gemeinheit kannte keine Grenzen mehr: Man würde diesen armen Menschen köpfen. Und wir sollten diesem bestialischen Schauspiel beiwohnen. Schnell drehte ich mich um, wandte Rami den Rücken zu.

«Was ist los?», fragte Stefan, der nicht so rasch verstanden hatte, um was für ein Video es sich handelte.

«Schau da nicht hin», sagte ich und erklärte, was gleich darauf passieren würde.

Es entstand eine unangenehme Pause, Rami steckte das Handy weg, dann forderte er: «Ich will einen neuen Ansprechpartner haben, an allen Offiziellen vorbei, jemanden aus Stefans Familie.» Aha, dachte ich, deshalb hatte er nach Stefans erster Frau gefragt. «Wer kommt da in Frage?» Rami sah uns eindringlich an.

Wir überlegten kurz, dann gaben wir den Namen von Stefans Bruder und dessen Heimatstadt preis.

Der Kotzbrocken war aber noch nicht fertig. «Wo habt ihr in Deutschland gelebt?»

«Das haben wir doch schon beantwortet», sagte Stefan unwirsch. «Wir haben dort keinen Wohnsitz, wir leben seit über zwanzig Jahren auf dem Schiff.»

«Und davor?» Rami ließ nicht locker.

«Immer woanders, nichts Festes.» Natürlich wollte Stefan auf keinen Fall preisgeben, wo er seine Praxis gehabt, an welcher Klinik er gearbeitet hatte.

«Mmmh.» Rami beharrte zum Glück auf keinen weiteren Angaben, was Stefan betraf. Stattdessen wandte er sich an mich: «Wo hast du gelebt, bevor du aufs Schiff gegangen bist?»

Wenn ich meine Heimatstadt nenne, dachte ich, wird er erfahren, dass ich eine Mutter habe, deren Existenz ich bisher verschwiegen habe. Das durfte nicht geschehen. Also nannte ich ihm die erstbeste Stadt, die mir in den Sinn kam.

«Hannover.»

«Wie schreibt man das?», fragte Rami.

Ich buchstabierte es ihm, anschließend ging er mit seinen Vasallen ein paar Meter weiter. Sie schienen eine Besprechung abzuhalten, wobei bei ihren «Konferenzen» bislang nie etwas Gutes herausgekommen war. Beim letzten Mal hatten sie beschlossen, uns zu trennen. Mussten wir wieder Schlimmstes befürchten?

Endlich, die Versammlung löste sich auf. Was für abscheuliche Maßnahmen hatten die Fieslinge diesmal ersonnen? Rami trat aber nur auf uns zu und ließ uns den Namen von Stefans Bruder wiederholen, danach kehrte er uns den Rücken zu.

«Nichts passiert», sagte ich aufatmend.

«Wahrscheinlich wird er jetzt meinen Bruder kontaktieren», meinte Stefan.

Besorgt schaute ich Stefan an. «Kann er mit den Abu-Sayyaf-Leuten so verhandeln, dass wir freikommen?»

Stefan zuckte mit den Schultern. «Ich weiß es nicht. Wir haben nur wenig Kontakt gehabt, so gut kann ich ihn nicht einschätzen.»

«Und was willst du ihm sagen, wenn du mit ihm telefonieren darfst?»

«Auf keinen Fall darf er auf eigene Faust verhandeln! Er sollte Kontakt zur Deutschen Botschaft aufnehmen.»

Später stellte sich heraus, dass unsere Aufregung umsonst war. Rami unternahm nicht den geringsten Versuch, mit jemandem aus Stefans Familie zu sprechen.

Am 17. September blickten Stefan und ich uns morgens nach dem Aufwachen an, beide dachten wir dasselbe: Seit genau fünf Monaten befanden wir uns in Gefangenschaft.

Viele Fremde tauchten plötzlich im Camp auf, einem von ihnen fehlte ein Unterarm. Lange saß er mit unseren Bewachern auf der Bank und redete mit ihnen. Kurz darauf beobachteten wir wieder eine Versammlung, eine recht große sogar. Die Älteren und Gruppenvorsteher bildeten einen inneren Kreis, einen äußeren die jüngeren Extremisten. Bestimmt waren es vierzig Mann.

«Ist nun der Moment gekommen, wo endgültig Schluss ist?» Ich reagierte fast panisch.

Stefan musste mich beschwichtigen: «Die werden uns nichts tun, ohne uns bekommen sie gar nichts.»

Dennoch stieg dieser eine schreckliche Gedanke, der sich in meinem Kopf eingenistet hatte, in mir hoch: Die können einem von uns etwas antun, dann haben sie immer noch den anderen.

Die Zusammenkunft wurde mit einem Gebet beendet. Geschlossen machten sich die Männer auf den Weg zu unserer Hütte, allen voran Rami.

«Wir wollen ein anderes Foto von euch machen», sagte er, als er bei uns angelangt war. «Ein gefährlicheres Foto.»

Was stellte er sich unter einem *gefährlicheren Foto* vor? Ging es wirklich nur um ein Foto oder um ein Video wie das von dem Mann, den sie getötet hatten?

«Und wo soll es aufgenommen werden?», fragte ich misstrauisch.

«Auf der Wiese.»

Wir wurden dorthin geführt, einige Männer begannen, sich die Gesichter mit Tüchern zu verhüllen. Ein Einzelner fuchtelte mit einem großen, glänzenden Butak herum. Meinen Puls hatte ich nicht mehr unter Kontrolle. Stefan sah aus, als hätte er sich schon von dieser Welt verabschiedet.

«Hinknien», befahl Rami. «Vor dem mit dem Butak.»

Als wir knieten, drückte man uns schwarze Plastiktüten in die Hand, die wir über unsere Köpfe ziehen sollten. Nein! Auf keinen Fall! Weder für ein Foto noch für … Es war ein Wunder, dass ich noch immer denken konnte. Und einer meiner Gedanken war, diesen Moment so weit wie möglich hinauszuzögern. Ich tat so, als hätte ich diesen Befehl überhört. Auch Stefan machte keine Anstalten, Rami zu gehorchen.

Ich schaute mich um. Ich wollte ihnen in die Augen sehen. Wir waren umzingelt von vermummten Akteuren und unvermummten Schaulustigen.

«Los, Plastiktüte überziehen!»

«Dann kann man uns aber nicht erkennen.» Ein Geistesblitz in letzter Sekunde.

«Mmmh.» Der Kotzbrocken war kurzfristig irritiert, fing sich aber sogleich wieder. «Dann eben ohne.»

Die vermummten Männer kamen näher, der Mann mit dem hochglänzenden Butak packte Stefan an der Schulter und führte verschiedene bedrohliche Gesten aus. Ich zitterte am ganzen Körper, bekam kaum Luft, jeden Moment konnte die Andeutung des Köpfens real werden. Wie bei den Scheinhinrichtungen.

«Perfekt», sagte Rami schließlich.

Endlich durften wir wieder zurück in unsere Hütte. Wir konnten uns kaum erheben, geschweige denn gehen. Die Beine waren weich wie Pudding, gaben sofort nach. Erst nach einigen Minuten gelang es uns, die wenigen Schritte zu unserer Behausung zu gehen. An diesem Tag verriet uns Rami auch den Namen seiner Untergruppe: «Abu Sayyaf, al-Harakatul al-Islamiya, Tanum Group».

Abermals wurden Frauen und Kinder aus dem Camp gebracht. Militär musste in der Nähe sein. Und die Männer zeigten sich erneut von ihrer aggressiven Seite, wieder und wieder stachen sie mit ihren Messerklingen durch die Ritzen unserer Hüttenwand.

Am 24. September ging Rami an die Presse und veröffentlichte im Internet folgende Forderungen – natürlich, ohne dass Stefan und ich davon wussten:

> Posted to World Analysis (Sep 24). Dies ist ein offizieller Brief von den Abu Sayyaf in den Philippinen an die Familien der beiden Geiseln und die Regierungen Deutschlands und der Philippinen:
> Wenn Sie diese Forderungen nicht erfüllen, werden wir eine der Geiseln opfern – so ist Gottes Wille:
> 1. Die erste Forderung lautet: Im Gegenzug für eine Freilassung zahlen Sie 250 Millionen Pesos* (zusätzlich zur Bedingung der zweiten Forderung)
> 2. und die zweite: die deutsche Regierung muss aufhören,

* Das entspricht in etwa 4,5 Millionen Euro.

Amerika zu unterstützen, unsere muslimischen Brüder zu töten – im Irak und in der Levante im Allgemeinen und die Mudschaheddin des Islamischen Staats im Besonderen.

Wir haben Sie gewarnt!

Stichtag: in 15 Tagen.

Mudschahed Abu Rami

Angehängt waren drei Fotos: das Bild mit dem Buschmesser, das Bild mit der Flagge auf unseren Knien und noch ein weiteres, auf dem Stefan mit einem Handy zu sehen ist.

Die Dachplanen wurden von den Hütten abmontiert – ein Zeichen, dass uns abermals ein strapaziöser Marsch bevorstand. Ich würde unser Gepäck tragen müssen. Stefan war zu schwach, er konnte nicht auch noch einen Rucksack mit sich herumschleppen.

Als Rami an unserer Hütte vorbeikam, fragte ich ihn, wie ich das alles tragen solle.

«Das machen wir», antwortete er.

Ständig hörten wir Motorräder, die erschienen und wieder davonfuhren, die Anzahl der Männer verringerte sich von Mal zu Mal. Anscheinend werden wir nicht alle zusammen starten, dachte ich, als ich das emsige Treiben beobachtete. Am späten Nachmittag zählte ich nur noch acht Männer, die zurückgeblieben waren und aufgedreht wirkten.

Dann war es so weit. Zwei der jüngeren Männer trugen eine Bambusstange, an der all das hing, was mitgenommen werden sollte, auch unsere Sachen baumelten daran. Zunächst durchquerten wir das kleine Tal mit dem Bach, durch das wir vor drei Monaten gekommen waren, und nach ungefähr einer halben Stunde erreichten wir die Siedlung, in der wir Rast gemacht hatten. Von hier aus ging es auf Motorrädern weiter, denn Rami und

Jamil tauchten auf diesen Gefährten auf und zeigten auf die Rücksitze. Stefan sollte sich hinter Rami niederlassen, ich hinter Jamil. Ängstlich sah ich Stefan an, es gefiel mir nicht, dass wir dadurch getrennt wurden.

«Auf diese Weise muss ich weniger laufen», sagte er nur schicksalsergeben.

Das war nachzuvollziehen, denn der vor uns liegende Pfad war schmal, ging bergab und schien äußerst beschwerlich zu sein. Viel Geschick erforderte es dann auch von den Fahrern, die dicken Wurzeln, Steine oder auch Pfützen zu umkurven.

Vor dem kleinen Platz mit der weiß-blauen Moschee, den wir bereits kannten, warteten einige Männer neben einem Haufen Rucksäcke. Wir kletterten von den Motorrädern und durften uns auf einen gefällten Baumstamm setzen.

«Rami hat mir gesagt, dass er uns bald freilassen wird», flüsterte mir Stefan zu.

«Meinst du wirklich? Können wir ihm glauben?» Nur zu gern hätte ich es getan, ich sehnte mich nach einem Hoffnungsschimmer, doch bislang hatte sich gezeigt, dass es nie eine Veranlassung dazu gegeben hatte.

Und so fragten wir den Kotzbrocken, als er in unserer Nähe war: «Stimmt es, dass wir bald freigelassen werden?»

«Wir sind jetzt bei Twitter», erklärte er, statt eine Antwort auf unsere Frage zu geben. «Das ist gut. Eure Regierung wird Truppen aus dem Irak zurückziehen.»

Seine Äußerung war äußerst befremdlich – seit wann hatte Deutschland Truppen im Irak stationiert? Es gab doch das Nein zum Irakkrieg. Eine militärische Option hatte von dem damaligen Bundeskanzler Gerhard Schröder eine Absage erhalten, und seitdem hatte sich an dieser Haltung nichts geändert. Ich konnte ja nicht wissen, dass dieser «alte» Irakkrieg gar nicht gemeint war, letztlich hatte es etwas mit möglichen Operationen gegen den IS zu tun.

Der alte, rostige Jeepney, in dem wir schon einmal gefahren waren, näherte sich der Moschee.

«Einsteigen», befahl Rami.

Wir taten, was er forderte. Die Männer warfen Rucksäcke, Solarpaneele, Töpfe und Pfannen in den Kleinbus, dann folgten Opa und noch einige andere Männer, dicht gedrängt quetschten sie uns auf den Sitzen ein. Der Taktiker und zwei, drei der Vasallen breiteten sich auf dem Dach des Jeepneys aus, sodass dieses sich nach innen wölbte. Derartig eingepfercht wurde der Motor gestartet. Bei jedem Schlagloch presste sich der Oberschenkel des neben mir sitzenden Extremisten an meinen Körper, holperte es richtig heftig, stießen wir mit dem Kopf an die Decke.

Die Männer hielten ihre Gewehre aufrecht, an ihrer Nervosität war zu spüren, dass hier nicht ihr Territorium war. Da es erst dämmerte, waren die Straßen voller Menschen, jeder konnte uns sehen. Wieder machten sich die Entführer nicht die geringste Mühe, ihre Waffen zu verbergen. Rami, Jamil und noch ein Dritter begleiteten den Kleinbus auf ihren Motorrädern. Zwei vorneweg, einer hinterher.

Es war dieselbe Straße wie vor drei Monaten. Wir kamen an dem Markt vorbei, der mir schon bei der Hinfahrt aufgefallen war. Kurz danach erreichten wir eine Weggabelung, an der wir rechts abbogen. Immer weniger Häuser konnte ich erkennen, schließlich fuhren wir durch ein Waldgebiet, der Weg wurde enger, die Zweige und Äste der Bäume peitschten unsere Gesichter und Arme.

Plötzlich hörten wir Schüsse. So gut, wie es in unserer Situation möglich war, gingen wir in Deckung, aber dadurch, dass wir ziemlich eingeklemmt saßen, konnten wir uns kaum bewegen, nur ein wenig die Köpfe einziehen. Die Fenster boten auch keinen Schutz, denn es gab keine Scheiben, sondern nur Stäbe. Die Stäbe wiederum verhinderten, dass wir aus dem Jeepney fliehen konnten. Geht hier eine wilde Schießerei los, dachte ich, sind wir hoffnungslos verloren.

Die Männer im Bus diskutierten aufgeregt mit den Männern auf ihren Motorrädern. Eine Minute nach der anderen verstrichen, alle waren in höchster Erregung, horchten angespannt. Als nichts weiter passierte, atmeten alle auf. Ich gewann den Eindruck, dass keiner der Männer wusste, was es mit den Schüssen auf sich gehabt hatte.

Schon bald danach wurde die Fahrt fortgesetzt, doch nach kurzer Zeit ging es nicht weiter, es gab kein Durchkommen durch das Gestrüpp. Wenden war nicht möglich, sodass wir ein Stück im Rückwärtsgang fuhren, bis der Fahrer anhielt.

«Es geht zu Fuß weiter», sagte Rami. «Für Stefan haben wir ein Pferd besorgt.»

Stefan weigerte sich auch jetzt, aufs Pferd zu steigen, aber dann konnten wir ihn überreden, es doch zu tun, denn seine Kräfte hatten ihn beim Gehen schnell verlassen. Doch wie bekamen wir ihn überhaupt auf den Rücken des Tieres? Wir versuchten es mit einer Räuberleiter und drei Männern, die ihn hochhieven sollten, das klappte aber nicht. Erst als diese das Pferd an einen Baumstumpf führten, den Stefan als Trittbrett benutzen konnte, gelang es, die Hürde zu nehmen. Das Tier blieb währenddessen geduldig, gutmütig ließ es alles über sich ergehen, und auch sonst war es das sanfteste Pferd, das ich je gesehen hatte.

Als weniger gutmütig und sanft erwies sich der Führer der Stute: Jamil. Auf früheren Wanderungen war er Stefan gegenüber äußerst rücksichtsvoll gewesen, das war nun vorbei. Ständig trieb er das Tier an, und weil es inzwischen völlig dunkel war, konnte Stefan hoch oben auf dem Pferderücken die herannahenden Äste kaum erkennen, auch war er nicht gelenkig genug, um ihnen auszuweichen und sich zu ducken.

«Nicht so schnell!», bat ich Jamil. «Und leuchte mit deiner Taschenlampe nach oben in die Bäume, damit Stefan was sehen kann.»

Ohne Ergebnis. Ich selbst hatte große Mühe, dem Pferd zu folgen und mitzuhalten. Da Stefan auf dem Pferd saß, war niemand mehr da, der unsere Kolonne bremste. Oft stolperte ich. War der Weg etwas breiter, konnte ich mich wenigstens an der Mähne des Tieres festhalten.

Auch das noch! Es begann plötzlich zu regnen. Wir suchten ein verfallenes Haus auf, doch es bot keinen wirklichen Unterschlupf, denn es tropfte überall durch. Zum Glück hatte ich die dünnen Regenjacken bei mir, die wir uns überziehen konnten. Lange wollten die Männer aber nicht bleiben, sie hatten es eilig, schon nach wenigen Minuten kam der Befehl zum Weitermarschieren.

Nun gab meine eigene Solartaschenlampe kein Licht mehr ab. Ich fragte nach einer anderen, aber niemand kümmerte sich darum. Mir blieb nichts anderes übrig, als meinen Platz an Stefans Seite zu verlassen und einem der jüngeren Männer zu folgen.

Gegen Mitternacht, nach stundenlangem Rutschen und Straucheln durch Matsch, standen wir schließlich vor einem leerstehenden Holzhaus, wieder gebaut auf Stelzen. Stefan durfte vom Pferd absteigen, und erschöpft setzten wir uns ins nasse Gras.

«Übernachten wir hier?», fragte ich.

«Ja», erhielt ich zur Antwort. «Ihr könnt auf der Terrasse des Hauses schlafen.»

Wir waren aber nicht die Einzigen, die ihr Lager dort aufschlugen. Immerhin halfen mir einige Männer, Stefans Gummistiefel auszuziehen. Wir bekamen auch unsere Sachen ausgehändigt, sodass wir trockene Kleidung anziehen und aus einer mitgenommenen Flasche Wasser trinken konnten. Dabei stellte ich fest, dass viele Dinge fehlten, mein mühsam angesammelter kleiner Essensvorrat war weg, Shirts, Hosen, auch die Nike-Schuhe, für die wir aber sowieso keine Verwendung hatten. Dennoch war ich verärgert und fragte Rami nach den verschwundenen Sachen.

«Die braucht ihr nicht», sagte Rami. «Ich sehe, ihr habt die Medizin, das ist das Wichtigste. Okay?»

Nichts war okay. Die trockenen Kleidungsstücke, die ich herausgefischt hatte, waren unsere letzten. Sofort spannte ich eine kurze Leine aus Bananenstaudenfasern und hängte unsere nassen Klamotten auf. Danach legten wir uns unter unsere dünnen Decken, froren aber noch immer. Dennoch tat es gut, sich ausstrecken und ruhen zu dürfen. Doch bevor wir einschliefen, hörten wir, dass wir weitergehen müssten. Rami erklärte: «Es sind zu viele Zivilisten in dieser Gegend.»

Wieder waren wir unterwegs. Es regnete nicht mehr, aber unsere trockene Kleidung war rasch schweißdurchtränkt. Nach einem Marsch von etwa einer Stunde stoppten die Männer mitten im Wald und begannen augenblicklich damit, ihre Hängematten aufzuspannen. Unsere Planen ließen sich nirgends auffinden.

«Wo sollen wir uns hinlegen?», fragte ich.

Allgemeines Achselzucken.

Bislang hatte immer einer der Männer ein Stück Boden gerodet, aber das kam jetzt niemandem in den Sinn, keiner fühlte sich für uns verantwortlich. Jemand deutete auf das nasse Laub. «Legt euch doch darauf.»

Unmöglich konnten wir uns auf die feuchten Blätter legen. Ich insistierte auf unsere Planen, doch alle stellten sich weiterhin stur. Wir konnten auch stur sein. Wir blieben stehen und warteten ab. Nach endlosen Minuten brachte tatsächlich jemand die Planen herbei. Ich lieh mir ein Butak – es fiel ihnen nicht ein, dass ich dadurch eine Waffe hatte – und rodete selbst ein Stück Boden unter einem dichtbelaubten Baum. Nachdem ich die Planen ausgerollt hatte, wickelten wir uns auf ihnen in unsere Decken ein. Über diese legte ich die Regenjacken – ein notdürftiger Schutz gegen den Nieselregen. Irgendwann schliefen wir vor Erschöpfung ein.

Am nächsten Morgen erschien ein Fremder mit einem Pferd für Stefan, es war jedoch nicht die gutmütige Stute. Man hatte dem Hengst sogar einen Sattel angelegt, mit Holzgriffen, was aber eher störend war, da die Griffe den Sitz derartig einengten, dass Stefan sich ständig an seine eingeklemmten Hoden fassen musste – sehr zum Amüsement der Männer. Es machte ihm aber nichts mehr aus, schon längst hatten wir unser Privat- und Intimleben verloren. Was spielte es da noch für eine Rolle, wenn man sich in die Hose griff?

Der Weg führte bergauf, längst hatte ich jegliche Orientierung verloren. Je höher wir kamen, umso kühler wurde es. Schließlich wurde es so steil, dass Stefan vom Pferd absteigen und zu Fuß weitergehen musste, wobei er sich an den Riemen von Jamils Rucksack festhielt. Eigentlich schleppte Jamil ihn den Berg hinauf. Nach einer halben Stunde mussten aber andere Männer für Jamil einspringen, da er nicht mehr konnte. Am Nachmittag marschierten wir durch dichten Nebel – wir hatten die Wolken erreicht.

Rami telefonierte ununterbrochen, einmal hörte ich ihn auch etwas in englischer Sprache sagen, doch er war zu weit weg, als dass ich etwas hätte verstehen können. Schließlich erreichten wir eine Hochebene mit Häusern, vor denen viele schaulustige Menschen standen. Sie musterten uns neugierig und begrüßten die Entführer freundlich. Sympathisanten, dachte ich. Die Leute überließen uns auch zwei neue Pferde, eines für Stefan, das zweite für das Gepäck.

«Hier, trage ihn so wie die Frauen bei uns!» Rami reichte mir einen Kopfschleier.

«Warum?», fragte ich.

«Zu viele Leute können dich sehen.»

Kopfschleier, aber Trainingshose und T-Shirt, als wenn ich in diesem Outfit nicht auffallen würde. Ich stülpte den Schleier dennoch über meinen Kopf, den Zorn von Rami wollte ich mir nicht zuziehen. Es fühlte sich schrecklich an, so verhüllt zu sein, doch einen Vorteil gab es: In diesen kühlen Höhen hielt er warm.

«*Henrika maganda* – hübsch», riefen die Männer aus. Die fanden es natürlich wunderbar, mich so verhüllt zu sehen.

Stefan sollte sich eine schwarze Maske über den Kopf ziehen, die einzig Mund und Augen frei ließ.

«Nein, nicht mit mir», erklärte Stefan.

«Du musst!» Drohend näherten sich die Männer.

Folgsam setzte er nun die Maske auf, schob sie aber nach einer kurzen Weile bis zur Stirn hoch. Die Männer ließen ihn gewähren, vielleicht dachten sie: Jeder kann erkennen, dass der große Mann auf dem Pferd kein Filipino ist.

Abermals gelangten wir in einen Wald, noch lange Stunden nach dem Dunkelwerden kämpften wir uns durch das Dickicht. Endlich hielten wir an, und wir durften auch unsere «Tarnung» vom Kopf nehmen. Der Taktiker verschwand mit ein paar Männern, bei ihrer Wiederkehr hatten sie große Töpfe mit Reis und gewürztem Fleisch dabei, so viel hatten wir seit langem nicht mehr zu essen bekommen.

Der nächste Tag war ein Sonntag, keiner gab ein Zeichen zum Aufbruch.

«Ich will eine Videoaufnahme von euch machen», sagte Rami zu uns.

«Für wen soll die sein?», fragte Stefan.

«Für die Presse.»

Rami filmte uns mit seinem Handy, vorher legte er uns aber noch Handschellen an, während wir auf einer Plane auf dem Boden saßen, Stefan in seinen Gummischuhen, ich in meinen Flip-Flops. «Sagt, wer ihr seid, appelliert an eure Familien und an eure Regierung», befahl er uns dann.

Wir taten, was Rami von uns verlangte, und er war sichtlich zufrieden.

Am Abend ließ er sich wieder blicken.

«Das Uploaden hat nicht funktioniert», sagte er.

«Und jetzt?», fragte ich.

«Ihr werdet morgen mit einem Radioreporter telefonieren.»

«Was sollen wir denn sagen?»

«Genau das, was ihr auch heute Morgen gesagt habt.»

Die ganze Nacht beratschlagten Stefan und ich auf unserem Lager, was wir dem Reporter mitteilen konnten.

«Mir fällt nichts ein», sagte Stefan schließlich. «Was kann uns denn helfen, um endlich befreit zu werden?»

«Was soll das überhaupt für ein Reporter sein?», überlegte ich.

«Kaum jemand, der auf unserer Seite ist, so viel steht für mich fest. Wäre er für uns, würde er bestimmt nicht mit Extremisten reden», mutmaßte Stefan.

Ich nickte. «Sehe ich auch so. Die Frage ist ja auch: Wer hört solche Sender ab? Nachrichtendienste? Was haben wir davon?»

Stefan stöhnte vor Schmerzen, als er eine andere Liegeposition einnahm. «Rike, lass uns schlafen, sonst schaffe ich den morgigen Tag nicht.»

Rami kam um halb sieben, sofort wählte er eine Nummer. Zuerst sprach er mit dem Reporter – oder was auch immer der Angerufene zu sein vorgab – auf Tagalog, sodass ich nur die üblichen Worte wie «Allah» oder «Dschihad» aufschnappte. Lebten wir unter religiösen Fanatikern, oder lebten wir unter geldgierigen

Verbrechern, die den Glauben nur vorschoben? Selbst nach dem knappen halben Jahr mit ihnen konnte ich diese Frage nicht beantworten.

Sicher war es ehrenvoller, als großer Krieger und Held zu sterben, denn als armer Reisbauer. Entsprechend hatten sie bestimmt an ihrem Image gebastelt. Doch würden all ihre Forderungen erfüllt werden und auch die nackten Touristen an ihren Stränden endlich gesittet gekleidet sein, müsste nach ihrem Verständnis ja eigentlich Frieden herrschen. Ihre Mission wäre damit erfüllt. Dann wären sie aber arbeitslos. Sie könnten nicht länger Krieger sein. Stattdessen müssten sie ihren Lebensunterhalt mit aufrichtiger Arbeit verdienen, müssten fleißig werden. Das konnte ihnen nicht gefallen. Sie wollten bestimmt lieber ihr Abenteuerleben im Wald leben, Hauptsache, sie hatten genug Geld.

Plötzlich beendete Rami seinen Sermon und reichte Stefan das Handy.

«Mein Name ist Stefan», sprach dieser in den Hörer. «Ich bin ein Arzt aus Deutschland und auf die Philippinen gekommen, um hier glückliche Ferien zu verbringen. Doch ich wurde auf meinem Segelboot entführt, seitdem habe ich viel durchgestanden und gelitten. Ich muss auf dem Boden schlafen, durchnässt vom Regen, mein Gesundheitszustand verschlechtert sich, ich befürchte das Schlimmste. Ich habe die Hoffnung, dass meine Regierung alles unternimmt, wozu sie in der Lage ist, um mich zu befreien.»

Rami nahm ihm das Mobiltelefon wieder ab und reichte es mir.

Ich sagte: «Hallo, ich heiße Henrike Dielen, ich bin ebenfalls eine Geisel. Ich möchte an die philippinische und deutsche Regierung appellieren, alles zu tun, was in ihren Möglichkeiten steht. Ich wünsche so sehr, meine Familie wiederzusehen, und die Situation hier ist wirklich sehr anstrengend, wir schlafen Seite an Seite mit unseren Bewachern, und wir wissen nicht, wie lange wir das noch durchhalten. Für uns ist es sehr gefährlich, im Dschungel zu leben, tropische Krankheiten wie Malaria drohen, wir müssen endlich hier rauskommen.» Rami flüsterte mir noch zu: «So schnell wie möglich.» Also fügte ich hinzu: «Und zwar so schnell wie möglich.»

Dann riss der Kotzbrocken das Handy an sich und redete weiter mit dem Reporter. Dieses Mal verstand ich einige Worte mehr, so ging es um den Irak, um Rückzug, 250 Millionen Pesos, außerdem hörte ich noch den Ausdruck «Ultimatum» und ein Datum: 10. Oktober. Ramis letzter Satz lautete: «Wir tun das, was uns Allah beauftragt zu tun.»

Spinner, dachte ich. Die Sache mit dem Lösegeld gefiel mir gar nicht. 250 Millionen Pesos waren umgerechnet rund 4,5 Millionen Euro. Eine unfassbare Menge Geld. Wer sollte die auftreiben, und das in so kurzer Zeit? Bis zum 10. Oktober waren es nicht mehr als zwölf Tage. Alles erschien mir unrealistisch, und angesichts dieser Forderungen rückte die Freilassung, von der Rami vor ein paar Tagen gesprochen hatte, in weite Ferne.

«Es geht weiter», sagten die Männer am nächsten Vormittag.

«Wohin?», fragten wir.

«Nicht weit. Nur bis zum nächsten Berg.»

Den Spruch kannten wir schon. Bei diesem Gelände rechneten wir erneut mit ärgsten Strapazen, egal, wie kurz oder lang die Strecke war.

Bald lag eine tiefe Schlucht vor uns, bei jedem Schritt mussten wir Halt suchen, uns an den Büschen festhalten. Ein Sturz würde verheerende Folgen haben. Unten floss ein Bach, den wir durchquerten. Anschließend ging es ähnlich steil bergauf. Stefan hielt sich am Rucksack von Amg fest, der ihn den steilen Hang hinaufzog wie ein Packesel. Sein großes Gewehr baumelte lästig vor seinem Bauch. Dieses Mal war es Amg, der eine Pause benötigte, ihm stand der Schweiß auf der Stirn. Wir bildeten die Nachhut, die Männer vor uns waren weitergelaufen und bereits hinter der kommenden Kurve verschwunden. Allein mit Amg, lächelte dieser mich an und streckte mir sein Maschinengewehr entgegen.

«*You take* – du nehmen», sagte er.

Völlig perplex fragte ich: «Was soll ich tun?» Im nächsten Moment dachte ich: Was, wenn mich jemand mit dem Gewehr in der Hand sieht und die Situation missversteht? Und überhaupt, warum soll ich Amg helfen? Ich zögerte, musste mir eine gute Antwort zurechtlegen.

«*No, no*», erwiderte ich so freundlich wie möglich. «Ich kann dein Gewehr nicht tragen.» Womöglich kam ich dann selbst noch auf dumme Ideen, das wollte ich erst gar nicht riskieren.

Enttäuscht über meine Entscheidung, schnallte er sich sein Gewehr wieder vor den Bauch.

Als wir aus der Schlucht hinausgeklettert waren, sahen wir, dass die Vorhut bereits dabei war, über einem Feuer Reis zu kochen, auch die Hängematten waren schon neben dem Pfad aufgespannt. Die Umgebung wirkte unheimlich, ein wolkenverhangener schmaler Bergrücken, auf der einen Seite die Schlucht, aus der wir gekommen waren, auf der anderen gleich die nächste. Viel Gestrüpp und Kaffeebäume, mir fehlten die schönen Urwaldriesen. Dieser Platz musste den Abu Sayyaf schon mal als Camp gedient haben, denn überall waren zerfallene Hütten auszumachen, dahinter Mulden, die einst wohl als Schützengräben benutzt worden waren. Ein unwirtlicher Ort.

Der Taktiker zeigte auf eine kahlgeschlagene Stelle, mitten zwischen all den Hängematten. Das sollte unser Platz sein. Opa fing gerade an, das Bodengestell für eine Hütte zu bauen. Für uns? Sollten wir dieses Mal nicht mehr auf dem Boden schlafen? Würden wir hier länger bleiben? Offenbar.

Die Pfosten des Bodengestells waren schnell eingegraben, darauf legte der Taktiker Bambus-«Lattenroste» aus einer der zerfallenen Hütten und spannte zwischen zwei Bäumchen eine Dachfolie. Das war unsere neue Behausung. Ohne Wände. Wir würden dem kalten Wind, der auf diesem Bergrücken deutlich zu spüren war, ungeschützt ausgesetzt sein.

In der Nacht regnete es lange und kräftig. In klammen Klamotten lag ich da und dachte daran, dass wir wahrscheinlich bis zum 10. Oktober hierbleiben würden. Piet und der Taktiker, unsere Nachtwachen, noch ohne Bank, wollten sich nicht dem Regen aussetzen, sie hockten sich zu uns aufs Bett, um nicht nass zu werden, das Gewehr jeweils auf dem Schoß. Das ganze Gestell wackelte jedes Mal, wenn sie sich bewegten.

Das Ultimatum

Zwei Tage später tauchte Oma in unserem neuen Camp auf, sie schien immer die erste der Frauen zu sein, die sich nach einem Umzug zu den Männern gesellte. Dann, am 3. Oktober, kehrten auch die anderen Frauen zu ihren Männern zurück. Alles ging wieder von vorne los, nur unter noch schlechteren Bedingungen.

«Hast du Rami gesehen?», fragte ich Stefan.

Er schüttelte den Kopf. «Ich will ihn auch nicht sehen.»

Doch am Abend hörten wir, wie direkt neben uns Hängematten und Dachplanen aufgespannt wurden – von Rami und einigen seiner engsten Getreuen. Ununterbrochen wurde geredet, schließlich blickten alle gebannt auf seinen Handybildschirm. Ich vernahm die Stimme eines Nachrichtensprechers, der über unseren Fall auf Englisch berichtete. Es war auch von Rami die Rede und seinen Forderungen. 250 Millionen Pesos bis zum 10. Oktober. Ich bekam keine Luft mehr, mein Hals war wie zugeschnürt, mein Magen drehte sich um. Es folgten noch andere Videoausschnitte. Rami war anscheinend in zivilisierteren Gegenden als dieser Bergregion unterwegs gewesen, um dort bei besserer Mobilfunkabdeckung seine Forderungen auszusenden. Unüberhörbar stolz war er, dass er so viel Medienaufmerksamkeit bekommen hatte.

Es gab auch ein Video vom deutschen Nachrichtensender n-tv:

Abu Sayyaf stellt Ultimatum
«Nach dem 17. Oktober lebt Geisel nicht mehr.»

Die Abu Sayyaf droht an, einen der beiden auf den Philippinen festgehaltenen Deutschen hinzurichten und Bilder davon an die Öffentlichkeit zu geben. Es sei denn, die Forderungen der Islamisten würden erfüllt, sagt ein Sprecher.
Die islamistischen Entführer von zwei Deutschen auf den Philippinen haben mit der Ermordung einer der Geiseln in zwei Wochen gedroht, sollten ihre Forderungen nicht erfüllt werden. «Nach Freitag, dem 17. Oktober 2014, um 15.00 Uhr werden Sie eine (der Geiseln) nicht mehr lebend sehen», sagte ein Extremist, der sich als Sprecher der Extremistenorganisation Abu Sayyaf ausgab, Journalisten am Telefon.
Die Öffentlichkeit werde die Hinrichtung zu sehen bekommen, «um zu zeigen, dass wir keine Spielchen spielen». Die der al-Qaida nahestehende Gruppe verlangt ein Ende der deutschen Unterstützung der US-Militäraktionen gegen die im Irak und Syrien aktive Extremistengruppe IS sowie ein Lösegeld in Höhe von 5,6 Millionen Dollar.
Die beiden Deutschen, ein über 70-jähriger Mann und eine Frau Mitte 50, wurden im April mit Waffengewalt von ihrer Jacht zwischen der Insel Borneo und den Philippinen verschleppt. Das Auswärtige Amt in Berlin hat einen Krisenstab eingerichtet. Eine Ministeriumssprecherin hatte vergangene Woche erklärt, Drohungen seien kein geeignetes Mittel, um Einfluss auf die Syrien- oder Irakpolitik der Bundesregierung zu nehmen.
Die Abu Sayyaf erlangte mehrfach mit Entführungen westlicher Ausländer Aufmerksamkeit. Im April 2000 ver-

schleppte die Gruppe mehrere Touristen von der malaysischen Insel Sipadan, darunter auch das deutsche Ehepaar Renate und Werner Wallert sowie deren Sohn, die nach zum Teil monatelanger Gefangenschaft freigelassen wurden.

Stefan hatte nichts mitbekommen, er hatte geschlafen, und ich hatte ihn auch nicht wecken wollen, er musste zu Kräften kommen. Als er dann aufwachte, erzählte ich ihm von meinen nächtlichen Beobachtungen.

«Mir macht dieses Ultimatum Angst», sagte ich.

«Mir geht es nicht anders!» Stefan hob kurz die Schultern wie ein kurzes Aufbäumen gegen das, was ihn belastete. «Wenn Rami so ein Ultimatum in die ganze Welt hinausposaunt, wird das gefährlich für uns. Ist es einmal in der Öffentlichkeit, kann er keinen Rückzieher mehr machen.»

Wir hielten uns fest an den Händen. Wir wollten nicht weiter darüber reden, unsere Furcht war sowieso schon groß genug.

Am 4. Oktober kamen ein weiteres Mal fremde Männer ins Camp, manche von ihnen waren besonders herausgeputzt. Auch Opa trug einen neuen schneeweißen Turban und ein passendes Hemd dazu. Alle hatten ihre «Gebetsmatten» mitgebracht, einen Quadratmeter Plastikplane, die sie auf dem Platz auslegten, um auf ihnen niederzuknien. Rami steckte ebenfalls in einem weißen Gewand, in seiner Nähe hielt sich ein Mann auf, der sein Gesicht mit einem rot-weiß karierten Tuch à la Arafat verhüllt hatte.

Vor den versammelten Männern – es waren ungefähr vierzig – begann der Mann mit dem «Palästinensertuch» zu predigen, wobei er von drei gelben Zetteln ablas, mit denen er wild herumfuchtelte. Den Zeigefinger der anderen Hand hob er mehrmals mahnend, zwischendurch zupfte er an seinem Tuch herum, damit niemand ihn erkannte. Vielleicht sollten auch nur wir ihn nicht identifizieren können. Fast eine ganze Stunde dauerte die Predigt mit den üblichen Worten wie «Dschihad», «Mudschaheddin» oder «Allah». Kein Laut war sonst zu vernehmen, die Versammelten hörten sehr andächtig zu. Als alles vorbei war, standen die Männer von ihren Planen auf, jeder umarmte jeden, küsste den anderen mit einem beseelten Lächeln im Gesicht.

Das Essen hinterher war ungewöhnlich reichlich, Stefan und ich vermuteten einen bestimmten Feiertag, eine andere Erklärung fanden wir nicht für die Predigt und die üppige Mahlzeit.

Schüsse. Deutlich waren sie zu hören, diejenigen, die sie abgegeben hatten, konnten nicht weit entfernt sein. Augenblicklich sprangen die Männer auf, der Taktiker, der mit seinem jüngsten Nachwuchs gerade laufen übte, drückte das Mädchen seiner Frau in die Arme und holte sein Gewehr. Er hatte das Kommando über die Truppe, Piet und Rami waren nicht da.

Die Männer verschwanden im Wald, die Frauen mit den Kindern und einige jüngere Männer blieben zurück. Weitere Schüsse fielen aber nicht. Schließlich kehrten die Männer aus dem Wald zurück und signalisierten: Fehlalarm. Diese Schüsse irritierten mich trotzdem. Wer wagte sich in diese unwirtliche Schluchtengegend, warum wurden überhaupt dauernd Schüsse abgegeben? Wir waren hier doch nicht auf einem Truppenübungsplatz.

Es näherte sich der 10. Oktober. Nach und nach wurden Frauen und Kinder aus dem Camp hinausgeschleust. Die Männer dösten in ihren Hängematten und kauten Betel. Oder sie beteten und lasen sich stundenlang im Sprechgesang aus dem Koran vor. Stefan erhob sich kaum von unserer Bettstatt, ich selbst war so unruhig, dass ich immer wieder auf und ab ging. Dieses viele Beten machte mich nervös, denn ich hatte den Eindruck gewonnen, dass immer dann viel gebetet wurde, wenn es brenzlig wurde.

Und dann war der Tag gekommen, an dem das Ultimatum ablief. Stefan und ich wagten nicht, darüber zu reden, und schwiegen einvernehmlich. Nicht einen Meter traute ich mich von ihm zu entfernen. So saßen wir beieinander unter unserem Zeltdach, der Plane, und beobachteten angestrengt die Männer. Außer dass sich einige Jungs vor unserer Nase rauften, geschah nichts.

«Rami hat schon mehrfach gedroht, uns umzubringen, und es dann nicht getan.» Eng schmiegte ich mich an Stefan.

«Kann sein», sagte Stefan. Er klang nicht sehr überzeugt.

An diesem Tag passierte nichts weiter.

Wir hatten ja keine Ahnung, dass Rami das Ultimatum verlängert hatte.

Warten. Die Stimmung im Camp war kühl wie das Wetter. Dazu kam der bedrückende Nebel.

Erst zwei Tage später geschah etwas: Amg baute seine Hütte ab und packte seine Sachen.

«Ob wir wieder aufbrechen?», fragte ich.

Amg war aber der Einzige, der verschwand, alle anderen blieben.

Es vergingen abermals zwei Tage, bis die Männer ein paar Bambusrohre im Quadrat auf den freien Platz vor unserer «Hütte» legten. Dort versammelten sich alle Männer. Rami wurde flankiert von Piet und dem Taktiker, Opa und die anderen Gruppenvorsteher saßen auf den Bambusrohren, hinter ihnen hatten sich die jüngeren Männer aufgereiht. Der Kotzbrocken hielt schließlich eine Rede, in der Allah so oft genannt wurde wie in keiner anderen zuvor. Dann sprach Opa, sehr ruhig, sehr leise, mindestens genauso lang wie Rami. Noch andere Männer durften etwas sagen. Alles endete im Gebet und in den üblichen Umarmungen. Anschließend zerstreute sich die Menge.

Keiner der Männer hatte während der Versammlung zu uns herübergeschaut, weshalb ich die naive Hoffnung hatte, dass nun, da das Ultimatum verstrichen war und sie uns nichts angetan hatten, es gar nicht um uns ging. Womöglich war das Militär wieder in der Nähe, und sie hatten Strategien diskutiert – das würde erklären, warum so viele der Männer zu Wort gekommen waren.

Als es dunkel wurde, kam Rami zu uns, seine Miene war ernst, beide Augen zuckten, zehn Mann Verstärkung hatte er mitgebracht, allesamt bewaffnet. Augenblicklich waren meine kindlichen Wunschvorstellungen vom Mittag dahin. Ich fing an zu zittern, vor diesem Moment hatte ich mich gefürchtet. Jenem Moment, der eine Veränderung in unser Leben brachte, ohne zu wissen, ob sie gut war oder genau das Gegenteil davon.

«Stefan, du gehst mit mir», befahl Rami harsch.

«Warum?», fragte ich, meine Stimme überschlug sich fast.

«Morgen früh um sechs gebe ich ein Radiointerview», erklärte Rami. «Nur Stefan soll dabei sein.»

«Du bringst Stefan aber wieder, ja?»

«Ich weiß es nicht, das hängt von bestimmten Dingen ab, pack ihm seine Sachen zusammen.»

«Wie viele Tage?»

Stefan schwieg, doch ich versuchte, etwas herauszubekommen, an dem ich mich festhalten konnte, damit ich nicht irre wurde.

Rami gab keine Antwort. Er senkte den Blick zu Boden, damit er mich nicht ansehen musste. Die Männer um ihn herum traten ungeduldig von einem Bein aufs andere, ihnen dauerte das alles schon viel zu lange. Rasch packte ich den Rucksack mit Stefans Socken, der Regenjacke, zwei T-Shirts, den Medikamenten, obendrauf stopfte ich seine Decke.

«Wir sehen uns wieder», flüsterte ich, als wir uns zum Abschied fest umarmten.

«Wir sehen uns wieder», wiederholte Stefan matt.

Ich schaute ihm lange hinterher, bis er von einem Hügel verschluckt wurde.

Jemand stellte mir einen Teller Reis hin, ich konnte aber nichts essen. «Lieber Gott», betete ich, während ich auf unserer Bettstatt lag, «bitte beschütze Stefan und gibt ihm Kraft und lass diese Verbrecher ihm nichts antun.» Ich zog mir wieder die Decke über den Kopf, nur konnte ich dieses Mal nicht in Welten entfliehen, in denen wir einst ein so schönes Leben hatten.

Der erste Gedanke am nächsten Morgen: Stefan. Hoffentlich bringen sie dich wieder zurück. Nein, du musst wieder zurückkommen. Was Rami gesagt hat, das kann gut stimmen. Das Radiointerview, und danach bist du wieder bei mir. So redete ich mir gut zu, keinem von uns beiden war geholfen, wenn ich in Depressionen abrutschte.

Wieder und wieder blickte ich zu dem Hügel, hinter dem Stefan gestern verschwunden war. Es wurde Mittag, doch noch immer war nichts von ihm zu sehen. Vielleicht, so überlegte ich, müssen die warten, bis es dunkel wird, um mit Stefan zurückkehren zu können.

Niemand sprach ein Wort mit mir. Nach den Mahlzeiten musste ich fragen, stumm drückten sie mir dann den obligatorischen Teller mit Reis in die Hand, wobei sie jeglichen Augenkontakt vermieden. Mehrmals betete ich nun.

Auch am Abend tauchte Stefan nicht auf, ebenso wenig Rami. Piet konnte ich ebenfalls nicht entdecken, wenn er nicht hier war, dann war er bei Stefan. Piet, der brutalste von allen Männern. Der Rest meines Optimismus flog dahin, nicht länger konnte ich vor mir selbst leugnen, dass es bitterernst für uns war. Für einen von uns. Für Stefan.

In der Nacht schlief ich nicht eine Minute.

Im Fernsehen wurde währenddessen das Radiointerview mit Stefan ausgestrahlt, auch im Internet veröffentlicht:

> … Dann wird das Telefon an den Deutschen weitergereicht. Mit gebrochener Stimme sendet er letzte Worte: «Ich danke meinen Eltern und meiner Frau, die mir ermöglicht hat, Medizin zu studieren, und mir drei wunderbare Kinder geschenkt hat. Ich freue mich darauf, sie im Himmel wiederzusehen.»

Ein zweiter Tag ohne Stefan. Wieder hatte sich dichter kalter Nebel über den Bergrücken gelegt, ich zitterte an Leib und Seele. Ich beschäftigte mich, indem ich Stefans restliche Wäsche wusch. Es waren nicht viele Kleidungsstücke, aber ich versuchte, mir auf diese Weise einzureden: Wenn er wieder da ist, hat er wenigstens saubere Sachen.

Während ich den Dreck aus Stefans Sachen schrubbte und das Wasser gluckern hörte, verfiel ich erneut in Träumereien. Stefan und ich waren gemeinsam auf einem «Unterwasserspaziergang» auf einer der Malediveninseln. Ans Außenriff konnten wir uns in unserem kleinen Beiboot nicht wagen, dazu war es zu windig, also blieb uns nur eine bescheidenere Tour in einer zehn Meter tiefen Lagune. Was waren wir überrascht, als wir Unmengen von Langusten entdeckten. Wo wir auch hinschauten, überall lugten die Fühler dieser Krebstiere heraus, mir lief schon das Wasser im Mund zusammen. Stefan und ich zwinkerten uns zu, wir wollten ein paar einfangen für ein köstliches Abendessen. Doch wie? Sobald wir uns dem Korallengestein näherten, zogen sich die Langusten in ihre kleinen Höhlen zurück. Beherzt zugreifen ging auch nicht, dazu waren ihre Panzer zu dornig.

Dann kam Stefan die zündende Idee, er wollte es mit der Harpune versuchen, die wir aus Gründen der Sicherheit bei Tauchgängen immer bei uns hatten. Das war nicht fair, zugegebenermaßen, aber es gab hier so viele Langusten und so wenige Jäger, ihr Bestand war bestimmt nicht gefährdet. Bei der nächsten Languste, die uns gefiel, führte Stefan die Pfeilspitze geschickt an den Fühlern vorbei – und stieß zu. Getroffen! Die Languste strampelte, wühlte jede Menge Sand auf, sodass wir eine Weile nichts erkennen konnten. Als das Wasser wieder klar war, zog Stefan vorsichtig den Pfeil zu sich heran, gleich zwei Tiere hatte er erwischt. Vor Freude machte ich einen Purzelbaum unter Wasser – bis sich ein schlechtes Gewissen einstellte. Wir beide wollten dann auch keine Jäger mehr sein und tauschten die Harpune gegen die Videokamera ein. Diese wunderbaren Lebewesen zu bestaunen, sich an ihnen zu erfreuen und sie dann zu töten, das passte nicht zusammen.

Mit der frischgewaschenen Wäsche ging ich zurück zu unserer Hütte, dachte daran, dass bei dieser Entführung auch vieles nicht zusammenpasste.

Und dann ein nächster Schock. Auf der Pritsche lag eine Schachtel Maalox, ein Magenmittel. Die hatte ich doch Stefan mitgegeben, warum liegen sie hier?, fragte ich mich. Warum hat man sie ihm abgenommen? Braucht er sie nicht mehr? Der schlimmste aller schlimmen Gedanken.

Ich musste mich hinlegen, konnte mich nicht mehr auf den Beinen halten, konnte nur noch unter meiner Decke beten.

Irgendwann kroch ich doch unter ihr hervor – und erlebte noch eine böse Überraschung. Vor der Hütte des Taktikers hing auf einer Leine Stefans Decke. Die Decken, sie waren das Kostbarste, was wir in unserer Haft hatten, monatelang hatte die Decke Stefan

Schutz geboten. Auch wenn der Taktiker sie gewaschen hatte, bestimmt hing noch Stefans Geruch in ihr. Gerade konnte ich mich beherrschen, sie nicht von der Leine zu reißen, damit hätte ich den Taktiker nur provoziert. Beim weiteren Umherblicken entdeckte ich auf einer anderen Wäscheleine Stefans T-Shirt, auf einer nächsten seine Socken. Bei diesem Anblick ergriff mich ein Schauder, und meine Gedanken spielten verrückt: Sie reißen sich um Stefans letzte Habe, so wie die römischen Soldaten um Jesus' Kleider würfelten.

Speiübel wurde mir.

Schließlich zwang ich mich, sachlich zu denken: Wenn Stefan nicht mehr zurückkehrt, habe ich nichts mehr zu verlieren. Ich kann einen Fluchtversuch wagen, nicht gleich, aber in zwei, drei Tagen …

Anscheinend konnten meine Bewacher Gedanken lesen. Sie waren wohl ebenfalls auf die Idee gekommen, dass ich allein viel leichter abhauen konnte, denn von nun an begleiteten sie mich argwöhnisch auf Schritt und Tritt.

Doch Stefan lebte, das fühlte ich tief in meinem Herzen.

Ein dritter Morgen ohne Stefan, es war Freitag, der 17. Oktober. Ich schreckte hoch, weil mir etwas ins Gesicht fiel, jemand hatte eine Fischgräte nach mir geworfen. Nein, ich will hier nicht sein, ich will zurück zu meinen Träumen, zu den glücklichen Tagen mit Stefan auf unserem Boot. Doch keine Chance. Jemand schlug nun mit der flachen Hand auf die Dachplane, jetzt war ich endgültig wach und in der grausamen Realität. Noch rasch ein Gebet: «Lieber Gott, hol uns bitte bald hier raus.»

Die Stimmung war noch finsterer als am Tag zuvor, wenn dies überhaupt möglich war. Meine Aufpasser verhielten sich extrem aggressiv, einer ballte die Fäuste, als er an mir vorbeilief, ein Junge boxte mich. Amg, der inzwischen zurückgekehrt war, wedelte lachend mit Stefans Socken herum, wobei er sicherstellte, dass ich es auch ja mitbekam. Der Taktiker rief mit hässlicher Grimasse: «Stefan stirbt!»

Um nicht komplett durchzudrehen, ging ich meine Strecke auf und ab, auf und ab. Stefans Decke ließ mir keine Ruhe. Ich musste sie wiederhaben. Als keiner guckte, schnappte ich sie mir von der Leine, legte sie auf unser Bett und mich darauf. Ich machte mir nichts vor, früher oder später würden sie den «Diebstahl» bemerken, aber einen Versuch war es wert. Stefan brauchte die Decke bei seiner Rückkehr.

Mir war klar, dass ich herumspann, aber es war die einzige Möglichkeit, um mit dieser Situation fertigzuwerden. Das Gehirn unternahm Ausweichmanöver, als Schutz gegen die Wirklichkeit. Sollten die Synapsen doch auf «verrückt» schalten, Hauptsache, es half mir, durch den Tag zu kommen.

Der Taktiker näherte sich unserer Hütte. Ich stellte mich schlafend, meine eigene Decke so um mich herum ausgebreitet, dass er die von Stefan nicht sehen konnte. Unverrichteter Dinge kehrte er zurück zu seinen Kumpanen, ohne dass er den Mut gefunden hatte, mich zur Rede zu stellen oder die Decke einfach unter meinem Körper wegzuziehen.

Auf einmal begann es in Strömen zu regnen, es goss wie aus Eimern, und der Pfad verwandelte sich in einen Bach. Nach einer Weile riss jedoch die Wolkendecke auf, der Regen stoppte abrupt, und binnen weniger Augenblicke schien die Sonne, als hätte sie sich nie verzogen. Die Blätter der Bäume glänzten dunkelgrün, an einem von ihnen hing ein Wassertropfen, den die Sonne so beleuchtete, dass ich angeblinkt wurde. Der liebe Gott zwinkert mir zu, phantasierte ich. Das Blinken berührte mich tief. Es war wie eine Antwort auf die Gebete, letztlich ein großer Trost. Und, ganz wichtig: Keiner der Männer um mich herum hatte es gesehen. Dieses Zwinkern galt einzig und allein mir, es war Seine Botschaft an mich, an meinen Feinden vorbeigeschmuggelt, es war mein Geheimnis. Ich drehte mich auf die Seite und schaute noch einmal in die Bäume. Da! Noch ein Blinker! Und ein weiterer nebenan. Alles wird gut.

«*Henrika! Lai!* – Henrike! Teller!»

Ich schreckte aus meinen Träumen hoch, ich sollte mir das Mittagessen abholen. Das ist aber heute früh, dachte ich, als ich den Sonnenstand betrachtete. Der Taktiker blickte zu mir herüber, er witterte seine Chance, Stefans Decke zurückzuerobern. Ich überlegte: Wenn ich jetzt meinen Platz verlasse, wird er kommen und sich Stefans Eigentum holen. Aber wenn ich fliehen will, muss ich auch etwas essen. Ich wog das Für und Wider ab, schimpfte mit mir selbst, dass ich die Decke für wertvoller hielt, als bei Kräften zu bleiben. Ich musste etwas essen.

Also stand ich auf und begab mich zur Feuerstelle. Wie erwartet, sprang der Taktiker auf, rannte zu meiner Hütte, grabschte nach der Decke und warf sie in seine Behausung. Ich widmete mich meiner Mahlzeit, ärgerte mich jedoch maßlos über den Verlust. Was ich nun tat, konnte ich selbst kaum begreifen. Ich holte mir noch einen weiteren Teller mit Fischsuppe, wobei ich einen Abstecher zur Hütte des Taktikers machte, der gerade in seiner Hängematte lag, und schwupp, da hatte ich die Decke zurück.

Mittlerweile hatten wir viele Zuschauer, die sichtlich erbost über mein dreistes Verhalten waren. Mit meinem vollen Teller und der Decke musste ich mich durch ein Spalier von Männern quälen, und wie beim Spießrutenlaufen boxten sie mir auf die Oberarme, meine kostbare Suppe schwappte vom Teller, nur mit Mühe konnte ich die Hälfte davon retten. Tränen schossen mir in die Augen, aber ich war auch stinkwütend, sodass mir am Ende der Kragen platzte. Ich schrie sie an, warf ihnen um die Ohren, was ich ihnen schon seit langem sagen wollte: «Ihr seid großartige Mudschaheddin! Tötet einen alten Mann und schlagt eine Frau!»

Das saß, erstaunlicherweise, beschämt blickten sie zu Boden. Dann löste sich das Spalier auf, und ich konnte in Ruhe meine Suppe essen. Und ich hatte Stefans Decke zurück! Ein kleiner Sieg über das, was ich nicht ändern konnte.

Ein Ende in Sicht?

Der Taktiker stand draußen vor seiner Hütte. Er lächelte. Ein strahlendes, breites Lächeln, so wie zu Beginn, als ich ihn noch sympathisch fand. Was bedeutete dieses Lächeln nur? Ich ging davon aus, dass es letztlich doch ein brutales Lächeln war.

Er rief: «Stefan kommt zurück.»

«Ja, ja.» Einem solchen Menschen glaubte ich nichts mehr.

Auf einmal lächelten aber auch die anderen Männer. «Wirklich, Stefan kommt zurück», sagten sie und zeigten zu dem Hügel, hinter dem er vor drei Tagen verschwunden war.

Langsam, weil ich ihnen immer noch nicht abnahm, was sie da versprachen, drehte ich mich in die Richtung, in die sie gewiesen hatten, konnte aber nichts erkennen. Das ist sicher eine Täuschung, dachte ich, dennoch musste ich den Hügel erklimmen, von dort hatte ich einen besseren Blick.

Die Männer folgten mir.

«Wir werden euch freilassen», erklärten sie.

«Freilassen?» Bestimmt tischten sie mir wieder eine Lüge auf.

«Ja, sicher, freilassen.»

«Wann?»

«Heute.»

Nein, dieser Aussage ging ich nicht auf den Leim, meine Erfahrungen mit den Gotteskriegern hatten mich etwas anderes gelehrt.

Noch ein paar Schritte hinauf – und mein Herz fing wie wild zu klopfen an. Ich traute meinen Augen kaum. Es war Stefan, der mühsam den Hügel erklomm, gestützt von Jamil und einem der jüngeren Männer.

«Bist du nun glücklich?», fragte mich einer der Terroristen.

Was sollte ich darauf antworten? Hätte meine Mutter oder eines meiner Geschwister diese Frage gestellt, ich hätte sofort eine Antwort geben können. Aber bei einem Menschen, der Stefan beinahe umgebracht hatte – das grenzte an alles, was ich bislang erlebt hatte.

Dennoch: In diesem Moment war ich der glücklichste Mensch der Welt. Zugleich stockte mein Atem, denn je näher Stefan kam, umso deutlicher vermochte ich zu erkennen, dass er sich kaum aufrecht halten konnte. Dreck und Schlamm bedeckten seinen ganzen Körper, sein Gesicht war voller Blutergüsse, sein rechter Arm war dunkelblau und geschwollen. Als er mich sah, brachte er aber ein zartes Lächeln zustande.

Ich rannte ihm entgegen. Welches Leid hatte man ihm zugefügt. Als ich bei ihm war, fielen wir uns in die Arme, sanken vor unfassbarer Freude zu Boden, aber auch, weil Stefan nicht mehr in der Lage war, weiterzulaufen. So saßen wir da und hielten uns fest, umgeben von diesen Entführern, die nur blöde grinsten. Es war uns aber alles egal, wir hatten uns wieder. Stefan war nicht tot, ich hatte richtig gespürt.

Eine Handschelle hing noch an seinem linken Arm, der Schlüssel steckte im Schloss.

«Kann man das Schloss öffnen?», fragte ich leise.

«Zehn Männer haben sich schon daran versucht», sagte Stefan, schwer nach Luft ringend, stockend. «Keiner hat es öffnen können.»

«Dann werde ich es auch nicht schaffen.» Vorsichtig streichelte ich über sein schweißnasses Gesicht, über die vom Schlick dunkelbraunen Haare.

Weil wir hier nicht bleiben wollten, richteten wir uns mit Hilfe der Männer auf und gingen eng umschlungen zu unserer Hütte. Hier konnte sich Stefan endlich ausstrecken, unter seiner Decke. Einer der Männer warf uns den Rucksack mit seinen restlichen Sachen zu.

Gerade lag Stefan, da näherte sich Rami, er war sichtlich nervös.

«Ich werde euch heute noch freilassen», sagte er, zugleich drückte er mir sein Mobiltelefon in die Hand und gab mir zu verstehen, dass ich reden sollte, am anderen Ende der Leitung sei ein Radioreporter.

Ich griff nach dem Handy.

«Wie ist Ihre Situation?», fragte der Reporter.

Ich schilderte ihm, dass man Stefan gerade zu mir zurückgebracht hätte, berichtete ihm, in welch schrecklicher Verfassung er war.

«Und wie geht es weiter?»

«Das weiß ich nicht. Man will uns heute freilassen, aber ich kann den Leuten hier nicht glauben.»

Rami, der jedes Wort mitbekommen hatte, wurde wütend: «Was, du glaubst mir nicht?»

«Wie soll ich das?»

Im nächsten Moment riss er mir das Telefon aus der Hand und entfernte sich.

Nun konnte ich mich um Stefan kümmern. Mit einem feuchten Tuch tupfte ich vorsichtig sein Gesicht sauber. Bei jeder Berührung zuckte er zusammen, jede Berührung tat weh.

«Kannst du mir erzählen, was dir in den letzten drei Tagen widerfahren ist?», fragte ich behutsam, wohl wissend, wie vergesslich er in den letzten Wochen geworden war.

«Das geht schnell.» Nur langsam kamen die Worte über seine Lippen. «Von hier aus hat man mich ungefähr eine Stunde lang durch den Wald geführt. An einem kleinen Baum haben sie mich dann angekettet, ohne Schutz für die Nacht. Am Morgen wurde ich in eine frischgegrabene Grube gestoßen, sie sagten mir: ‹Das ist dein Grab.›»

«Das haben sie zu dir gesagt?» Erschrocken blickte ich ihn an.

«Das haben sie zu mir gesagt. Als ich in der Grube lag, sind zehn Mann hinterhergesprungen und haben mich mit Knüppeln und Gewehrkolben verprügelt. Einer der Männer versuchte, meinen kleinen Finger zu brechen. Dieser Horror wiederholte sich jeden Vormittag. Meine gesamte Wahrnehmung war verschwommen, und alles rauschte an mir vorbei.»

«Und musstest du in der Grube bleiben?»

«Nein. Den Rest des Tages hat man mich wieder an den Baum gefesselt. Abends bekam ich etwas Reis, aber weil es kein Besteck gab, musste ich ihn mit den Fingern essen. Das konnte ich aber nicht, die Finger schmerzten zu sehr. Einer der Männer schnitzte mir dann einen kleinen Löffel aus Holz.» Stefan griff in die Tasche und holte ein Stück Holz hervor, das nur wenig Ähnlichkeit mit einem Löffel hatte.

«Hast du mit jemandem telefoniert?», wollte ich nun wissen.

«Jetzt, wo du danach fragst …», sagte Stefan nachdenklich. «Ich glaube, ich habe mal telefoniert. Kann mich aber nicht mehr daran erinnern, mit wem ich gesprochen oder was ich gesagt habe.» (Stefan muss tatsächlich mehrmals telefoniert haben, jedenfalls ergaben das meine späteren Recherchen.)

«Wer hat dich überhaupt so zugerichtet?»

«Ich weiß es nicht mehr. Ich habe die ganze Zeit wie im Nebel verbracht, einzig die Schmerzen, die habe ich die ganze Zeit gespürt.»

Dann stellte ich ihm die Frage, die mir während meines Alleinseins keine Ruhe gelassen hatte: «Hast du an die Rasierklinge in deiner Hosentasche gedacht?»

«Ich konnte überhaupt nichts mehr denken.»

Stefan war zu schwach, um weiterzureden. Konnte man sich von so etwas erholen? Das war die nächste Frage, die mich beschäftigte.

Plötzlich hörte ich das typische Rascheln von Plastikplanen, die Männer bauten ihre «Zelte» ab.

«Move, move», sagte jemand zu uns.

Unsicher starrte ich zum Taktiker, wollte von ihm die Bestätigung, dass diese Ansage auch tatsächlich stimmte.

Er nickte. «In einer halben Stunde geht es los.»

Packte ich zum letzten Mal unseren Rucksack? Viel war es nicht, was wir noch besaßen, aber nichts wollte ich davon hergeben, denn bislang waren wir nicht frei. Im Stillen fragte ich mich, ob Stefan überhaupt einen weiteren Marsch überstehen würde.

Stefan konnte sich noch ein wenig erholen, denn ein kräftiger Regenschauer setzte ein, und da ich die Einzige war, die noch nicht die Dachplane abgebaut hatte, drängten sich alle unter unser Dach. Während wir auf das Ende des Regens warteten, unternahm ich als elfte Person den Versuch, die Handschelle an Stefans Arm zu lösen, doch auch mir gelang es nicht.

Kaum war der Schauer vorüber, wurde ein Pferd für Stefan herbeigeführt, der direkt von der Pritsche auf das Tier stieg.

«Schnell, schnell», drängelte Rami. «Wir haben es eilig.»

Noch immer hegte ich Zweifel an dem, was uns gesagt worden war.

Des Öfteren mussten wir unterwegs warten, wahrscheinlich checkte jemand aus der Truppe, ob die Luft rein war. Hin und wieder schlugen wir Haken, doch kontinuierlich ging es bergab. Jamil führte die Stute, natürlich zu schnell, an einigen Stellen rutschte sie durch den Schlick, wobei sie sich aber jedes Mal wieder fangen konnte. Wenn es nicht die kleine Hoffnung gegeben hätte, dass die Geiselhaft an diesem Tag enden würde, ich hätte mich am liebsten in den Matsch geworfen. Nur nichts mehr sehen, fühlen, hören, nicht mehr weiter müssen.

Schließlich sagte jemand: «Schau, euer altes Haus!»

Wir liefen durch unser erstes Camp. Alles war verkohlt, ein unheimlicher Anblick, verursacht sicher von den Soldaten, die nach der Eroberung des Lagers vor vier Monaten ein Freudenfeuer angezündet hatten. Von unserer früheren Hütte stand nicht mehr viel, auch von allen anderen Hütten waren nur noch Ruinen übrig.

Ab jetzt kannte ich den Weg, schon zweimal waren wir ihn gegangen. Als die Nacht hereinbrach, schlugen sich einige Männer in die Büsche, zehn Männer blieben bei uns. Eine Weile standen wir unentschlossen herum, doch als zwei Männer ein Feuer entfachten, holte ich einen Reissack aus unserem Gepäck, den ich auf dem Boden ausbreitete.

«Rasten wir hier?», fragte ich.

«Alles ist okay.» Eine Antwort, die keine war.

«Bekommen wir Reis?»

«*Tarad* – wartet ab.»

Resigniert sagte ich zu Stefan: «Das wird wohl heute nichts mehr mit der Freilassung.»

Er war zu erschöpft, um etwas zu erwidern.

«Übernachten wir hier?» Ein weiterer Versuch meinerseits, um von den Männern eine Antwort zu erhalten.

Keine Reaktion.

Also breitete ich unsere Plane auf dem Boden aus.

Den ersten Bissen Reis hatten wir zu uns genommen – es war

doch noch gekocht worden –, als es auf einmal unruhig wurde. Der Lange kam und fragte nach der Größe unserer Gummistiefel.

«Was ist das denn für eine seltsame Frage?», sagte Stefan, der inzwischen ein wenig wacher war.

Ich entdeckte Piet. «Was ist los?», fragte ich.

«Wir werden euch freilassen.»

«Das habe ich schon mehrmals gehört. Aber wann?»

«In ungefähr einer Stunde.»

Ich konnte es immer noch nicht glauben.

«Stefan, glaubst du, sie meinen es ernst?»

Er zuckte nur mit den Schultern.

«Ich will deine Gummistiefel haben», forderte der Lange hartnäckig.

Aha, deswegen hatte er nach der Schuhgröße gefragt, er wollte wissen, ob ihm die Schuhe passten.

«Ich brauche aber meine Stiefel», erwiderte ich. «Komme ich wirklich frei, dann kannst du sie haben.»

«Kann ich auch deine Socken haben?»

«Später.»

Ein anderer begann, den Reißverschluss unseres Rucksacks zu öffnen, sicher ebenfalls auf der Suche nach etwas Brauchbarem. Schnell nahm ich den Rucksack an mich.

Dann hieß es: *«Move! Move!»*

Stefan blieb bei all dem Tumult völlig ruhig, er ließ nichts an sich herankommen, sagte nur: «Gleich, erst esse ich meinen Reis auf.»

Mehrmals hörten wir: *«Hurry! Hurry!»*

Schließlich halfen alle dabei, dass Stefan wieder aufs Pferd kam. Sollte unser Martyrium tatsächlich ein Ende haben? Sollten wir den Kotzbrocken, den grausamen Piet und den fiesen Taktiker endlich hinter uns lassen können?

Der Weg, den wir nun einschlugen, war nicht mehr so steil, dafür dicht bewaldet. Wieder klatschten Stefan Zweige ins Gesicht. Dann passierte das, was in der Dunkelheit passieren musste. Er blieb an einem Ast hängen und fiel rückwärts vom Pferd. Mein Herz setzte für einen Moment aus. War Stefan etwas passiert? So kurz vor der Freilassung! War er mit dem Kopf auf einen Stein geschlagen? Zum Glück nicht. Er krümmte sich zwar vor Schmerzen, aber er war bei Bewusstsein, weigerte sich jedoch, wieder aufs Pferd zu steigen. «Ich will zu Fuß gehen.»

Wir liefen ein paar Schritte, doch es ging nicht, Stefan war zu schwach. Die Männer hoben ihn erneut aufs Pferd – ohne dass er protestierte. Von Rami keine Spur, dafür von Piet, der unentwegt telefonierte.

Als das Gelände flacher wurde, blitzten auf einmal eine Menge Taschenlampen auf. Als die Lichter nah genug waren, konnte ich eine Gruppe von Männern ausmachen, sie wurden von unseren Bewachern freudig begrüßt. Es waren jene Männer, die sich zuvor bei unserer Rast in die Büsche geschlagen hatten, jeder von ihnen sagte zu uns: *«Bye, bye.»*

«Die verabschieden sich von uns», raunte ich Stefan zu. «Fast könnte man meinen, dass wir sie nicht mehr wiedersehen werden.»

Stefan sagte nichts, hielt sich nur weiter krampfhaft am Pferd fest und blickte starr in die Dunkelheit.

Ihr Lebewohl hatte so fröhlich geklungen, Reuegefühle oder ein schlechtes Gewissen schienen unsere Entführer nicht zu plagen. Aber was erwartete ich. In ihren Augen waren wir kaum Menschen, einzig nützliche Objekte, die sie zur Verfolgung ihrer wahnwitzigen Ziele gut gebrauchen konnten. Menschenraub war ihr Big Business, Enthauptungen bei ihnen Methode, sie kannten keine Skrupel.

Sicher gab es Momente, in denen sie Mitleid mit uns hatten, aber diese Augenblicke der Empathie waren nur kurz gewesen. Und wurde den Extremisten bewusst, dass sie «zu nett» zu uns gewesen waren, schlug ihr Verhalten in Aggression um. Auf jede freundliche Geste folgte im nächsten Moment eine so grausame Tat wie eine Scheinhinrichtung. Und auch die netten Worte, die einige der Frauen ab und an mit mir gewechselt hatten, waren der Situation geschuldet gewesen. Letztlich hielten sie zu ihren Männern, erzogen ihre Kinder im Glauben an ihre fanatische Mission. Sie waren ebensolche Verbrecher wie ihre Männer. Wahrscheinlich waren sie im Camp schon bei der Planung einer nächsten Entführung, um den Wettbewerb, welche Untergruppe wie viel Lösegeld in einem Jahr schaffte, voranzutreiben. Man wollte schließlich in der Hierarchie aufsteigen, von den obersten Führern mehr Anerkennung erhalten.

Später, bereits in Deutschland, dachte ich noch: So wie Rami mit dem Internet und den Medien operiert hat, wollten sie sicher vor allem auch die Aufmerksamkeit der Weltöffentlichkeit. Nicht umsonst hatten sie dem IS die Treue geschworen. Bislang hatten die Abu Sayyaf lediglich in Asien operiert, nun wurden sie als Gotteskrieger rund um den Globus wahrgenommen.

Schon wieder hatte Piet sein Handy am Ohr. Als er das Gespräch beendet hatte, trieb er uns abermals zur Eile an. Anscheinend musste eine bestimmte Zeit eingehalten werden, und wir waren zu spät dran.

Dann erreichten wir einen Bach. Dort wartete Rami auf uns, flankiert von zehn Männern, alle hielten ihr Gewehr vor der Brust, den Finger am Abzug. Mit strengem Blick und einem Kopfnicken in Richtung des gegenüberliegenden Ufers deutete er uns an, durch den Bach zu waten. Auf der anderen Seite konnte ich weitere Männer ausmachen, sie schienen unbewaffnet zu sein, aber im Dunkeln konnte ich das nicht genau erkennen.

Ich ging voran, zum Glück hatte ich meine Gummistiefel noch nicht hergegeben. Einer der Männer – es war nicht Jamil – folgte mir, er führte das Pferd, auf dem Stefan saß. Als ich mich dem anderen Ufer näherte, streckte mir einer der Männer seine Hand entgegen, und als seine Hand meine umschloss, zog er mich die Böschung hoch. Seit einem halben Jahr hatte mir niemand mehr geholfen. Der Mann fragte sogar, ob er mir das Gepäck abnehmen könne. Doch ich wehrte ab: «Das geht schon.» All das, was hier geschah, konnte eine Falle sein. Eine perfide Ablenkungsmethode, bevor man uns gleich doch noch köpfte.

Ich schaute mich nach Stefan um. Kaum hatte das Pferd die Böschung erreicht, kehrte der Mann, der es geführt hatte, zu Rami und den anderen Terroristen zurück. Einer der mir fremden Männer griff die Zügel des Tiers, achtete darauf, dass es langsam die Böschung erklomm und Stefan nicht herunterfiel. Stumm deuteten die Männer an, dass wir von hier schnellstmöglich verschwinden sollten. Immer wieder blickte ich zurück, Rami und seine Vasallen standen am Ufer, die Maschinengewehre weiterhin im Anschlag, doch sie rührten sich nicht, wie Statuen aus Stein. Dann hatte der dichte Urwald sie verschluckt.

In einiger Entfernung sagte jener Mann, der mir die Hand gereicht hatte: «Ich bin hier, um Sie in Sicherheit zu bringen. Lassen Sie mich Ihr Gepäck tragen.»

Ich sah den Mann sekundenlang an, einen Filipino, er war in Zivil, und ich glaubte ihm: «Das ist das Schönste, was ich seit einem halben Jahr gehört habe.» Tränen schwammen in meinen Augen. Stefan und ich waren gerettet. Es war wie in einem Märchen, als müsste man sich kneifen, dass man nicht träumte. Wir waren frei. Nur zu gern gab ich ihm den Rucksack, und als er dabei meine

Hand nahm, um das Gesagte zu bestätigen, ließ ich sie nicht mehr los. Sie war der Anker für all das vergangene Leid, sie symbolisierte meine neue Welt, mein neues Leben.

Stefan, der das beobachtet hatte, fragte: «Warum hält der Mann deine Hand?»

Ich erklärte es ihm: «Das sind die Guten. Er darf so lange meine Hand halten, wie er will.» Dabei hielt ich ja eher seine. In diesem Moment so etwas wie Eifersucht bei Stefan zu spüren, das war fast komisch.

Unsere Retter waren aber extrem nervös.

«Wir befinden uns noch auf Abu-Sayyaf-Gebiet», fuhr der Leiter der kleinen Männertruppe fort. «Wir alle haben unser Leben riskiert, denn niemand darf sonst so tief in ihr Territorium eindringen. Wir müssen darauf gefasst sein, dass in jedem Moment eine Schießerei losgehen kann.»

Sofort befreite ich den Anführer von meiner Hand. Die letzten Kraftreserven, von denen ich angenommen hatte, dass sie gar nicht existierten, wurden mobilisiert. Nach ungefähr einer Viertelstunde erreichten wir zwei Pick-ups, so neu und sauber, dass Stefan und ich erst einmal unsere verschlammten Gummistiefel auszogen und unsere verdreckte Kleidung gegen weniger schmutzige austauschten. Die anderen Soldaten in Zivil verteilten sich auf die Ladeflächen, weiterhin äußerst angespannt.

«Jetzt darf nichts mehr schiefgehen», sagte Stefan, der nach mir in einen der Geländewagen eingestiegen war. Wir saßen nebeneinander und hielten uns an den Händen. «Haben wir es wirklich geschafft?»

Ich schaute ihn nur an, ich konnte nichts sagen, zu sehr hatten mich meine Emotionen überwältigt.

Dann ein Blick nach vorne. Die Scheinwerfer der beiden Autos leuchteten einen Wald aus, ein Weg war nicht erkennbar.

«Wo sind wir?», fragte ich nach einer Weile.

«Sulu», antwortete einer der Männer, der auf der Ladefläche Stellung bezogen hatte.

Sulu. Eine Provinz der Philippinen, bestehend aus mehreren Inseln. Seltsam, diese Angabe hatte ich schon gegenüber der Deutschen Botschaft beim allerersten Telefonat als Vermutung geäußert.

«Wo genau?», hakte ich nach.

«Patikul-Distrikt.»

Dabei ließ ich es bewenden, denn im Grunde war es überhaupt nicht wichtig, wo genau wir uns befanden und was uns zuvor alles gesagt worden war. Ich hatte die geographische Orientierung immer gebraucht, um mich im Dschungel nicht völlig verloren zu fühlen, Koordinaten wie Himmelsrichtungen und Sonnenstand hatten mir geholfen, Tag für Tag zu überstehen. Sie waren mein Lebensgerüst gewesen, ein solches benötigte ich in diesem Moment nicht mehr. Unsere Retter konnten mich überall hinfahren, Hauptsache, es war weit genug weg von Rami und seinen militanten Vasallen.

Der Wald lichtete sich, vor uns sah ich Spurrillen, einen Ackerpfad und schließlich eine unbefestigte Straße. Wenige Minuten später erreichten wir eine betonierte Hauptstraße. An der Kreuzung hatte das Militär einen Kontrollpunkt eingerichtet. Der Truppenchef stieg aus und diskutierte lange mit den Wachen, ich entdeckte ein Straßenschild: «Province of Sulu / District Jolo / Municipality of Patikul».

Jolo, dachte ich, wir sind auf der Insel Jolo – vor einigen Wochen hatte ich doch die Plastiktüte mit einem entsprechenden Adressaufdruck gefunden.

Stefan schaute durch die getönten Scheiben des Wagens. Unmittelbar neben uns standen schwerbewaffnete Soldaten, die alle ihren Finger am Abzug hatten.

«Immer noch Gewehre», sagte Stefan leise. «Immer und überall Gewehre.»

Nach einer Weile tauchten mehrere Polizeifahrzeuge auf, und unser Pick-up wurde aus Sicherheitsgründen in die Kolonne eingegliedert, denn Straßenbomben waren in dieser Gegend keine Seltenheit. Auf den letzten Metern in die Freiheit sollte nicht noch etwas passieren.

In Sicherheit

Vor dem Militärhauptquartier von Jolo warteten Helfer und Schaulustige, um uns in Empfang zu nehmen – allen voran zwei Mitarbeiter der Deutschen Botschaft. Die beiden jungen Männer öffneten die Wagentür, ließen uns aussteigen und begrüßten uns respektvoll und höflich mit einem Handschlag.

«Brauchen Sie etwas?», fragten sie als Erstes.

Wir standen noch am Pick-up, barfuß auf einem Bürgersteig, ich schaute nach unten.

«Unbedingt ein paar Schuhe für Stefan», sagte ich. Seine verdreckten Gummistiefel, die wir auf die Ladefläche geschmissen hatten, ließen sich nicht auffinden. Ein Phänomen, das uns mittlerweile vertraut war.

Augenblicklich zog einer der beiden Botschaftsangehörigen seine Schuhe aus, wunderschöne Lederschuhe, und überreichte sie Stefan. Eine Geste, die ich nie vergessen werde. Und sie passten auch noch. Die beiden Männer nahmen Stefan in ihre Mitte, um ihn auf dem kurzen Weg ins Gebäude zu stützen. Sie kamen mir wie Schutzengel vor, binnen weniger Minuten fassten wir Vertrauen zu ihnen. Die Offiziersmesse, in die wir geführt wurden, war ein einfacher Betonbau und sehr spartanisch eingerichtet, dennoch erschien er uns wie ein Luxushotel.

Dann wurden Fotos von uns gemacht, und jemand bemerkte die Handschelle, die an Stefans linkem Handgelenk baumelte. Im

Nu kam ein Mann mit einem riesigen Bolzenschneider und befreite ihn davon. Entgegen der eben noch so harten und rücksichtslosen Behandlung durch unsere Entführer wurden wir jetzt mit Aufmerksamkeit überschüttet.

Ärzte checkten uns durch, sie legten Stefan an einen Tropf. Weil er dafür nicht kräftig genug war, musste ich über das Erlebte berichten, über Stunden hinweg wurde ich befragt. Dabei erfuhr ich auch, warum man uns letztendlich freigelassen hatte: Das philippinische Militär hatte gewaltigen Druck auf die Rebellen ausgeübt, Lösegeld war deshalb nicht geflossen. Ich nahm das als Erklärung hin, doch die Vorgänge blieben weiterhin ein Rätsel für mich. Viel zu lange war nichts passiert, das war alles nur schwer nachzuvollziehen.

Gegen zweiundzwanzig Uhr zeigte man uns ein Zimmer mit mehreren Betten, in dem wir uns ausruhen sollten, am nächsten Morgen gegen fünf würde es weitergehen.

Die Tür ging zu, und Stefan und ich waren zum ersten Mal allein. Ich machte die Tür auf, machte sie wieder zu, es war unglaublich. Draußen saßen keine Wächter, die kontrollierten, was wir taten. Allein blieben wir dennoch nicht lange, denn ständig klopfte jemand an diese herrlich abschließbare Tür. Einer brachte uns etwas zu essen. Es gab – natürlich – Reis und Fisch, aber es war ein ganz großer Fisch, mit viel Soße und Bergen von Gemüse. Ein Festessen. Danach wurden wir in die Dusche geführt. Dusche ist etwas übertrieben, aber es war eine Nasszelle, nur für uns, bei der wir uns das kalte Wasser mit einer Schöpfkelle selbst über den Kopf schütten mussten. Zurück in unserem Zimmer, empfanden wir nur eins: eine große Glückseligkeit. Im Stillen hoffte ich, dass inzwischen auch die beiden Chinesinnen, Mutter und Tochter, wieder frei waren. Und alle anderen, die sich in der Gewalt der Terroristen befunden hatten.

Viel zu früh mussten wir wieder los, noch Tage hätte ich in diesem Raum, in dem wir in einem richtigen Bett schlafen konnten, zubringen können. Ein Militärboot brachte uns zur nächstgrößeren Insel Mindanao. Dort wollten uns zwei Generäle der Armee kennenlernen, persönlich wollten sie uns in Augenschein nehmen, um zu wissen, für wen sie in den letzten Monaten so hart gekämpft hatten. Wir bekamen Kaffee serviert und köstlich schmeckendes Gebäck. Mehr und mehr fiel die Last der vergangenen sechs Monate von mir ab. Nie war es schöner, so umsorgt zu werden.

Von Mindanao aus flogen wir in die philippinische Hauptstadt. Am Flughafen erwarteten uns der deutsche Botschafter und der Krisenbeauftragte der Bundesregierung, Rüdiger König. In einem weißen BMW fuhren wir durch die Straßen von Manila, vorneweg zwei Polizisten.

Der Botschafter hatte ein üppiges Frühstück für uns aufdecken lassen – mit Camembert! Natürlich war er nicht überbacken, und Preiselbeeren gab es auch nicht, aber immerhin hatte sich einer meiner Befreiungsträume nahezu erfüllt. Sicher hätte der Botschafter auch noch Wein auftreiben können …

Drei Tage blieben wir in der Obhut der Botschaft. Ein Psychologe sah nach uns. Schnell stellte er fest, dass ich in Ordnung war. Stefan jedoch musste in ein Krankenhaus gebracht werden, da er auf dem rechten Ohr nicht mehr hören konnte und man ein Gehirntrauma befürchtete. Sein Herz spielte angesichts der vielen Aufregung auch derart verrückt, dass ich abermals um sein Leben bangte.

Lange wurden wir von der philippinischen Polizei vernommen, noch einmal – und nicht zum letzten Mal – schilderten wir, wie alles abgelaufen war. Sie legten uns Fotos vor, einige der darauf abgelichteten Männer erkannten wir sofort, sie gehörten zu Ramis Truppe, andere waren uns fremd. Ramis Gruppe war ja nicht die einzige, die auf Jolo operierte.

Am Ende unterschrieben Stefan und ich unsere Zeugenaussage. Und wir konnten endlich mit unseren Familien sprechen, alle waren überglücklich, unsere Stimmen am Telefon zu hören.

Mein Bruder hatte einen privaten Krisenmanager engagiert, der bereits zahlreichen Familien von Entführten zur Seite gestanden hatte, und er hatte es sogar gewagt, Bundeskanzlerin Angela Merkel in einem rührenden Brief um Hilfe zu bitten. Er sagte: «Wir haben immer gewusst, dass du das überstehst. Du bist doch ein kerniges Mädchen.» Es war unglaublich schön zu hören, dass man mir so viel Power zugetraut hatte. Alle aus meiner Familie hatten Angst um mein Leben gehabt, aber nie die Angst, ich würde es psychisch nicht schaffen. Jedem konnte ich im Nachhinein auch alles erzählen, das war eine große Erleichterung, die mich heute noch stärkt.

Durchs Telefon wurde gerufen: «Wir vermissen euch, ihr müsst schnell nach Hause kommen, damit wir euch umarmen können.»

Aber wollte ich nach Deutschland? Mein Zuhause war die *Catherine*, am liebsten wäre ich erst einmal zurück aufs Schiff gegangen. Doch als ich diesen Gedanken äußerte, hieß es: «Nein, nein, das können Sie nicht machen. Wir können Sie dort nicht beschützen.» Die Yacht, so erklärte man mir, werde gerade von Pressefotografen belagert. Und vor der Presse wolle man uns abschirmen. Was der philippinischen Polizei auch gelang. Es gab kein Foto von uns nach der Freilassung, das in den Medien kursierte.

Epilog

«Erinnerst du dich, Rike, wie ich alle drei, vier Jahre nach Deutschland geflogen bin, um meine Familie zu besuchen?»

«Klar, ich habe die Wochen allein an Bord dann genutzt, um ein paar Renovierungen durchzuführen.»

Stefan und ich saßen im Flugzeug nach Deutschland, wir sollten all unsere Erlebnisse nun auch deutschen Polizeibeamten berichten. Stefan brauchte aber ebenso weiterhin eine medizinische Versorgung – und einen Ort, an dem er sich ausruhen und erholen sowie die Geschehnisse des letzten halben Jahres für sich verarbeiten konnte. Noch immer sprach er wenig, ich war fast erstaunt, dass er von sich aus seine Heimreisen erwähnte, vielleicht war das ein Hinweis, dass er sich danach sehnte, wieder in seiner alten Heimat zu sein.

«Einmal habe ich aufgeschrien, als du mir am Telefon erzählt hast, du hättest den Teppichboden in der Achterkabine neu verlegt. ‹Nein, ich will keinen neuen, der alte war doch so schön!›» Stefan lächelte leicht.

«Und bei deiner Rückkehr fandest du ihn klasse.»

«Ja, ich habe mich sehr darüber gefreut. Überhaupt über alles, was du gemacht hast. Du hast das Holz in der Küche lackiert, die Fahrräder generalüberholt, den Steuersitz mit einem neuen Lederbezug versehen. Einmal hattest du die verrückte Idee, im Maschinenraum Frühjahrsputz zu machen und den Boden neu anzumalen. Der Maschinenraum ist immer dein ganzer Stolz gewesen …»

Fast war ich den Tränen nah. Stefans Worte klangen, als hätte er mit dem Leben auf der *Catherine* abgeschlossen, als wollte er nicht mehr zurück. Es ist eben alles noch so frisch, seine Wunden sind bislang nicht verheilt, versuchte ich mich im Stillen zu beruhigen, wenn er erst wieder zu Kräften gekommen ist, werden wir auf das Boot zurückkehren, wieder beobachten, wie die Sonne am Horizont in glühenden Farben untergeht, unseren Alterstraum zweier entspannter Segler in einem australischen Hafen realisieren. Ich schluckte den Kloß im Hals hinunter, griff nach Stefans Händen, die zusammengefaltet auf seinem Schoß lagen. Was hatte er mit diesen Händen nicht alles getan: operiert, Segel gehisst, gestreichelt. Nun lagen sie da, als wüsste er nicht mehr, was mit ihnen anzustellen war.

Wofür die philippinische Polizei drei Stunden gebraucht hatte, benötigten die deutschen Beamten drei Tage. Die Fotos, die man uns zur Identifizierung der Verbrecher vorlegte, stammten – für mich überraschend – zum Teil aus dem Internet. Es war unglaublich, die Entführer stellten sich offen zur Schau, mit einem Gewehr in der Hand, als würden sie gerade um die nächsten Freundschaftsanfragen buhlen. Ich beschloss deshalb, auf eigene Faust zu recherchieren.

Mehrere Monate nach der Freilassung flog ich zurück nach Manila, denn anhand von mir im Internet entdeckter Fotos konnte ich darlegen, wer die Anführer der Rebellengruppe waren, insbesondere Rami, Piet und noch einige andere, die zuvor noch nicht aktenkundig gewesen waren.

Als Gegenleistung erhielt ich die *Catherine* zurück, die – als Beweis für unsere Entführung – immer noch von der Polizei beschlagnahmt war. Die philippinische Küstenwache hatte das Boot zwei, drei Wochen nach dem Überfall abgeschleppt und in den Hafen von Puerto Princesa gebracht, wo Freunde aus dem Yachtclub sich darum kümmerten. Sie hatten aufgepasst, dass es nicht wegdriftete, ansonsten war es unter Beaufsichtigung der Polizei von Puerto Princesa geblieben.

Meine Freunde vermittelten mir nun einen Segler, der Yachten von einem Ort zum anderen fuhr. Er segelte die *Catherine* aus den Philippinen hinaus in sichere Gefilde, ich selbst flog hinterher. Zusammen mit dem Skipper ließen wir das Boot in einer Werft aufs Trockene stellen, so konnte es wenigstens nicht abtreiben, gegen einen Felsen prallen oder untergehen. Die einzige Gefahr waren gewöhnliche Einbrecher, die gab es dann auch zahlreich. Aber was sollten die noch stehlen? Alle Wertsachen waren längst geplündert worden.

Doch wie sollte es nun weitergehen? Ich wusste es nicht. Der Seglertraum von mir und Stefan hatte jäh geendet. Ich wäre gern wieder aufs Boot gegangen, aber Stefan war dazu nicht in der Lage. Er litt sehr unter den Folgen der Misshandlungen, blieb lange im Krankenhaus, war verwirrt und wollte einfach nur Ruhe. Der Wunsch danach hat sich bis heute nicht geändert.

An Einzelheiten der Entführung erinnert er sich nicht mehr, vielleicht will er es auch gar nicht. Gemeinsam gaben wir dem *stern* ein Interview. Hinterher meinte er: «Das ist ja fürchterlich – das haben wir durchgemacht?» Manchmal sagt er: «Bald geht es mir besser, dann können wir wieder aufs Schiff.» Die Entführung am eigenen Leib erlebt zu haben, erfahren zu haben, wie grausam Menschen sein können, mithin machtlos zu sein und die eigene Frau nicht beschützen zu können, haben ihm jegliche Lebensfreude genommen.

Ich brauchte mehr als ein Jahr, um zu begreifen, dass ich mich von unserem alten Leben lösen muss, dass Stefan sich wohl nie mehr so erholen wird, dass wir beide wieder segeln können. Unsere gemeinsame Zukunft müssen wir uns erst noch suchen.

Die Kidnapper haben uns unser Leben gelassen – unseren Traum haben sie uns jedoch genommen.

Dank

Für immer in meinem Herzen sind Herr Rüdiger König und all seine Mitarbeiter vom Krisenstab, die unermüdlich ein halbes Jahr um unser Leben gekämpft haben.

Ebenso dankbar bin ich dem Botschafter Thomas Ossowski und allen Angehörigen der Deutschen Botschaft in Manila, auch für die herzliche Betreuung nach unserer Freilassung.

Mein Dank gilt der philippinischen Regierung, den Generälen und Soldaten der Armed Forces of the Philippines sowie den Mitarbeitern der «Anti-Kidnapping Group», die zur philippinischen Polizei gehört.

Danke auch an: Martin, meine anderen Geschwister und natürlich meine liebe Mama. Sie wissen das sowieso schon.

Jörg Trauboth, der Martin eine wertvolle Stütze war.

Stefans Familie – sie musste zusätzlich zu allen Ängsten auch noch die geballte Wucht der deutschen Boulevardpresse ertragen.

Unsere Verwandten, Freunde und Bekannten aus der Heimat, die um uns gebangt, für uns gebetet und eine Kerze für uns angezündet haben.

Cissy und John, *you saved our beloved Catherine.*

Susanne Frank vom Rowohlt Verlag, die mich ermutigt hat, dieses Buchprojekt zu verwirklichen, und Regina Carstensen, die meine wirren Erinnerungen in eine so wunderbare Fassung gebracht hat.

Hamed Abdel-Samad,
Hans Rath
Ein Araber und ein Deutscher müssen reden

Ein Schlagabtausch zur Lage der Nation!

Der eine ist ägyptischer Politikwissenschaftler, der andere deutscher Unterhaltungsautor. Kein Wunder also, dass beide aus ganz unterschiedlichen Richtungen auf die Situation in Deutschland blicken. Persönlich, humorvoll und streitlustig diskutieren Hamed Abdel-Samad und Hans Rath über die Flüchtlingskrise und was sie für unsere Gesellschaft bedeutet: Wieso ist die deutsche Mentalität so schwer zu fassen? Ist das Grundgesetz verhandelbar? Wie gehen wir mit Vorurteilen um – und gibt es eine Grenze der Meinungsfreiheit? Warum klappt die Integration bis heute nicht richtig? Muss Religion Privatsache sein und Gleichberechtigung vom Staat geregelt werden? Einfache Antworten gibt es nicht – aber einige verblüffende Erkenntnisse.

128 Seiten

Schwester Jordana

Auf einen Tee in der Wüste

11 000 Kilometer bis Jerusalem

Eine Reise entlang der Stätten des ersten mittelalterlichen Kreuzzuges: Von Istanbul, der Stadt zwischen Okzident und Orient, fährt Schwester Jordana in einem roten Chevrolet bis nach Jerusalem, auf der Autobahn oder der Wüstenpiste, kreuz und quer durch die Türkei, den Libanon und Israel. Sie erlebt sechs spannende und ereignisreiche Wochen, begegnet ungewöhnlichen Menschen, lernt auf besondere Art die drei großen Weltreligionen kennen und setzt sich gleichzeitig ganz persönlich mit ihrem eigenen Glauben und dem Ordensleben auseinander.

«Ich bin keine Nonne, sondern eine Schwester. Was ist der Unterschied? Schwestern sind Frauen, die in einen Orden eintreten, der sich der Arbeit mit und für die Menschen widmet. Nonnen sind diejenigen, die vorrangig beschaulich leben, gern in Klausur ‹hinter Klostermauern›, die aber längst nicht so unüberwindbar sind, wie viele glauben. Aber auch darüber könnte man ein ganzes Buch schreiben …»

288 Seiten